ベンチャー企業による
資金調達の法務

〔第2版〕

桃尾・松尾・難波法律事務所 編

弁護士 角元洋利　弁護士 山口敏寛　弁護士 乾　正幸　弁護士 鳥養雅夫 編著

商事法務

第２版はしがき

本書の初版が出版された2019年７月から、およそ２年半が経過した。第２版においては、その２年半の間に行われたベンチャー投資を巡る制度改正等（経済産業省が「「コンバーティブル投資手段」活動ガイドライン」を発表したことなど）に鑑みてアップデートを図るとともに、当初の目的として掲げた、ベンチャー企業が利用する資金調達手段について、具体的なイメージを持って頂くことを常に念頭に置きつつ、より使いやすい書籍となるよう、形式面も含めて全体について一定の見直しを行った。

ベンチャー企業に対する投資は、通常の投資よりも、基本的には冒険的な投資であり、また、スピード感も重要である。他方で、通常の企業が行うM&Aに比べ、当事者が必ずしも十分な法的リソースを有していないことも多い。そのような状況の中で、本書が、ベンチャー企業による資金調達を巡る状況を理解する手立ての一つとなり、取引の円滑化に資することができれば、望外の喜びである。

現在では、投資に用いられる契約書の類いも、インターネットを検索すれば、一つ二つは簡単に書式を見つけることができる。これは、喜ぶべきことである。しかしながら、ベンチャー投資に用いられる契約書は、必ずしも内容が平易であるわけでなく（むしろ、投資リスクの高さからして、その逆となりうる)、その書式の意味するところを理解することは、必ずしも容易ではない。また、ベンチャー企業に対する投資は、個別性が高いため、投資家または発行会社のニーズに応じて、そのような書式を適切に修正して使う、あるいは参考にする必要がある。そのような「勘所」をつかむためにも、本書が役に立てば幸いである。

本書第２版出版時においても引き続き収束していないコロナ禍の影響で、日本経済は先行きの見えない状況となっており、ベンチャー投資についても必ずしも追い風と言える状況にはないかもしれない。それでも、今後、ベンチャー企業への投資は、将来的には必ず伸びていく（伸びていかなければならない）分野であり、今後の益々の興隆に期待したい。

なお、最後に、本書第２版の出版にあたっては、初版の商事法務の担当者でもある岩佐智樹氏及び水石曜一郎氏にお世話になるとともに、澁谷禎之氏にも多大なるご協力を頂いた。これらの方々のご協力なくしては、本書第２

版の出版はなしえなかったことであり、この場を借りて、心からの感謝を表したい。

2021年10月

桃尾・松尾・難波法律事務所　弁護士　**角元　洋利**
山口　敏寛
乾　　正幸
鳥養　雅夫

はしがき

Ⅰ　本書の目的

近時、ベンチャーキャピタル、事業会社および事業会社が運営するコーポレートベンチャーキャピタルによるベンチャー企業に対する投資が隆盛となり、日本においても、ユニコーン企業（会社としての価値評価が10億ドル以上である、非上場会社）が出現するなど、日本社会において、ベンチャー企業の存在感が増すとともに、ベンチャー企業による資金調達が活性化している。

また、本書の執筆を開始した後ではあるが、経済産業省が、2018年３月に「我が国における健全なベンチャー投資に係る契約の主たる留意事項」を発表するなど、ベンチャー投資に関する契約への注目も高まり、また、ベンチャー投資の適切な発展を図るための施策が講じられようとしている。

本書は、ベンチャー企業に対する投資が隆盛となり、かつ、ベンチャー投資に関する契約についても関心が高まるなかで、現在、ベンチャー企業がベンチャーキャピタル等の投資家から投資を受ける際に主に利用されている、種類株式、投資契約および株主間契約といった株式を用いた方法による資金調達方法を中心に基本的な事項を具体的な条項を用いて紹介するものである。また、ベンチャー企業が利用する資金調達手段は、種類株式を利用したものに限られるわけではないため、本書では、その他の資金調達手段についてもその概要を紹介している。

さらに、ベンチャー企業が資金調達を行い、会社として発展を遂げた後には、IPOやM&Aといったいわゆるエグジットを行う場面も生じるため、これらについても簡潔に紹介を行っている。

Ⅱ　本書を利用するにあたって

本書は、今後、ベンチャー企業を設立することを考えている方、設立して間もないベンチャー企業および今後ベンチャーキャピタル等の投資家からの資金調達を考えているベンチャー企業（シード、アーリー、ミドルおよびレイトという段階で分ける場合には、シードやアーリーという早期の段階のベンチャー企業となるであろう）を主な対象として、ベンチャー企業としてどのような資金調達手段が考えられ、実際に資金調達を行う場合にはどのような点に注意すればよいのかといった点について、具体的な条項例をあげつつ、解説を試みている。ベンチャー企業においては、ベンチャーキャピタル等の投資家から資金調達を行う前の段階では、種類株式、投資契約および株主間契約といった用語さえ聞き慣れない状態であることも多いと思われるが、本書が、資金調達をする際に具体的なイメージを持つことの一助となれば幸いである。

本書においては、ベンチャーキャピタルの投資担当者、種類株式による資金調達を行った経験を有するベンチャー企業や種類株式による資金調達に関与する士業の方々には、基礎的な内容も多分に含むものであると思われるが、その点はご容赦をいただきたい。

また、本書に記載された見解は、全般にベンチャー企業側に立つものが多いが、弊所ではベンチャー企業に投資をする側に対して法的助言を行う場合も多いこと、本書における見解は、ベンチャー企業側に立つ場合に考えられる助言ではあるものの、具体的な状況下においては、本書で「交渉をすることが望ましい」などと記載をした部分についても交渉を行うことが必ずしも適当ではない場合もありうることは、念のため、注記をさせていただきたい。

執筆者としては、本書が、ベンチャー企業が資金調達をする際の悩みを解消する一助となり、また、ベンチャー企業およびその関係者のさらなる発展に資すれば幸いである。

最後に、本書の企画段階から出版に至るまで、執筆者を叱咤激励していただいた商事法務の担当者である岩佐智樹氏および水石曜一郎氏には、心から感謝したい。

2019年７月

桃尾・松尾・難波法律事務所　弁護士　**角元　洋利**

山口　敏寛

鳥養　雅夫

目　次

第1章　ベンチャー企業の資金調達のモデル事例

第2章　資金調達に関する概論

第3章　資金調達に利用される種類株式

第5章　ストックオプション

第6章　負債を用いた資金調達方法

第７章　クラウドファンディング

第8章 エグジット

凡　　例

1　主な法令の略称

かっこ内略称	本文中略称	正式名称
会	会社法	会社法
会施	会社法施行規則	会社法施行規則
商	商法	商法
所得	所得税法	所得税法
所得令	所得税法施行令	所得税法施行令
租特	租税特別措置法	租税特別措置法
租特令	租税特別措置法施行令	租税特別措置法施行令
民	民法	民法
改正民	改正民法	民法の一部を改正する法律（平成29年法律第44号）による改正後の民法
動産・債権譲渡特例	動産・債権譲渡特例法	動産及び債権の譲渡の対抗要件に関する民法の特例等に関する法律
特商	特商法	特定商取引に関する法律
銀行	銀行法	銀行法
資決	資金決済法	資金決済に関する法律
資決令	資金決済法施行令	資金決済に関する法律施行令
貸金	貸金業法	貸金業法
金商	金商法	金融商品取引法
金商令	金商法施行令	金融商品取引法施行令
上場規程	上場規程	有価証券上場規程
上場規程施行規則	上場規程施行規則	有価証券上場規程施行規則

2　主な参考文献の略称

相澤ほか　　相澤哲＝葉玉匡美＝郡谷大輔編著『論点解説　新・会社法――千問の道標』（商事法務、2006年）

会社法コンメ(7)　　岩原紳作編『会社法コンメンタール(7)　機関(1)』（商事法務、2013年）

太田ほか	太田洋＝濃川耕平＝有吉尚哉編著『社債ハンドブック』(商事法務、2018年)
久保田	久保田安彦「行使条件違反の新株予約権の行使による株式発行の効力（下)」商事法務1976号（2012年)
宍戸ほか	宍戸善一＝ベンチャー・ロー・フォーラム編『ベンチャー企業の法務・財務戦略』(商事法務、2010年)
柴田	柴田堅太郎『中小企業買収の法務――事業承継型M&A・ベンチャー企業M&A』(中央経済社、2018年)
谷村	谷村武則「判解」『最高裁判所判例解説民事篇平成24年度（下)』(法曹会、2015)
松井	松井信憲『商業登記ハンドブック〔第４版〕』(商事法務、2021年)
みずほ証券	みずほ証券株式会社編著・有限責任監査法人トーマツほか著『新規上場実務ガイド〔第２版〕』(中央経済社、2014年)
ワーキング・グループ報告	金融庁「金融審議会　新規・成長企業へのリスクマネーの供給のあり方等に関するワーキング・グループ報告」(2013年12月25日)
制度報告書別冊	経済産業省「ベンチャー投資等に係る制度検討会報告書（別冊：報告書概要)」(2015年３月)
ABL普及･啓発コンテンツ(発展編)	経済産業省「ABL普及・啓発コンテンツ　発展編」
内部者取引防止規程事例集	東京証券取引所自主規制法人東証COMLEC「内部者取引防止規程事例集」(東京証券取引所、2010年)

3　判例誌の略称

民集	最高裁判所民事判例集
判時	判例時報
判タ	判例タイムズ
金判	金融・商事判例

第 1 章

ベンチャー企業の資金調達のモデル事例

本章では、本書の導入として、ベンチャー企業がどのような場面でどのような資金調達を行うのかについて、モデル事例を紹介したい。

本章では、やや難解な用語も出てくると思われるが、これらの用語については、**第２章**以降で解説を行う。

また、本章では、起業してから資金調達を行って株式を上場するまでの流れを、モデル事例を用いて紹介しているが、本章で取り上げる記載例や前提条件、種類株式および新株予約権の内容については、いずれもモデル事例として一連の流れを紹介するために要点のみを記載している。さらに、モデル化したために、記載を簡略化し、または実務上の扱いと異なる扱いとなった部分も存するため、実際の事例において、ここに記載されている条件を満たせば必ずしもベンチャー企業が行うファインナンスの方法として妥当であるというものではないことに注意が必要である。

1　設立段階

Ⅰ　会社の設立

Ａは、大手の会社に営業担当社員として勤務しながらも、従前から自分で会社を経営することに興味を持っており、また、大学生時代にベンチャー企業でインターンをした経験から、ベンチャー企業を運営したいとかねてから思っていた。その思いは日増しに強くなり、Ａは、最終的に大学を卒業してから数年間働いていた会社を辞め、起業することを決意した。

Ａは、近年、子供が幼児期からスマートフォンに接触することに対する批判的な評価が多いものの、個人的にはそのような評価に疑念を感じていたこと、幼児でもある程度スマートフォンを操作することができること、本やテレビ画面を通じてではなく、自らスマートフォンを操作して学習することで従前の学習方法以上の効果を得られる場合もあると考えたことから、スマートフォンで知育アプリを配信する事業を行うことを検討することにした。

Ａは、このような考えを大学時代から親しかった友人であるＢおよびＣに伝えると、ＢおよびＣもＡの起業に参画したいという意向を示した。そこで、Ａ、ＢおよびＣは、具体的にどのような知育アプリの配信事業を立ち上げるか検討を進め、一定の方向性が固まったことから、新規の会社を設立することにした。

Ⅱ 会社の設立時の内容

A、BおよびCは、2022年1月1日に、D株式会社（以下「D」社という）を取締役会非設置会社として設立した。D社の設立にあたっては、A、BおよびCは、知育アプリ事業の発案者がAであったため、Aを代表取締役とすることとし、BおよびCはそれぞれ取締役に就任して、数字に強く、会社勤めをしていた際に経理業務にも触れることがあったBが財務面を担当することとし、IT面での豊富な知識を持つCが技術面を担当することとした。

A、BおよびCは、D社を資本金100万円で設立することとし、発案者であるAが発行する株式の2/3以上にあたる700株を引き受け、BおよびCがそれぞれ150株ずつを引き受けることとした。その結果、D社の設立時点での1株あたりの株価は1000円であり、株主構成は**図表1－1－1**のとおりとなった。

図表1－1－1

	株式数	持株比率
代表取締役社長A	700株	70％
取締役B	150株	15％
取締役C	150株	15％
合計	1000株	100％

また、この時点においては、A、BおよびCは、同人らの間で、創業者間の株主間契約を締結しなかった。

➡創業者間の株主間契約を締結する場合は、**第4章5**参照

Ⅲ 創業時融資

A、BおよびCは、D社による知育アプリの開発には相当程度の金額を要し、知育アプリ事業が収益化するまでには時間も要することから、今後、知人等にD社へ投資をしてもらうことも考えていたが、そのような方法は確実

ではないため、開発のために必要な資金を確保するための方法を検討していた。

A、BおよびCは、新規に会社を設立し、事業を開始する際に利用可能な融資制度を調査したうえで、担保や保証人が原則的に不要とされており、比較的条件がよいように思われた、創業融資制度の利用の申請をすることとした。A、BおよびCは、必要な申請書類を準備のうえで申込みを行い、審査の結果、D社は、創業融資制度を利用して融資を受けることが可能となった。

➡負債を用いた資金調達方法については、**第6章**参照

2　シード段階での資金調達

Ⅰ　知育アプリの開発

D社の設立後、A、BおよびCは、D社が開発・配信する予定の知育アプリの内容について検討を重ね、知育アプリのサービス内容が決まったことから、2022年3月に知育アプリの制作を開発業者に委託した。

Ⅱ　エンジェル投資家からの投資

そのころ、Aは、元の会社勤めをしていた際に親交のあった経営者Eと会う機会があった。Aは、Eに対して、新規にD社を設立して、現在、知育アプリを開発中であり、近々、同アプリの配信サービスを開始する予定であることを伝えた。すると、Eは、D社の事業内容に興味を持ち、D社の行うサービスの詳細を知ったうえで、場合によっては、D社の株主となりたいと考えていることをAに伝えた。Aは、BおよびCに対して、EがD社への出資を考えていると述べていたことを報告すると、BおよびCも、ぜひEに出資をしてもらいたいとの意見であった。

そこで、Aは、後日、Eに対して、現段階においてD社が予定しているサービスの内容、今後の資金調達の予定、Eが出資をする際の株価等をEに説明した。これを受けて、Eからは、自らが経営をしている会社としては出資できないが、E個人として出資を行うことにしたとの連絡があった。その

後、ＡおよびＥが、Ｅの出資前のＤ社の企業価値（プレマネーバリュエーション）について交渉を行った結果、この時点でのＤ社の企業価値を3000万円として合意したため、Ｅの出資はこのＤ社の企業価値を基礎として行われることとなった。

Ｅは、2022年５月１日に、１株あたり３万円として、300万円の出資を行い、Ｄ社の普通株式100株を引き受け、Ｄ社のエンジェル投資家（創業間もない会社に投資する個人投資家）となった。この出資の結果、Ｄ社の株主構成は**図表１－２－１**のとおりとなった。

図表１－２－１

	株式数	持株比率
代表取締役社長Ａ	700株	64％
取締役Ｂ	150株	14％
取締役Ｃ	150株	14％
Ｅ（顧問）	100株	9％
合計	1100株	100％

※小数第１位で四捨五入しているため、合計は100％とならない。

また、Ｅからの出資においては、ＡとＥとの人間関係が重視され、Ｅとの間で投資契約（投資家と会社等との間で投資条件等を定める契約）や株主間契約（株主間での権利関係を調整する契約）は締結されず、Ｅの出資は普通株式を引き受ける方式で行われ、種類株式は発行されなかった。もっとも、Ａは、今後Ｄ社を成長・発展させていくために、Ｅがこれまで会社を運営してきた経験と人脈を頼りにしたいと従前からＥに伝えていたこともあり、Ｅは、Ｄ社への出資実行後、Ｄ社の顧問（無報酬）として就任することとなった。

➡投資契約や株主間契約を締結する場合は、**第４章**参照

3　シリーズＡでの資金調達

Ⅰ　Ｄ社の事業のローンチ（立上げ）

Ｄ社は、知育アプリのβ版（正式版を公開する前のサンプル版）のテスト配信を経て、2022年８月に正式に知育アプリの配信を開始することとなった。その後、Ｄ社の知育アプリは、売上はまだ少額であるものの、ユーザー数は順調に拡大し、配信開始後１か月で、ダウンロード数が１つの目標としていた３万ダウンロードを超えた。また、Ｄ社の知育アプリをダウンロードした者の利用頻度を示す指標であるマンスリー・アクティブ・ユーザー数（MAU）やウィークリー・アクティブ・ユーザー数（WAU）も、Ｄ社が設定していた目標値を超過する状況であった。

Ⅱ　従業員のインセンティブの確保

Ａ、ＢおよびＣは、Ｄ社の業容が拡大して、当初は少なかった従業員も増えてきており、知育アプリに関する重要業績評価指標（キー・パフォーマンス・インディケーター：KPI）も好調に推移していることから、従業員に今後も勤労意欲を向上させ、Ｄ社の知育アプリ事業の成長のために貢献してもらうために、何らかの施策ができないか検討していた。

もっとも、Ｄ社は売上がまだ少額であり、資金繰りにもそこまでの余裕がなく、従業員への賞与の支給は難しいことから、賞与の支給ではなく、将来、Ｄ社の事業が成長した際に利益を得ることができる、従業員向けのストックオプション（新株予約権）を発行するという方策をＢが提案した。

Ａ、ＢおよびＣは、弁護士および公認会計士にも相談のうえ、Ｄ社の従業員のうち、今後の業務に欠かすことができないと思われる４名の従業員を対象としてストックオプションを付与することとした。また、Ａ、ＢおよびＣは、弁護士および公認会計士に相談して、従業員に対してストックオプションを付与する場合においても、いくつかの種類のストックオプションが考えられることを知ったが、Ｄ社としては事業がこのまま順調に推移した場合には、近い将来、上場をすることも視野に入れているため、今回は、2022年９月に**図表１－３－１**のとおりのストックオプションを発行することとした。

図表１－３－１

名称	Ｄ社第１回新株予約権
付与対象者	従業員４名
付与数	合計44個
目的となる株式の種類および数	新株予約権１個につき、普通株式１株
発行価額	無償
行使価額	３万円
行使期間	2024年10月１日から2031年９月30日まで
行使条件	以下の条件のすべてが満たされること ①　Ｄ社の株式が国内または国外の証券取引所に上場されること ②　新株予約権を行使する際に、Ｄ社の役員または従業員であること

➡従業員への新株予約権の付与については、**第５章**参照

Ⅲ　ベンチャーキャピタルからのシリーズＡでの投資

このように、Ｄ社の知育アプリの配信が好調な滑り出しとなっていたことから、Ｅは、2022年10月に、知人のベンチャーキャピタリストＦ'と会食をした際、以前、仕事を通じて知り合ったＡという者が、最近、会社を設立して知育アプリの配信をスタートしていること、また、Ｅが個人として、Ｄ社に対して300万円を出資しており、同社の顧問に就任していることも伝えた。これに対して、Ｆ'が、自身が所属するベンチャーキャピタルＦの投資先としてＤ社に興味を持ったことから、Ｅは、Ｆ'をＡに紹介することとした。

ＥからＡを紹介されてＤ社の知育アプリ配信事業の説明を受けたＦ'は、Ｄ社の事業に興味を持ち、ベンチャーキャピタルＦとして投資を行うことを検討することとした。後日、Ｆ'からＡに対して、秘密保持契約書が送付され、ベンチャーキャピタルＦによって、Ｄ社に対する投資を実行するか否かを判断するために、デュー・ディリジェンスが開始された。

Ｄ社は、ベンチャーキャピタルＦから送付するよう依頼を受け、定款、登

記簿謄本、株主名簿、直近の合計残高試算表、事業計画書、資金繰り表、借入金返済表、今後の資本政策についての予定等の資料の開示を行い、ベンチャーキャピタルFはこれらの資料を精査し、D社のマネジメント層に対するインタビューを実施した（ベンチャー企業への投資を実行するまでの流れについては**第4章1**参照）。

ベンチャーキャピタルFは、D社に対するデュー・ディリジェンスの終了後、D社に対する投資を行うこととし、D社は交渉のうえ、ベンチャーキャピタルFに対して、2022年12月にシリーズAの種類株式を発行することとした。

D社がベンチャーキャピタルFに対して、新規に発行したシリーズAの種類株式の内容の要旨は**図表1－3－2**のとおりである。

図表1－3－2

名称	A種優先株式
発行する株式数	110株
議決権	1株につき1個
残余財産分配時優先受領権	D社の残余財産が分配される場合、A種優先株主が受領する価額は、以下のように決定される。 ⅰ）分配される残余財産のうち、A種優先株主に対し投資株価の1倍の価額が普通株主に先立ち分配される。 ⅱ）上記ⅰ号に基づき、A種優先株主に分配された後に、余った金額が、普通株主およびA種優先株主に対して、それぞれの持株比率に応じて分配される。
みなし清算時の優先受領権	D社が、 ①　消滅会社となる吸収合併もしくは新設合併、 ②　完全子会社となる株式交換もしくは共同株式移転、または、 ③　分割会社となる吸収分割もしくは新設分割をするときは、 上記の残余財産分配の際と同様の計算に基づいて、A種優先株主が普通株主に先立ち、存続会社、新設会社または完全親会社の株式および金銭その他の財産の割当てを受ける。
発行時の株価	A種優先株式1株あたり30万円
取締役選任権	1名選任することが可能

➡ベンチャー企業が投資を受ける際に用いる種類株式は、**第3章4**参照

Ⅳ 投資契約および株主間契約の締結

D社およびD社の支配株主であるAは、ベンチャーキャピタルFから出資を受けて投資を受ける際に、投資契約および株主間契約を締結した。また、AおよびD社は、株主間契約における義務の1つとして、2026年12月までにD社の株式を国内または国外の証券取引所に上場するよう努力する義務を負った。

なお、投資契約および株主間契約の内容についての詳細は、ここでは言及しないこととする。

➡投資契約および株主間契約については、**第4章**参照

Ⅴ 取締役会設置会社への移行

D社は、ベンチャーキャピタルFから非常勤取締役が1名派遣されることに伴い、2022年12月に、D社を従前の取締役会非設置会社から、取締役会設置会社へと変更することとした。その際、D社は、従前、顧問として助言をしてもらっていたEに対して、監査役に就任することを依頼し、Eがこれを快諾したため、EがD社の監査役に就任した。

また、2022年12月以降、D社は将来的な株式の上場を見越して、将来的に主幹事となるべき証券会社と契約したり、会計監査人を選任したりするなどの必要な体制の整備を進めていき、図表1-3-3のとおりの体制となった。

図表1-3-3

D社の体制
代表取締役社長A
取締役B
取締役C
監査役E
会計監査人　○○監査法人

Ⅵ　D社の株主構成

上記③Ⅰ～Ⅴの経緯により、D社の株主構成は図表１－３－４のとおりとなった。

図表１－３－４

	株式数	持株比率 (潜在的な株式を除く)
A	700株	58%
B	150株	12%
C	150株	12%
E	100株	8%
ベンチャーキャピタルF (A種優先株式)	110株	9%
(潜在的株主) 従業員４名	(合計44株)	—
合計	普通株式　1100株 A種優先株式　110株 (潜在的な普通株式 44株)	100%

※小数第１位で四捨五入しているため、合計は100%とならない。

④　シリーズBでの資金調達

Ⅰ　D社の事業の成長

2023年に入ると、D社は、シリーズAで調達した資金を用いて、D社が展開している知育アプリの広告を拡大するとともに知育アプリ内のコンテンツの充実に努めた。その結果、知育アプリのダウンロード数、MAUおよびWAUも、おおむねD社が立てていた事業計画に沿ったかたちで順調に推移することとなった。

また、D社が継続的かつ安定的に売上を上げるための施策として新たに導入した月額課金プランの申込者も少しずつ増加し、D社は安定した売上を上げることができる状況となった。

II Cの退社

このように、D社の事業は順調に推移していたが、Cは、2024年の初頭から、D社で実際に行われている知育アプリ事業の内容と、D社を立ち上げる前にA、BおよびCの間で話し合っていた事業内容との間で、ずれが生じていると感じるようになった。また、Cは、D社の社員数も増加し、ITに強い人員も現在は相当数在籍していることから、自らがD社を辞めたとしても、D社の運営には大きな影響はないと考えた。

そこで、Cは、D社を退社することを決め、AおよびBとの間で、自らの退社について話合いを行った。その際、Cが保有するD社の普通株式150株の取扱いをどうするかという点が大きな問題となった。Cは、当初、退社後もD社の普通株式を継続して保有することを希望していたが、最終的には、AおよびBの説得を受けて、退社にあたってD社の株式を譲渡することとなった。

そして、譲渡の価格については、その直前のA種優先株式の発行の際の株価（A種優先株式1株あたり30万円）を参考としつつ、Cからの譲渡の価格を1株あたり15万円とした。また、AおよびBの資金的な余力も考え、AおよびBにそれぞれ、Cが保有するD社の普通株式を75株ずつ譲渡することとした。

2024年6月に、CはD社を退社するとともに、AおよびBとの間で個別に株式譲渡契約を締結し、D社の普通株式をAおよびBに譲渡した。その結果、D社は、**図表1-4-1**のような株主構成となった。

図表1-4-1

	株式数	持株比率（潜在的な株式を除く）
A	775株	64%
B	225株	19%
E	100株	8%
ベンチャーキャピタルF（A種優先株式）	110株	9%

(潜在的株主) 従業員４名	(合計44株)	—
合計	普通株式　1100株 Ａ種優先株式　110株 (潜在的な普通株式 44株)	100％

※小数第１位で四捨五入をしている。

Ⅲ　シリーズＢでの資金調達

Ｃの退社後もＤ社の事業は順調に成長したが、さらなる事業の成長のために追加の資金が必要となった。そこで、Ｄ社は、ベンチャーキャピタルＦに対して、追加のラウンドを実施して、資金調達を行いたい旨を申し入れた。ベンチャーキャピタルＦは自らのファンドのみではＤ社が要求する資金調達額を出資することが難しく、また、以前から、他のベンチャーキャピタルもＤ社への出資に興味を有していると聞いていたことから、他のベンチャーキャピタルも誘い合わせて、共同でＤ社へ出資することを検討した。

Ｄ社は、複数のベンチャーキャピタルと秘密保持契約を締結し、Ａ種優先株式を発行した際と同様のデュー・ディリジェンスを経て、2024年９月に、ベンチャーキャピタルＦに加えて、新たにベンチャーキャピタルＧおよびベンチャーキャピタルＨに対して、**図表１－４－２**のとおりＢ種優先株式を発行して資金調達を行うこととした。

なお、実際のＢ種優先株式の内容、特に発行時の株価をめぐる交渉は、Ｄ社のリードインベスターであるベンチャーキャピタルＦとＤ社との間で行われた。

図表１－４－２

名称	Ｂ種優先株式
発行する株式数	120株
議決権	１株につき１個
残余財産分配時優先受領権	Ｄ社の残余財産が分配される場合、Ｂ種優先株主が受領する価額は、以下のように決定される。 ｉ）分配される残余財産のうち、Ｂ種優先株主に対し投資株価

	の1倍の価額が、普通株主およびA種優先株主に先立ち分配される。 ii）B種優先株主への分配の後、A種優先株主に対しその投資株価の1倍の価額が普通株主に先立ち分配される。 iii）上記i号およびii号に基づき、B種優先株主およびA種優先株主に分配された後に、余った金額が普通株主、A種優先株主およびB種優先株主に対して、それぞれの持株比率に応じて分配される。
みなし清算時の優先受領権	D社が、 ① 消滅会社となる吸収合併もしくは新設合併、 ② 完全子会社となる株式交換もしくは共同株式移転、または、 ③ 分割会社となる吸収分割もしくは新設分割をするときは、 上記の残余財産分配の際と同様の計算に基づいて、B種優先株主がA種優先株主および普通株主に先立って、また、A種優先株主が普通株主に先立って、存続会社、新設会社または完全親会社の株式および金銭その他の財産の割当てを受ける。
発行時の株価	B種優先株式1株あたり250万円

この投資の結果、D社の株主構成は**図表1－4－3**のようになった。

図表1－4－3

	株式数	持株比率 (潜在的な株式を除く)
A	775株	58%
B	225株	17%
E	100株	8%
ベンチャーキャピタルF (A種優先株式　110株 B種優先株式　 40株)	150株	11%
ベンチャーキャピタルG (B種優先株式)	40株	3%
ベンチャーキャピタルH (B種優先株式)	40株	3%
(潜在的株主) 従業員4名	(合計44株)	—

合計	普通株式　1100株 Ａ種優先株式　110株 Ｂ種優先株式　120株 (潜在的な普通株式 44株)	100%

※小数第１位で四捨五入をしている。

Ⅳ　投資契約の締結および株主間契約の更改

また、新たにベンチャーキャピタルＧおよびベンチャーキャピタルＨがＤ社に対して投資を行い、Ｂ種優先株式が発行されたことから、ＡおよびＤ社は、ベンチャーキャピタルＧおよびベンチャーキャピタルＨと個別に投資契約を締結した。加えて、Ａ、Ｄ社、ベンチャーキャピタルＦ、ベンチャーキャピタルＧおよびベンチャーキャピタルＨは、株主間契約を締結した。

この株主間契約においても、改めて、ＡおよびＤ社が、株主間契約における義務の１つとして、2026年12月までに株式を国内または国外の証券取引所に上場するよう努力する義務を負うことが確認された。

なお、従前、Ａ、Ｄ社およびベンチャーキャピタルＦの間で締結されていた株主間契約は、新たにベンチャーキャピタルＧおよびベンチャーキャピタルＨも当事者に加えた株主間契約が締結されたことにより、合意解除された。

Ⅴ　時価総額の推移

なお、この時点までのＤ社の時価総額の推移について、簡易的にグラフ化すると**図表１−４−４**のようになる（各優先株式の発行時点において、各優先株式の発行価額がその時点における普通株式を含めたすべての株式の時価であるという前提のもとで計算している)。

図表1－4－4

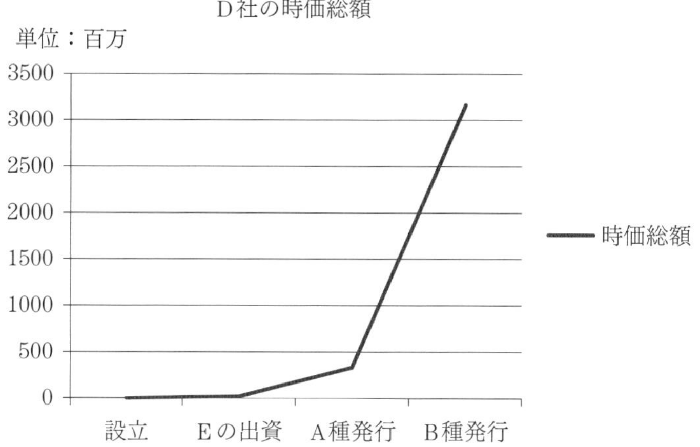

5 シリーズCでの資金調達

I 株式分割

また、D社は、知育アプリ事業が好調であり、以前、従業員に対してストックオプションを付与した時点よりも重要な従業員の数も増したことから、再度、従業員に対して、従前の方式にのっとったストックオプションの発行を検討することとした。

D社は、前回のストックオプションを発行した際とほぼ同じ内容のストックオプションを発行したいと考え、再度、同じ弁護士および公認会計士に対して相談をしたが、シリーズBでの資金調達の結果、現在のD社の1株あたりの株価が高くなっているため、従業員が権利行使時の払込金額を調達できず、ストックオプションを行使できない可能性があり、また、今後の資金調達も視野に入れて、株式分割を行う方がよいとの助言を得た。

そこで、D社は、2024年12月に、普通株式について従前の1株を50株とするという内容の株式分割を行った。

なお、D社では、すでに、A種優先株式およびB種優先株式を発行していたが、これらの株式については、当該種類株式の発行以降に普通株式の株式分割を行った場合には、当該種類株式を普通株式に転換する際に、転換後の普通株式数を調整する（割り当てられる普通株式数が増加する）旨の条項が付されていたこともあり、A種優先株式およびB種優先株式については、株式分割を行わなかった。

Ⅱ　従業員への再度のストックオプションの付与

D社は、上記Ⅰの株式分割の後、2025年1月に、**図表1－5－1**のとおり、ストックオプションを発行した。

図表1－5－1

名称	D社第2回新株予約権
付与対象者	従業員8名
付与数	合計1200個
目的となる株式の種類および数	新株予約権1個につき、普通株式1株
発行価額	無償
行使価額	5万円
行使期間	2027年2月1日から2034年1月31日まで
行使条件	以下の条件のすべてが満たされること ①　D社の株式が国内または国外の証券取引所に上場されること ②　新株予約権を行使する際に、D社の役員または従業員であること

Ⅲ　シリーズCでの資金調達

2025年1月の時点で、D社の日本国内での知育アプリ事業は、現在までの総ダウンロード数は計画どおり推移し、WAU、MAU、売上および営業利益も順調に推移しているものの、直近の新規ダウンロード数が鈍化しているという状況であった。そこで、D社は、日本国内において広告を実施し、新規のコンテンツや追加機能の実装を検討するとともに、知育アプリを世界中の複数の地域で配信してユーザー基盤を拡大することを考えたが、そのためには追加の資金調達が必要であった。

D社は、既存の投資家および新規の投資家に対して出資を募ることとし、まずは、既存投資家と話をしたところ、既存投資家のうちベンチャーキャピタルＧおよびベンチャーキャピタルＨは、シリーズＣでＤ社に投資をすることとした。そして、ベンチャーキャピタルＧおよびベンチャーキャピタルＨの呼びかけにより、新規にベンチャーキャピタルＩがシリーズＣのラウンドでの資金調達に参加することとなった。

加えて、かねてよりＤ社の事業内容に興味を持ち、自社の事業とのシナジーがあることから、今後、Ｄ社と協業ができるのではないかと考えていた、スマートフォンゲーム事業を展開しているＪ社が、シリーズＣのラウンドに参加するとともに、今後の協業の可能性を検討する旨の業務提携契約も締結することとなった。

シリーズＣにおいても、前回発行しているＢ種優先株式を踏襲した内容であるＣ種優先株式を発行することとし、**図表１-５-２**のとおり、2025年３月にＣ種優先株式が発行された。

図表１-５-２

名称	Ｃ種優先株式
発行する株式数	9000株
議決権	１株につき１個
残余財産分配時優先受領権	Ｄ社の残余財産が分配される場合、Ｃ種優先株主が受領する価額は、以下のように決定される。 ｉ）分配される残余財産のうち、Ｃ種優先株主に対し投資株価の１倍の価額が、普通株主、Ａ種優先株主およびＢ種優先株主に先立ち分配される。 ii）Ｃ種優先株主への分配の後、Ｂ種優先株主に対しその投資株価の１倍の価額が普通株主およびＡ種優先株主に先立ち分配される。 iii）Ｂ種優先株主への分配の後、Ａ種優先株主に対しその投資株価の１倍の価額が普通株主に先立ち分配される。 iv）上記ｉ号ないしiii号に基づき、Ｃ種優先株主、Ｂ種優先株主およびＡ種優先株主に分配された後に、余った金額が普通株主、Ａ種優先株主、Ｂ種優先株主およびＣ種優先株主に対して、それぞれの持株比率に応じて分配される。

みなし清算時の優先受領権	Ｄ社が、 ①　消滅会社となる吸収合併もしくは新設合併、 ②　完全子会社となる株式交換もしくは共同株式移転、または、 ③　分割会社となる吸収分割もしくは新設分割をするときは、 上記の残余財産分配の際と同様の計算に基づいて、Ｃ種優先株主がＢ種優先株主、Ａ種優先株主および普通株主に先立って、その後、Ｂ種優先株主がＡ種優先株主および普通株主に先立って、その後、Ａ種優先株主が普通株主に先立って、存続会社、新設会社または完全親会社の株式および金銭その他の財産の割当てを受ける。
発行時の株価	Ｃ種優先株式１株あたり12.5万円

Ⅳ　ストックオプションが付与されている社員の退職

このように、Ｄ社は、順調にその知育アプリ事業を成長させていたが、その最中、Ｄ社の中核を担う社員の１人であり、知育アプリの内容の監修の最終的な責任を担っていた社員１名が、その友人が立ち上げた会社を手伝いたいということでＤ社を退職することとなった。

当該社員は、Ｄ社第１回新株予約権およびＤ社第２回新株予約権を付与されていた社員であったが、いずれの新株予約権についても、その当時は行使条件を満たしておらず、かつ、Ｄ社を退社することにより、ストックオプションの行使時にＤ社に在籍しているという条件を満たす可能性がなくなり、当該社員に付与されているストックオプションが行使されることはなくなった。

そのため、当該社員の保有していたストックオプションは、退職により消滅することとなり、Ｄ社は、当該社員の退職後２週間以内に当該社員に付与していた新株予約権の消滅について登記を行った。

Ｖ　Ｄ社の現状の株主構成

以上のような一連の出来事が起きた結果、2025年３月時点でのＤ社の株主構成は**図表１－５－３**のとおりとなった。

図表1－5－3

	（普通株式に転換したと仮定した場合の）株式数	（普通株式に転換したと仮定した場合の）持株比率（潜在的な株式を除く）
A	3万8750株	51%
B	1万1250株	15%
E	5000株	7%
ベンチャーキャピタルF（A種優先株式：110株、B種優先株式：40株）	7500株	10%
ベンチャーキャピタルG（B種優先株式：40株、C種優先株式：1000株）	3000株	4%
ベンチャーキャピタルH（B種優先株式：40株、C種優先株式：1000株）	3000株	4%
ベンチャーキャピタルI（C種優先株式：2000株）	2000株	3%
J社（C種優先株式：5000株）	5000株	7%
（潜在的株主）従業員7名	（合計2700株）	—
合計	（すべて普通株式に転換した場合） 7万5500株	100%
	普通株式 5万5000株 A種優先株式 110株 B種優先株式 120株 C種優先株式 9000株 （潜在的な普通株式 2700株）	

※小数第1位で四捨五入しているため、合計は100%とならない。

6 IPO

Ⅰ　IPO

その後、シリーズＣで調達した資金を用いて、2025年12月からＤ社は知育アプリの海外での配信を開始した。Ｄ社の海外での知育アプリのダウンロード数は順調に増加し、海外での売上もリリースからの月数を追うごとに伸びていた。また、従前からの新規株式上場（IPO）のための体制整備も整ってきたため、Ｄ社は、東京証券取引所に対して、IPOを申請することとした。

そこで、Ｄ社の取締役会において、Ｄ社の普通株式のさらなる分割（１：100）を行う旨、および、東京証券取引所に対して上場申請を行う旨の決議を行った際に、Ｄ社の投資家に対して従前から発行されていた優先株式については、各優先株式に対して付されていた取得条項（一定の事由が生じた場合、会社が株主から株式を取得することができる旨の条項）を用いて、各優先株式を普通株式に転換した。そのため、Ｄ社が株式を東京証券取引所に上場した際には、Ｄ社の発行済株式はすべて普通株式となっていた。

最終的に、Ｄ社は、証券会社の引受審査、東京証券取引所の上場審査を経て、2026年11月に東京証券取引所へ上場した。

Ｄ社の株式の上場時の公開価格、売出株式数、公募株式数、発行済株式総数およびＤ社の時価総額（発行済株式総数で計算）は、**図表１－６－１**のとおりであった。

図表１－６－１

公開価格	3000円
売出株式数	90万株 （下記の発行済株式総数の10.5％）
公募株式数	100万株 （下記の発行済株式総数の11.7％）
発行済株式総数 （上記の公募株式数を含む）	855万株
時価総額	256億5000万円

Ｄ社の株式の上場に際して、Ａ、Ｂ、ＥおよびベンチャーキャピタルＦは、売出しに参加することにより、多額のキャピタルゲインを得た。

➡IPOについては、**第８章2**参照

Ⅱ　Ｄ社従業員によるストックオプションの行使

また、Ｄ社の株式が上場されたことにより、Ｄ社第１回新株予約権を保有する従業員３名は、ストックオプションを行使することが可能となった。Ｄ社第１回新株予約権を保有するＤ社従業員は、いずれも、Ｄ社の上場直後にＤ社第１回新株予約権をすべて行使し、その一部について、取引市場内で売却をし、相当額のキャピタルゲインを得た。

Ⅲ　時価総額の推移

なお、Ｄ社の設立時点から上場時までのＤ社の時価総額の推移について、簡易的にグラフ化すると**図表１－６－２**のようになる（各優先株式の発行時点において、各優先株式の発行価額をその時点における普通株式を含めたすべての株式の時価であるという前提のもとで計算している）。

図表１－６－２

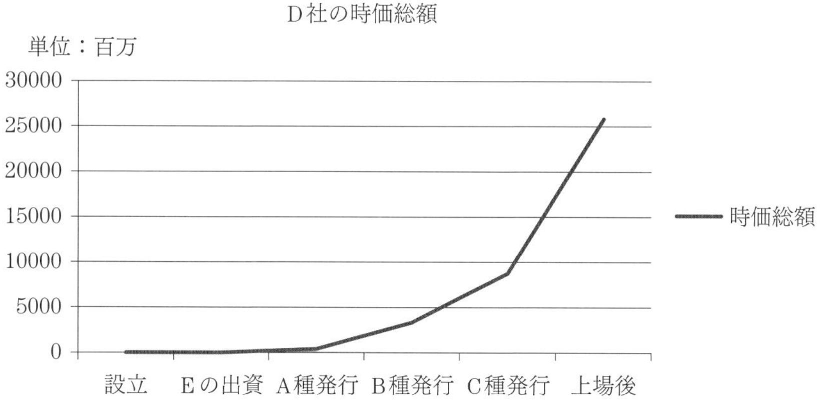

7　まとめ

本章では、モデルの事例を参照しつつ、ベンチャー企業がどのような場面でどのような資金調達を行うのかについて説明してきたが、各場面における資金調達の方法の内容の説明および資金調達を行う際に、どのような考慮を行うべきであるのかなどの点については、**第2章**以降で詳しく解説する。

また、伝統的な資金調達方法以外の新たな資金調達の方法や、資金調達の方法に関する新たな展開やさらなる手段の可能性についても、紙幅が許容する範囲で、**第2章**以降において紹介する。

第2章

資金調達に関する概論

第１章モデル事例においても、銀行からの借入れとその後の普通株式および種類株式による資金調達の方法を記載していたが、ベンチャー企業においても、実現の容易さはさておき、さまざまな資金調達手段が考えられる。

本章では、さまざまな資金調達手段について、その紹介を行い、その後、各章で資金調達手段において、一定の説明を加えつつ、より詳細に紹介をしていく。

1　新株発行による調達

ベンチャー企業の典型的な資金調達方法として、それ以外の会社と同様に、新株発行による資金調達という方法がある。

ベンチャー企業が新株発行をする場合には、その時点においては、上場株式と異なって流動性がなく、換価が容易ではないものの、将来的にベンチャー企業が成長していき、IPOやM&Aが行われた場合には、多額の利益を得ることができる可能性があるという非上場株式の性質について、十分理解がある投資家を探す必要がある。

また、種類株式を発行する場合には、発行する種類株式の内容、投資契約および株主間契約の内容について投資家からパッケージを提示されることも多く、ベンチャー企業自身も、自らが発行する種類株式の内容や締結しようとしている投資契約および株主間契約の内容について十分に理解することが必要となる。そこで、**第３章**では、ベンチャー投資において使われることが多いものを含め、種類株式の概要について紹介する。加えて、投資家が出資する際に締結することが多い、投資契約および株主間契約についても、**第４章**で解説を行う。

また、ベンチャー企業が投資家から資金調達を行う際には、将来的な役職員に対する新株予約権の付与の範囲についても検討をすることが多いため、本書でも役職員に対して付与される新株予約権について、その概要を**第５章**で紹介する。

2　負債による調達

ベンチャー企業の典型的な資金調達方法として、それ以外の会社と同様に、金融機関から借入れを行う方法もある。

ベンチャー企業が金融機関から借入れを行う場合には、経営者の連帯保証が求められ、また、与信枠は低く設定されることも多い。もっとも、創業支援およびベンチャー企業支援のための制度が拡充されてきており、その概要を**第6章**で紹介する。

また、ベンチャー企業が借入れにより資金調達をする方法には、通常の借入金ではなく、社債という債券を投資家に対して発行することにより資金調達をする方法もあるが、信用力の低いベンチャー企業においては社債が活用される頻度はそれほど高くない。その一方、ベンチャー企業に対する投資手段として、借入金としてベンチャー企業による返済義務は課しつつ、ベンチャー企業が成長した場合には、貸付けを行った側に対しても、一定のキャピタルゲインをもたらす手法として、新株予約権付社債という手段も使用されており、かかる手段についても、その概要を**第6章**で紹介する。

3 その他の資金調達方法

I クラウドファンディング

近時、インターネットの発達に伴い、自らのアイデアをインターネット上でプレゼンテーションすることで、そのアイデアに賛同する不特定多数の者から資金の援助等を受ける素地が整備された。このような方法を用いて資金調達を行う行為を、クラウドファンディングと呼んでいる。

クラウドファンディングについては、①アイデアへの賛同を募り、寄付を求める寄付型、②アイデアをもとにした商品やサービスを購入してもらう購入型、③資金の貸付けを受ける貸付型、④ファンド形式または株式に対して投資を行う投資型等のさまざまな種類がある。

たとえば、購入型のクラウドファンディングについては、新商品を開発したベンチャー企業を設立準備中である者が、マーケティングおよび資金調達の一環として、クラウドファンディングを利用することも考えられる。このような場合のクラウドファンディングの利点としては、調達額は比較的少額となることが多いものの、クラウドファンディングにおけるプロジェクトの組成が、株式投資を募るなどに比べ容易であることが挙げられる。

クラウドファンディングの種類の概要および利用例については、**第7章**で紹介する。

Ⅱ　ICO

さらに、より直近では、ブロックチェーン技術の広まりをもとにして、ベンチャー企業が電子的にトークン（証票）を発行して、公衆から資金調達を行うInitial Coin Offering（ICO）も、一時、国内外において、爆発的に増加した。ICOについては、発行するトークンの性質に応じて、原則的に、金融商品取引法と資金決済法の規制に服することとなる。

もっとも、本書改訂時点（2021年10月）において、ICOについては、ベンチャー企業の資金調達を行う際に広く使われている手段の一つであるとまでは言えないため紙幅の都合上本書では個別には紹介しない。

Ⅲ　補助金・助成金

国や地方公共団体が創業、創業での地域貢献および創業により雇用が創出されることに対して、補助金や助成金を交付している場合があり、これらの金銭が、ベンチャー企業の資金調達に資する場合がある。

これらのうち、ベンチャー企業が利用可能な代表的なものとしては、たとえば、2021年10月時点では、東京都中小企業振興公社の創業助成金や、非正規雇用労働者を正社員化した場合等に交付されるキャリアアップ助成金等が挙げられる。

個別の補助金や助成金については、年度ごとに制度が変更されるため、本書では個別にその詳細を紹介しないが、ベンチャー企業としては、利用可能な補助金や助成金についても検討をしておくことが望ましい。

第3章

資金調達に利用される種類株式

ベンチャー企業において、資金調達を行う場合には、新株を発行して資金調達をすることが典型的な手段となっており、さらに、ベンチャーキャピタルからの投資を受ける場合には、種類株式を発行して資金調達を行うことが多い。

そこで、以下、会社法上の種類株式の発行および内容に関する規律を紹介し、そのうえで、ベンチャー企業が資金調達を行う際に用いられることが多い優先株式の内容について紹介を行う。

1　新株発行による調達

本節においては、会社法上の新株発行手続を述べた後に、種類株式の発行手続を概説する。

I　新株発行についての概要

1　非公開会社における新株発行の手続の概要

(1)　新株発行手続の概要

会社法上、新株を発行する場合には、以下のような手続を経ることが必要となる。なお、本書で対象としている会社は、発行するすべての株式に譲渡制限を付している会社（以下「非公開会社」という）に該当することが想定され、また、本章では、主に株主以外の第三者に対して新株を発行する場合を扱うため、以下では、非公開会社における発行手続であり、かつ、株主に割当てを受ける権利を与えないものに絞って紹介を行う。

まず、非公開会社において、第三者に対して新株発行を行う際の原則的な手続の概要は**図表3－1－1**のとおりである。

図表3－1－1

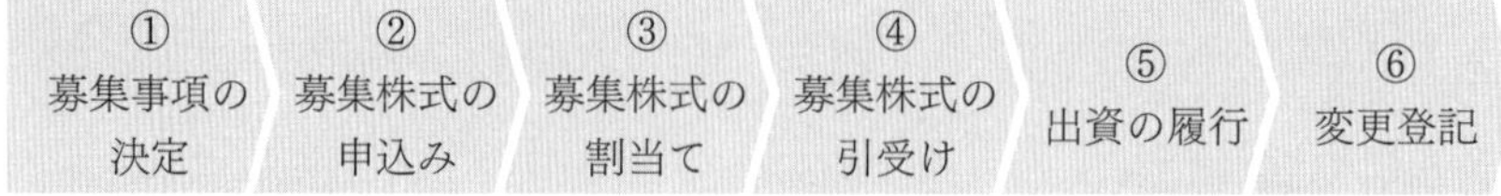

(2)　手続の流れおよび必要な日数

上記の各事項のうち、まず、①募集事項の決定（会199条1項）については、株主総会の特別決議が必要であり（同条2項、309条2項5号）、非公開会社においては、原則として、株主総会の１週間前までに株主に対して招集通知を送付しなければならない（会299条１項）。

もっとも、株主総会は、株主全員の同意があれば、招集手続を経ることなく開催可能である（会300条本文）。また、株主総会の目的である事項について、取締役または株主が提案を行い、その提案について株主全員が書面または電磁的記録により同意した場合には、株主総会決議は省略可能である（会319条１項）。そのほかにも、判例によれば、招集手続に不備があっても、株主全員がその開催に同意して出席した、いわゆる全員出席総会では、当該総会における決議は有効に成立する（最判昭和60・12・20民集39巻８号1869頁）。

まず、①募集事項の決定については、非公開会社においては、株主総会の特別決議により、募集事項の決定を取締役（取締役会設置会社の場合には取締役会）に委任することができる（会200条１項、309条２項５号）。この場合、払込期日（または払込期間の末日）は、上記の株主総会決議の日から１年以内であることを要する（会200条３項）。

次に、②募集株式の申込みについては、(i)会社から募集株式の引受けの申込みをしようとする者に対する通知（会203条１項）、および、(ii)申込みをしようとする者から会社に対する書面の交付（同条２項）または電磁的方法による提供（同条３項）により、申込みの手続を経る必要がある。

さらに、③募集株式の割当てについては、(i)定款に別段の定めのない限り、募集株式の割当てを受ける者を株主総会の特別決議（取締役会設置会社の場合は取締役会決議）で決定し（会204条１項・２項、309条２項５号）、(ii)申込者に対して割当ての通知を払込期日（または払込期間の初日）の「前日」までに行う必要がある（会204条３項）。

募集株式の申込みを行っていた者は、上記を受け、④会社から割り当てられた数の募集株式について株式の引受人となり（会206条１号）、⑤出資を履行することで、募集株式の株主となる（会208条、209条１項）。

このように、上記③の(ii)申込者に対する割当ての通知は、払込期日（または払込期間の初日）の「前日」までに行う必要があることから、新株発行についての募集事項の決定から払込みまでを１日で行うことはできない。

2　総数引受契約を締結する場合

(1)　総数引受契約を利用する場面

ベンチャー企業が株式を用いて第三者から資金調達をする場合、実際には、新株発行を行うことを決定する時点において、どの者が何株を引き受けるかということが決まっていることが通常である。

そして、このような場合には、総数引受契約を利用して、**図表３－１－２**のような簡略化された手続で株式の発行を行うことが可能である。

図表３－１－２

募集事項および割当先の決定	出資の履行	変更登記

⑵　総数引受契約を利用する場合のメリット

総数引受契約を利用する場合には、上記**１**で紹介した原則的な手続とは異なり、総数引受契約の締結により、**図表３－１－１**の②募集株式の申込み、および、③募集株式の割当てに関する規制が適用されない（会205条１項）。

したがって、総数引受契約を締結する場合には、株主総会決議の省略（または株主総会の特別決議に基づく取締役会決議）を行い、また、同日を払込期日とすれば、１日で新株を発行することも可能となる（相澤ほか205頁）。

⑶　複数人との間での総数引受契約の可否

総数引受契約を締結する場合においても、契約の相手方が１名であることや契約書の通数が１つであることは要求されてはいない。そのため、新株発行を行う会社が複数の契約書で複数の当事者との間で契約を締結する場合においても、実質的に同一の機会に一体的な契約で募集株式の総数の引受けが行われた場合には、総数引受契約に該当すると解されている（相澤ほか208頁）。

実務上、これを実現する方法としては、１通の契約書に会社および引受人の全員が記名押印する方法や、契約書を引受人ごとに複数に分けるとしても、当該契約書中に同時に株式を引き受ける他の者の氏名または名称を記載する方法等により、複数の者が同一の機会にする一体的な契約であることを明らかにする方法等が考えられる（松井292頁）。

なお、取引先金融機関であることなどを理由に、投資家が、特定の金融機関への払込みを希望することがあるが、複数人との間で総数引受契約を締結する場合においても、必ずしも、各投資家において、払込金融機関を同一にする必要はない。

以下の総数引受契約書のサンプルでは、２名が引受人となる場合において、各引受人と会社が個別に総数引受契約を締結することを前提としつつ、上記の点に配慮した契約書の体裁としている。

募集株式の総数引受契約書

株式会社○○（以下「会社」という）および末尾署名欄記載の引受人（以下「本引受人」という）は、2022年○月○日付臨時株主総会決議に基づく会社の募集株式の割当ておよび引受けについて、以下のとおり合意する。

第１条（募集株式の割当ておよび引受け）

会社は、本引受人に対して、下記の要領で発行する募集株式700株のうち200株を割り当てるものとし、本引受人は、本契約をもってこれを引き受け、下記(4)記載の他の引受人とともに、当該募集株式の総数を引き受けるものとする。

記

(1)	発行する募集株式数	普通株式700株
(2)	募集株式の発行価額	１株につき金100,000円 （総額金70,000,000円）
(3)	割当方法	第三者割当て（総数引受契約締結を条件とする）
(4)	割当先および割当株数	○○株式会社　普通株式200株 ○○　普通株式500株
(5)	払込期日	2022年○月○日
(6)	払込金融機関	○○銀行○○支店 普通預金口座　○○○○ （所在地）東京都○○区○○
(7)	増加する資本金の額	金35,000,000円
(8)	増加する資本準備金の額	金35,000,000円

第２条（費用負担）

各当事者は、本契約ならびに本契約に伴う募集株式の発行、割当ておよび引受けに要した費用を各自において負担する。

第３条（専属的合意裁判所）

本契約およびその内容について当事者間で紛争が生じた場合、東京地方裁判所を第一審の専属的な合意管轄裁判所とする。

第４条（協議解決）
　本契約に定めのない事項その他本契約に関し生じた疑義については、各当事者が誠意をもって協議のうえ解決するものとする。

⑷　手続上の留意点

総数引受契約を締結して第三者に対して新株発行する場合で、発行する株式が譲渡制限株式である場合には、原則として、発行する会社は、株主総会の特別決議（取締役会設置会社である場合には取締役会決議）により、総数引受契約の承認を得なければならない（会205条２項、309条２項５号）。

そして、この承認を得る際には、総数引受契約書を添付するかたちで株主総会決議または取締役会決議を行うことが望ましい。

Ⅱ　新たに種類株式を発行する場合の手続

１　種類株式および種類株式発行会社の意義

会社法上、内容の異なる２以上の種類の株式（種類株式）を発行することが認められている（会108条１項）。

２以上の種類の株式を発行する会社のことを「種類株式発行会社」といい（会２条13号）、実際に２以上の種類の株式を発行していなくとも、定款において２以上の種類の株式を発行する旨を定めている場合には、種類株式発行会社にあたる。

また、種類株式を保有する者を「種類株主」といい、種類株主の総会を「種類株主総会」という（会２条14号）。会社法上は、２以上の種類の株式を発行する会社においては、いわゆる普通株式も種類株式の１種となるが、一般的には、種類株式というときは普通株式以外の株式を意味する。

なお、種類株式発行会社は、発行可能種類株式総数および発行する各種類の株式の内容を登記する必要がある（会911条３項７号、915条１項）。

種類株式を発行していない会社が新たに種類株式発行会社となる際の手続は、概要、以下のとおりである。

２　種類株式発行会社への定款変更

種類株式発行会社でない会社が、会社法108条１項で定める内容の異なる２以上の種類の株式を発行する場合には、発行しようとする種類の株式の内容について同条2項で定める事項および発行可能種類株式総数を定款で定めなければならない。また、かかる定款変更については、株主総会特別決議で行う必要がある（会466条、309条2項11号）。

3 種類株式の発行

種類株式発行会社となる旨の定款変更をした後に、実際に種類株式を発行する場合には、上記**I 1**で紹介した、募集株式の発行手続を経る必要がある。

その際の注意点として、会社法199条1項1号かっこ書においては、募集株式の発行をするにあたって決定する事項の1つとして「種類株式発行会社にあっては、募集株式の種類及び数」と記載されており、会社法の条文は、複数の種類株式の募集を1つの手続で行うことを想定していないと考えられるため、複数の種類株式を同時に発行する場合には、複数の募集手続を同時に行う必要がある。

具体的には、A種優先株式10株とB種優先株式100株を同時に発行する場合には、株主総会としては1つで足りるが、議案としては分けたうえで、議事録における議案の記載は、以下のようにする必要がある。

第1号議案　A種優先株式の発行の件
　　募集株式の種類および数　　A種優先株式　10株

第2号議案　B種優先株式の発行の件
　　募集株式の種類および数　　B種優先株式　100株

また、非公開会社（本書で念頭に置いているベンチャー企業はほぼすべて非公開会社に該当する）が、新たに譲渡制限の付された種類株式を発行しようとする場合には、上記**I 1**で紹介をした株主総会の特別決議に加えて、当該譲渡制限株式の種類株主を構成員とする種類株主総会の特別決議も経る必要がある（会199条4項本文、324条2項2号）。ただし、かかる種類株主総会の特別決議については、定款で排除可能である（会199条4項本文）。

2 金商法上の発行手続に関する規律の概要

金商法では、一定の有価証券の発行行為に開示規制を設けている。そして、

「株式」は金商法上の第一項有価証券に該当する（金商2条1項9号・2項柱書）。

また、株式を発行する会社自らが自社の株式の株主となる者を募集する「自己募集」と呼ばれる行為についても、原則的に金商法上の「募集」に該当するものと考えられていることから、「有価証券の募集」に対して適用がある、有価証券届出書の提出（金商4条1項、5条1項）等、金商法上の開示規制に服することとなる。

もっとも、「有価証券の募集」については、複数の例外が定められており、これらの場合には、「有価証券の私募」として取り扱われ、開示規制の適用対象外となる。そして、実際にベンチャー企業が株式を発行する場合には、例外の1つである少人数私募の例外（金商2条3項1号、金商令1条の5、金商2条3項2号ハ、金商令1条の6、1条の7）を利用して金商法上の開示規制の適用を受けないこととする場合が多い。

また、「株式」の自己募集については、株式会社が自ら株式を発行して資金調達を行うべき要請があることから、「金融商品取引業」の対象とはなっておらず、株式会社は、自らが発行する株式について、「金融商品取引業」の登録を行うことなく（実際上、ベンチャー企業が登録をすることは困難である）、自己募集を行うことができる。

なお、発行価額が1億円以上であること等の一定の要件を満たす場合には、勧誘の相手方に対し、有価証券届出書の提出がなされていないこと等を告知する必要がある（金商23条の13）。

3　会社法上、発行可能な種類株式の内容

Ⅰ　種類株式の概要

会社法上、発行することが認められている種類株式は、具体的には、**図表3-3-1**記載の事項のうち、一部または全部の事項を定めた株式である（会108条1項）。ただし、公開会社（＝譲渡制限が付されていない株式を1株以上発行している会社）および指名委員会等設置会社は、取締役または監査役の選任に関する種類株式（下記⑨）を発行することはできない（同項ただし書）。

図表３－３－１

	種類	内容
①	剰余金の配当	剰余金の配当について異なる定めをした株式
②	残余財産の分配	残余財産の分配について異なる定めをした株式
③	議決権制限株式	株主総会において議決権を行使することができる事項について異なる定めをした株式
④	譲渡制限株式	譲渡による株式の取得について、発行会社の承認を要する株式
⑤	取得請求権付株式(プットオプション付種類株式)	株主に、発行会社に対してその取得を請求する権利が付された株式
⑥	取得条項付株式(コールオプション付種類株式)	一定の事由が発生した場合に発行会社による強制取得権が発生する株式
⑦	全部取得条項付株式	発行会社に、株主総会決議によりその全部を取得する権利が付された株式
⑧	拒否権付株式(黄金株)	株主総会、取締役会または清算人会で決議すべき事項のうち、当該決議のほか、当該種類の株式の種類株主を構成員とする種類株主総会の決議を必要とする場合の当該株式
⑨	役員選任権付株式(クラス・ボーディング)	当該種類の株式の種類株主を構成員とする種類株主総会の決議により、取締役または監査役を選解任することができる株式

なお、主に下記Ⅱ１～３・７～９、4Ⅱ２・Ⅲ１～４および5Ⅰにおいて記載されている定款条項例の分類は**図表３－３－２**のとおりである。

図表３－３－２

定款条項の種類	定款条項例
剰余金の配当に関する優先株式	定款条項例１－１～１－３(下記**Ⅱ１**(p.37～p.39))
残余財産の分配に関する優先株式	定款条項例２（下記**Ⅱ２**(p.40))
議決権制限株式	定款条項例３－１（下記**Ⅱ３**(p.40))
全部取得条項付株式	定款条項例４（下記**Ⅱ７**(p.43))
拒否権付株式	定款条項例５（下記**Ⅱ８**(p.44))
役員選任権付株式	定款条項例６（下記**Ⅱ９**(p.45))
みなし清算条項	定款条項例７（下記**④Ⅱ２**(p.54))
取得請求権付株式	定款条項例８－１（下記**④Ⅲ１**(p.58))、８－２（下記**④Ⅲ２**(p.59))
取得条項付株式	定款条項例９（下記**④Ⅲ３**(p.60))
調整条項	定款条項例10－１～10－４（下記**④Ⅲ４**(p.61、p.64、p.65))
種類株主総会開催の制限	定款条項例11（下記**⑤Ⅰ**(p.69))

図表３－３－１のうち、①剰余金の配当について異なる定めをした種類株式、②残余財産の分配について異なる定めをした種類株式、⑤取得請求権付株式、および、⑥取得条項付株式が、ベンチャー企業の資金調達の便宜から多く用いられている。

Ⅱ　各種類株式の内容

種類株式を発行するためには、発行する株式の内容について、定款で一定の事項および発行可能種類株式総数を定める必要がある（会108条２項)。

ただし、一定の重要事項を除き、定款には「内容の要綱」のみを定め、より具体的な内容については、当該種類株式をはじめて発行する時までに、株主総会または取締役会の決議によって定める旨を定款に定めることも許されている（会108条３項、会施20条１項)。

たとえば、定款において、剰余金の配当について優先する種類株式の優先権の内容として「１株あたりの優先配当額の上限は１万円とし、具体的な金額は発行時に取締役会決議において定める」として、実際に発行をする際に取締役会決議において、優先権の内容を「１株あたりの優先配当額は

7000円とする」などの定め方が、定款に「内容の要綱」のみを定める場合にあたる。

以下では、各種類株式について、定款の条項例を示しつつ、概要を説明する。

1 剰余金の配当に関する種類株式

株式会社は、剰余金の配当について異なる定めを置く種類株式を発行することができる（会108条1項1号）。この種類株式を発行する場合、定款には、①当該種類の株主に交付する配当財産の価額の決定の方法、②剰余金の配当をする条件その他剰余金の配当に関する取扱いの内容を定める必要がある（同条2項1号）。

一般に発行されることが多いのは、他の株式に先立って剰余金の配当を受ける権利を有する株式であり、ベンチャー企業に対する投資においても、下記4のとおり剰余金配当に関する優先株式を用いる例もしばしば見られる。

なお、「優先株式」という用語は、一般に、剰余金の配当と残余財産の分配の一方または両方について他の株式に優先する株式を意味し、剰余金の配当について他の株式に優先する株式を意味するとは限らない。

剰余金の配当について他の株式に優先する旨の定めを置く場合の定款条項例は、以下のとおりである。

定款条項例1－1（剰余金配当に関する優先株式（非参加型・非累積型）の場合）

第○条（優先配当）

1．当社は、毎年3月31日の最終の株主名簿に記載または記録されたA種優先株式を有する株主（以下「A種優先株主」という）またはA種優先株式の登録株式質権者（以下「A種優先登録株式質権者」という）に対し、普通株式を有する株主（以下「普通株主」という）または普通株式の登録株式質権者（以下「普通登録株式質権者」という）に先立ち、A種優先株式1株につき○円の金銭による剰余金の配当（かかる配当により支払われる金銭を以下「A種優先配当金」という）を行う。ただし、当該事業年度において4項に定めるA種優先中間配当金を支払ったときは、その額を控除した額とする。

2．ある事業年度において、A種優先株主またはA種優先登録株式質権者に対して支払う金銭による剰余金の配当の額がA種優先配当金の額に達しないときは、その不足額は翌事業年度以降に累積しない。

> 3．A種優先株主またはA種優先登録株式質権者に対しては、A種優先配当金を超えて剰余金の配当は行わない。ただし、当社が行う吸収分割手続の中で行われる会社法758条8号ロもしくは同法760条7号ロに規定される剰余金の配当または当社が行う新設分割手続の中で行われる同法763条12号ロもしくは同法765条1項8号ロに規定される剰余金の配当についてはこの限りではない。
> 4．当社は、当社定款○条に定める中間配当を行うときは、A種優先株主またはA種優先登録株式質権者に対し、普通株主または普通登録株式質権者に先立ち、A種優先株式1株につき○円の金銭による剰余金の配当（かかる配当により支払われる金銭を「A種優先中間配当金」という）を行う。

⑴　参加型と非参加型

剰余金の配当に関する優先株式には、「参加型」と「非参加型」がある。「参加型」とは、優先株主が定款に定められた優先配当金の支払を受けた後、さらに分配可能額からの配当を受け取ることが可能な類型をいい、「非参加型」とは、そのような追加の配当を受け取れない類型をいう。また、「参加型」には、①最初に優先株主に対する優先配当金が支払われ、続いて優先株主と普通株主のそれぞれに対して配当金が支払われる方式（即時参加方式）、②最初に優先株主に対して優先配当金が支払われ、続いて普通株主に優先配当金と同額の配当金が支払われ、最後に優先株主と普通株主のそれぞれに対して配当金が支払われる方式（単純参加方式）等、複数の類型が存在する。

上記定款条項例1－1の3項は、非参加型の場合の定めである。また、ベンチャー企業への投資においては、即時参加方式もよく使われているため、以下で即時参加方式の定款条項例も紹介する。

定款条項例1－2（即時参加方式の参加型の場合）

> 3．当社がA種優先株主またはA種優先登録株式質権者に対して、A種優先配当金を配当した後、普通株主または普通登録株式質権者に対して配当を行うときは、同時に、A種優先株主またはA種優先登録株式質権者に対して、A種優先株式1株につき、それぞれ、普通株式1株あたりの配当金に、その時点におけるA種優先転換比率（注：別途規定される）を乗じた額の配当金を支払う。

⑵　累積型と非累積型

剰余金の配当に関する優先株式には、累積型と非累積型という区別もある。累積型とは、ある事業年度において定款に定められた優先配当金全額の支払が行われなかった場合に、不足分について翌期以降に累積し優先的に支払われる類型をいい、非累積型とは、当該不足分が累積しない類型をいう。

実務上、ベンチャー企業への投資においては、累積型と非累積型のいずれも用いられており、上記定款条項例１－１の２項（p.37）は、非累積型の場合の定めである。また、累積型として定める場合の定款条項例は以下のとおりである。

定款条項例１－３（累積型の場合）

> ２．各事業年度の末日を基準日としてＡ種優先株主またはＡ種優先登録株式質権者に対して支払う１株あたりの剰余金の配当（以下に定めるＡ種累積未払配当金の配当を除く）の額の合計額が当該事業年度に係るＡ種優先配当金の額に達しないときは、その不足額は、翌事業年度以降に累積し、累積した不足額（以下「Ａ種累積未払配当金」という）については、Ａ種優先配当金またはＡ種中間配当金ならびに普通株主および普通登録株式質権者に対する配当に先立って、これをＡ種優先株主またはＡ種優先登録株式質権者に対して配当する。

２　残余財産の分配に関する種類株式

株式会社は、残余財産の分配について異なる定めを置く種類株式を発行することができる（会108条１項２号）。この種類株式を発行する場合、定款には、当該種類の株主に交付する残余財産の価額の決定の方法、当該残余財産の種類その他残余財産の分配に関する取扱いの内容を定める必要がある（同条２項２号）。

ベンチャー企業に対する投資においては、下記4Ⅱ１⑴のとおり残余財産の分配に関する優先株式が用いられることが多い。

残余財産の分配について他の株式に優先する旨の定めを置く株式を発行する場合の定款条項例は、以下のとおりである。

定款条項例2（残余財産の分配に関する優先株式（非参加型））

> 第○条（残余財産の分配）
> 1．当社は、残余財産を分配するときは、A種優先株主またはA種優先登録株式質権者に対し、普通株主または普通登録株式質権者に先立ち、A種優先株式1株につき○円を支払う。
> 2．A種優先株主またはA種優先登録株式質権者に対しては、前項のほか、残余財産の分配は行わない。

残余財産の分配に関する優先株式についても、剰余金の配当の場合と同様、参加型と非参加型が存在する。上記定款条項例の2項は、非参加型の場合の定めである。

3　議決権制限株式

株式会社は、株主総会において議決権を行使することができる事項について、異なる定めを置く種類株式を発行することができる（会108条1項3号）。このような種類株式は「議決権制限株式」と呼ばれる。議決権制限株式を発行する場合、定款には、①株主総会において議決権を行使することができる事項、および、②当該種類の株式につき議決権の行使の条件を定めるときは、その条件を定める必要がある（同条2項3号）。

ベンチャー企業の資金調達に用いられる優先株式においては、普通株式と同様に1株につき1議決権を与えられるのが通常であり、議決権の制限が設けられることは少ない。

議決権を一切行使することができない種類株式を発行する場合の定款条項例は、以下のとおりである。

定款条項例3-1（議決権を一切行使することができない議決権制限株式）

> 第○条（議決権）
> A種優先株主は、すべての事項について、株主総会において議決権を行使することができない。

その一方で、優先株式について、1株につき1議決権を有することを定める規定を確認的に置くことも少なくない。そのような定めを置く場合の定款条項例は、以下のとおりである。

定款条項例3－2（1株につき1議決権を付与する旨の確認規定を置く場合）

> 第○条（議決権）
> A種優先株主は、当社の株主総会およびA種優先株主を構成員とする種類株主総会において、A種優先株式1株につき1個の議決権を有する。

4 譲渡制限株式

株式会社は、譲渡による株式の取得について株式会社の承認を要することを定めた種類株式を発行することができる（会108条1項4号）。このような種類株式を「譲渡制限株式」という（会2条17号）。譲渡制限株式を発行する場合、定款には、①当該種類の株式を譲渡により取得することについて株式会社の承認を要する旨、ならびに、②一定の場合においては株式会社が譲渡を承認したものとみなすときは、その旨および当該一定の事項を定める必要がある（会108条2項4号、107条2項1号）。

ベンチャー企業においては、すべての株式について譲渡制限が付されるのが一般的であるため、個別の種類の株式についてのみ譲渡制限が付されることは少ない。

5 取得請求権付株式

株式会社は、株主が株式会社に対してその株式の取得を請求することができる種類株式を発行することができる（会108条1項5号）。このような株式を「取得請求権付株式」という（会2条18号）。取得請求権付株式を発行する場合、定款には、①株主が会社に対して当該株主の有する株式を取得することを請求することができる旨、②取得対価を交付するときはその種類および内容、ならびに数もしくは額または算定方法、ならびに、③取得請求期間を定める必要がある（会108条2項5号、107条2項2号）。

ベンチャー企業への投資においては、下記4Ⅲ1で記載するように普通株式を対価とする取得請求権付株式が用いられることが多く、金銭を対価とする取得請求権付株式を用いることもしばしば見受けられる。

6　取得条項付株式

株式会社は、一定の事由が発生した場合に会社による強制取得権が発生する種類株式を発行することができる（会108条１項６号）。このような種類株式を「取得条項付株式」という（会２条19号）。取得条項付株式を発行する場合、定款には、①一定の事由が生じた日に当該会社がその株式を取得する旨およびその事由、②当該会社が別に定める日が到来することをもって一定の事由とするときは、その旨、③一定の事由が生じた日に取得条項付株式の一部を取得することとするときは、その旨および取得する株式の一部の決定の方法、ならびに、④取得対価を交付するときはその種類および内容、ならびに数もしくは額または算定方法を定める必要がある（会108条２項６号、107条２項３号）。

取得条項付株式の取得の対価としては、当該会社の株式、社債、新株予約権に限らず、金銭等のその他の財産を交付することを定めることも可能である。ベンチャー企業への投資においては、下記④で記載するように事後のIPOの可能性も勘案して取得条項付株式が用いられることが多い。

7　全部取得条項付株式

株式会社は、当該種類の株式について、当該株式会社が株主総会の特別決議（会309条２項３号）によって、その全部を取得することができる種類の株式を発行することができる（会108条１項７号）。このような種類株式を「全部取得条項付株式」という（会171条１項）。全部取得条項付株式を発行する場合、定款には、①取得対価の価額の決定方法、および、②当該株主総会の決議をすることができるか否かについての条件を定めるときにはその条件を規定する必要がある（会108条２項７号）。

全部取得条項付株式は、①経営不振にある会社が100％減資および増資をして、新株主のもとでその再生を図ろうとする場合、および②二段階買収を行う場合に、よく利用されているが、ベンチャー企業において、①または②の場合が生じる可能性は少ないと考えられるため、詳細は割愛する。

なお、すでに上記**6**において、取得条項付株式について説明を行ったが、取得条項付株式と全部取得条項付株式とは、**図表３－３－３**のような点において異なる。

図表３－３－３

	取得条項付株式	全部取得条項付株式
取得に株主の意向が関係するか	株主の意向によらずに株式の取得が可能	同左
取得の対象となる株式の範囲	全部の株式の取得、一部の株式の取得も可能	全部の株式の取得が可能
取得事由の定め方	定款であらかじめ定める必要あり (ただし、「株式会社が別途定める日が到来すること」等の定め方も可能)	定める必要なし (株主総会の特別決議により取得可能)
既発行の種類株式を取得条項付株式または全部取得条項付株式にする場合の手続	定款変更についての株主総会特別決議 当該種類株式を保有している株主全員の同意	定款変更についての株主総会特別決議 当該種類株式の種類株主総会の特別決議

全部取得条項付株式を発行する場合の定款条項例は、以下のとおりである。

定款条項例４（全部取得条項付株式の例）

> 第○条（全部取得条項付株式）
> 当社は、株主総会の特別決議で会社法171条１項各号に規定する事項を定めることにより、Ａ種種類株式の全部を取得できるものとする。当該取得を行う場合には、当社はＡ種種類株式の取得と引換えに、Ａ種種類株式１株につき新たに発行するＢ種種類株式を○分の１株の割合をもって交付する。

8　拒否権付株式

株式会社は、株主総会または取締役会において決議すべき事項のうち、当該決議のほか、当該種類の株式の種類株主を構成員とする種類株主総会の決議があることを必要とする種類株式を発行することができる（会108条１項８号)。このような種類株式を発行すると、当該種類株主総会の決議がない場合には、一定の事項を決議することができないため、このような種類株式を「拒否権付株式」という。拒否権付株式を発行する場合、定款には、①当該種類株主総会の決議があることを必要とする事項、および、②当該種類株主総会の決議を必要とする条件を定めるときはその条件を規定する必要がある(同条2項8号)。

拒否権付株式は、①ベンチャーキャピタルがベンチャー企業に対して投資を行う場合で、投資後も従前の経営陣が株式の大半を持つ場合に、増資、事業譲渡および合併等の投資した株式の価値を保全するうえで重要な事項について経営陣への歯止めをかけたい場合や、②オーナー企業において、株式が相続等により分散しているものの、オーナーが影響力を保持し続けたい場合等に利用されている。

もっとも、ベンチャー企業に対する投資においては、ベンチャー企業の成長に応じて、事前に投資家の承諾を得るべき事項も変化することも十分考えられ、あえて拒否権付株式を発行するのではなく、投資契約や株主間契約において事前承認事項や事前協議事項を定めることにより、上記①の目的を達成しようとする場合が多い。

拒否権付株式を発行する場合の定款条項例は、以下のとおりである。

定款条項例5（株主総会の決議事項に対して拒否権を定める場合）

> 第○条（拒否権）
> 当社は、次の事項を実施する場合には、当社の株主総会の決議のほか、A種種類株式を有する種類株主で構成する種類株主総会の決議を要する。
> (1)　当社の役員の選任、解任
> (2)　事業譲渡
> (3)　合併、会社分割、株式交換、株式移転

9　役員選任権付株式

株式会社は、当該種類の株式の種類株主を構成員とする種類株主総会において取締役または監査役を選任することを内容とする種類株式を発行することができる（会108条1項9号)。このような種類株式を「役員選任権付株式」という。役員選任権付株式を発行する場合、①当該種類株主を構成員とする種類株主総会において取締役または監査役を選任することおよび選任する取締役または監査役の数、②①に記載した事項を変更する条件があるときは、その条件および変更後の取締役または監査役の選任に関する事項等を定款で規定する必要がある（同条2項9号、会施19条)。

また、役員選任権付株式により選任された取締役または監査役を解任するためには、役員選任権付株式からなる種類株主総会において解任する旨の決議を行う必要がある（会347条、341条）。

役員選任権付株式は、①2以上の会社が出資して合弁会社を設立する際に、あらかじめ、役員の総人数、肩書き、どちら側がどの地位の役員を何名選任するのかなどの、合弁契約書で規定される事項について、契約書上のみではなく、会社法上も実効性を持たせる場合（種類株式を利用しないと過半数の株式を保有する者がすべての役員を選任することも可能となる）や、②ベンチャー企業に対して投資を行うベンチャーキャピタルがベンチャー企業の経営の監視の意味も兼ねて、取締役選任権を保有する場合に、投資により取得した持株比率（たとえば、5～10%程度）では取締役の選任権を保有しえないものの、その選任権を実効的に保持したい場合に利用されることが多い。

もっとも、ベンチャー企業に対する投資においては、役員選任権についても、役員選任権付株式を利用するのではなく、投資契約や株主間契約において役員指名権を定めることで代替している場合が多い。

役員選任権付株式を発行する場合の定款条項例は、以下のとおりである。

定款条項例6（役員選任権付株式）

第○条（役員選任権）
1．A種種類株主は、A種種類株主で構成する種類株主総会において、取締役○名の選任をすることができる。
2．B種種類株主は、B種種類株主で構成する種類株主総会において、取締役○名および監査役○名の選任をすることができる。

4 ベンチャー企業の資金調達に用いられる、議決権あり・配当・残余財産分配優先権付の種類株式の内容

I ベンチャー企業に対する投資に種類株式を用いる必要性

ベンチャー企業において、出資を受ける際に、種類株式（優先株式）を用いる必要性について、具体例を用いて簡単に解説する（制度報告書別冊9頁

以降参照)。

種類株式を利用した資金調達には、一般的に、

① 創業者の持分の希釈化を抑えた資金調達が可能
② 合併等の対価の優先分配権による投資家の損失リスクの軽減
③ (取締役選任権や拒否権を付与して投資家を経営に関与させることでの)ガバナンスの強化

というメリットがあると考えられている。

以下、上記①および②のメリットについて、具体例を用いて解説する。

1　創業者の持分の希釈化を抑えた資金調達

(1)　普通株式による調達

たとえば、現在の企業価値が5000万円、発行済株式総数100株の会社に対して、投資家が1億円の出資を行う場合、出資前の普通株式の価値は1株あたり50万円である。かかる株式価値に基づき、投資家が普通株式で出資をした場合には、資金調達後の創業者と投資家の保有株式数および株式保有割合は**図表3-4-1**のとおりとなる。

図表3-4-1

資金調達前		資金調達後	
創業者	100株 (100%)	創業者	100株 (33.3%)
投資家	―株 (　0%)	投資家	200株 (66.7%)

(2)　優先株式による調達

一方、上記(1)の事例において、優先株式(残余財産の分配およびみなし清算について、払込金額まで普通株式に優先し、その後は、普通株式と同順位で分配に参加するという「1倍参加型」の種類株式をここでは想定している)を用いて投資家が資金調達を行う場合、このような優先権を付すことから優先株式の価値が普通株式よりも高くなり、発行する優先株式の価値が1株式あたり200万円であるとすると、資金調達前後の創業者と投資家の株式保有数および株式保有割合は**図表3-4-2**のとおりとなる。

図表３－４－２

資金調達前		資金調達後	
創業者 (普通株式)	100株 (100%)	創業者 (普通株式)	100株 (66.7%)
投資家	—株 (　0%)	投資家 (優先株式)	50株 (33.3%)

優先株式を用いて資金調達を行った例においては、資金調達後も創業者が発行済株式総数の2/3以上を保有しており、普通株式に比して１株あたりの価値が高い優先株式を用いることにより、創業者が支配権を維持することができることがわかる。

2　合併等の対価の優先分配権による投資家の損失リスクの軽減

上記１の例で用いた事例を継続して用いて、合併等の対価の優先分配権を有することにより投資家の損失リスクが軽減されるという優先株式の機能について説明を行う。

⑴　普通株式による調達

上記１⑴の例で、資金調達後の持株比率は図表３－４－３のようになっている。

図表３－４－３

資金調達後	
創業者	100株（33.3%）
投資家	200株（66.7%）
企業価値	１億5000万円

この状態で、１億2000万円の金銭を対価として当該会社が消滅会社となる吸収合併が行われた場合、合併対価は概念的には図表３－４－４のとおり分配されることとなる。

図表3－4－4

合併対価の分配	
創業者	4000万円
投資家	8000万円
合計	1億2000万円

その結果、投資家は、1億円の出資をしたものの、結果的には8000万円のみを受領することとなり、2000万円の損失を被ることとなる。

⑵　優先株式による調達

一方、投資家が、上記1⑵記載の優先株式により出資を行った場合には、資金調達後の持株比率は**図表3－4－5**のようになっている。

図表3－4－5

資金調達後	
創業者（普通株式）	100株（66.7%）
投資家（優先株式）	50株（33.3%）

かかる場合に、上記⑴と同様の吸収合併が行われるとすれば、合併対価は概念的には**図表3－4－6**のとおり分配されることとなる。

図表3－4－6

合併対価の分配	
創業者（普通株式）	1333万円
投資家（優先株式）	1億667万円
合計	1億2000万円

その結果、投資家は、1億円での出資に対して、結果的には1億667万円を受領しており、わずかながらも出資に対する収益を得ることができるという結果となる。このように、何らかの事業環境上または経済的状況の要因により、投資家が出資を行った会社が低額で合併等をしなければいけなくなった場合にも、優先株式を利用していた場合には、投資家は損失を被るリスク

から一定程度保護されることとなる。

Ⅱ 概要

ベンチャー企業に対して出資をする際には、①議決権あり、②配当・(みなし) 残余財産分配優先権あり、③株主からの取得請求権、④取得条項付の種類株式を組み合わせて発行する例が多いと思われる。

すでに、各々の概要については、上記③Ⅱで触れているが、**図表3-4-7**のとおり、簡単に①から④までの意味する内容について、実際のベンチャー企業への出資の場合に即したかたちで、その意味内容を再掲する。

図表3-4-7

①	議決権あり	普通株式と同様に、株主総会において、1株式について、1議決権を行使することができるというもの
②	配当・残余財産分配優先権	(i) 配当についての優先権 発行会社が剰余金の配当をする際に、まず、優先株式の株主に対して支払ってから、その残額を普通株式の株主 (および優先株式の株主) に対して支払うというもの (ii) 残余財産の分配についての優先権 発行会社が、解散し、残余財産の分配を行う際に、残余財産について、まず、優先株式の株主に対して支払ってから、その残額を普通株式の株主 (および優先株式の株主) に対して支払うというもの (iii) みなし清算時の優先権 発行会社が、消滅会社となる吸収合併・新設合併、発行会社が完全子会社となる株式交換・共同株式移転をするときに、上記(ii)の残余財産の分配の場合と同様の分配を行い、優先株式の株主が優先的に会社の資産を受領するというもの
③	取得請求権付株式 (プットオプション付種類株式)	(i) 株式対価の場合 優先株式の株主が、優先株式の取得後、いつでも優先株式を普通株式に転換することを請求することができるというもの (ii) 金銭対価の場合 優先株式の株主が、上記②(iii)のみなし清算時の残余財産の分配についての優先権の確保と同じ目的を達

		成するために、金銭対価の取得請求権が使用されるというもの
④	取得条項付株式（コールオプション付種類株式）	発行会社が株式を上場することを取締役会等で決議した場合に、発行会社が優先株式を取得して代わりに普通株式を交付することにより、発行している株式をすべて普通株式に転換するというもの

以下、**第1章**モデル事例をもとに優先権の概要について定款の具体的な条項例または条項例の要旨をもとに説明を加える。

1 配当・残余財産分配請求権の優先権の内容について

(1) 残余財産の分配時の優先権

ベンチャー企業への出資の際に発行されることが多いのは、他の株式に先立って残余財産の分配を受ける権利を有する優先株式である（「優先株式」の意味については上記**Ⅰ 1**(2)を参照）。清算時にベンチャー企業に残余財産があることはあまり考えられないが、調達した資金を使い切る前に見切りをつけて清算する場合も考えられ、そのような場合には、残余財産の優先分配権が機能する。また、残余財産の分配に関する定めは、合併等の対価の分配基準としても用いられることが一般的である（みなし清算についての下記(2)の解説を参照）。したがって、ベンチャー企業に投資する投資家にとって、残余財産の分配に関する優先権を取得することは重要であり、ベンチャー投資においては、残余財産の分配について他の株式に優先する旨の定めを置く株式が頻繁に用いられる。

すでに、**第1章**モデル事例において取り上げたとおり、残余財産の分配時の優先権については、以下に要旨として紹介するような規定の方法がある。なお、以下の要旨では、D社においては、普通株主とA種優先株主のみが存在していることを想定している。

以下の例では、D社の残余財産の分配が行われる場合に、「投資株価の1倍の価額」がA種優先株主に対して、普通株主より先に分配される。なお、「投資株価の1倍」という点については、「1倍」以外の定め方も考えられる。

定款条項例要旨（残余財産の分配に関する優先株式。投資株価の１倍の価格を優先した例）

> D社の残余財産が分配される場合、A種優先株主が受領する価額は、以下のように決定される。
> i）分配される残余財産のうち、A種優先株主に対し投資株価の１倍の価額が普通株主に先立ち分配される。
> ii）上記i号に基づき、A種優先株主に分配された後に、余った金額が、普通株主およびA種優先株主に対して、それぞれの持株比率に応じて分配される。

第１章モデル事例（普通株式およびA種優先株式のみ発行した段階）にしたがって、上記定款条項例要旨のi）に記載されている優先的に分配されるべき金額の内容を計算すると、

> 投資株価の１倍の価額（30万円）×A種優先株式の発行済株式総数（110株）＝3300万円

となり、A種優先株主は、会社法上、残余財産の分配が可能な範囲内で、A種優先株式に対して投資をした際の投資金額である3300万円について優先的に受領することとなる。

また、その後、さらに残余財産の分配が可能であれば、上記ii）に基づき、普通株主とA種優先株主が同比率で（実際にはA種優先株式が普通株式に転換されたと仮定した場合の株式保有比率に応じて按分して）分配を受けることになる。

⑵　剰余金の配当

第１章モデル事例では、残余財産の分配についての優先株式を念頭に置いて解説をしていたが、残余財産分配請求権と同旨の規定を剰余金の配当についても設ける場合があり、その規定方法としては、たとえば、以下に要旨として紹介するようなものがある。

なお、ベンチャー企業では純利益が赤字の会社も多数存在することや、剰余金の配当を行わず、その分の現預金を成長のための設備投資に充てる会社も多いため、ベンチャー企業に対する投資においては、剰余金の配当についての優先権を設けない場合も多い（特にシードステージやアーリーステージのベンチャー企業においてはその傾向が顕著である）。

ただし、剰余金の配当について優先権を設けることは、実際に配当が行わ

れない場合においても、普通株主である経営陣へ配当が行われることを牽制する効果を有するため、投資家側としては、剰余金の配当について優先する株式を選択することにも意味がある。

定款条項例要旨（剰余金の配当に関する優先株式。投資株価の５％を優先した例）

> Ｄ社が剰余金の配当を行うときは、Ａ種優先株主が受領する価額は、以下のように決定される。
> ｉ）配当される剰余金のうち、Ａ種優先株主に対し投資株価の５％の価額が普通株主に先立ち配当される。
> ii）Ａ種優先株主に対しては、Ａ種優先配当金を超えて剰余金の配当は行わない。

上記ｉ）に記載されている条件で、投資株価およびＡ種優先株式の発行済株式総数を上記⑴の残余財産の分配に関する優先権に関する事例と同一であると仮定すると、優先的に配当されるべき剰余金の配当額は、

> 投資株価の１倍の価額（30万円）×５％×Ａ種優先株式の発行済株式総数（110株）＝165万円

となり、会社法上、剰余金の配当が可能な限りで、Ａ種優先株式への出資金額の５％である165万円について優先的に受領することとなる。

ただし、その後、さらに剰余金の配当が可能であっても、普通株主にのみ配当されＡ種優先株主は配当を受領しない。

加えて、会社を清算する際の残余財産の分配の際と異なり、剰余金の配当については、会社に配当可能な利益が存在する限り、何度でも行うことができ、上記の例でいえば、Ａ種優先株式の株主は、複数回、投資額相当額の５％について、優先的に剰余金を受領することが可能となる。なお、ベンチャー企業への投資時の剰余金配当に関する優先権については、実務上投資株価の５％程度として定められる場合が多い。

2　みなし清算について

⑴　みなし清算条項の位置づけ

上記1⑴のとおり、ベンチャー企業に対する出資においては、種類株式の内容として残余財産分配請求権についての優先権が規定されることが多い。

もっとも、ベンチャー企業が成長した場合には、ある一定の時点で解散して残余財産の分配を行い、それにより投資家が投下資本を回収してキャピタルゲインを得るという事態は、頻繁に生じるものではない。むしろ、投資家のエグジットとしては、株式譲渡および株式の上場のほかには、合併、会社分割、株式交換、株式移転、事業譲渡などにより第三者がベンチャー企業を買収することに伴う場合が多い。このような場合、会社の解散・清算を伴わないことも多いため、残余財産分配請求権についての優先権が規定されていても、当該優先権を行使する機会が生じるとは限らない。そのため、投資家としては、上記のようなベンチャー企業の買収が行われる場面においても、残余財産分配請求権についての優先権が行使された場合と同様の効果をもたらす仕組みを構築する必要性が高い。

しかし、種類株式の内容として定められる事項は会社法108条1項各号に列挙された事由のみであると解されており、同項各号においては、上記の合併等の場合について、対価の優先的な分配を可能とする種類株式の発行は可能とされていない。そのため、上記の仕組みを種類株式の内容として定款に有効に定めることができるのかは明らかではない（制度報告書別冊22頁）。

もっとも、合併、株式交換および株式移転の3種類の取引については、会社法上の明文で、株式の種類により異なる対価を規定することが可能とされていることから（会749条2項、753条3項、768条2項、773条3項）、これらの場合については、会社の清算時と同様の優先分配権を、あらかじめ会社法29条に基づく株主間の権利調整事項として定款に有効に定めることができると解する見解が有力である（宍戸ほか277頁・278頁等）。かかる解釈を受けて、実務上も、定款において、合併、株式交換および株式移転が生じた場合を「みなし清算」の場合として残余財産の分配と同様に対価の分配を行う旨の規定を設ける場合が少なくない（制度報告書別冊23頁）。また、それら3種類の取引以外の取引についても、株主間契約等の契約において「みなし清算」の仕組みを定めることが一般的である。

「みなし清算」に関する定款条項例は以下のとおりである。

定款条項例7（みなし清算条項）

第○条（みなし清算）

1　当社について次項に定める買収が行われる場合には、その買収の対価については、買収に応じた株主の間で以下の定めに基づき分配を行う。

(1)　買収の対価が現金のみの場合、買収の対価の合計額を残余財産とし、買収に応じた株主のみが当社の株主である前提で当社を清算したと仮定した場合に、定款の定めに基づき普通株主およびA種優先株主がそれぞれ分配を受けられる金額に基づいて、各株主が分配を受けられる金額を算出し、その金額と同額の現金を買収の対価の分配として各株主の間で分配する。

(2)　買収の対価が現金以外を含む場合、買収の対価について、当社のA種優先株式の議決権総数（普通株式に転換後の議決権数で計算を行うものとする）のうち、3分の2以上を保有する単独または複数の優先株主が合理的に当該対価の評価額を算定し、買収の対価の合計額を残余財産とし、買収に応じた株主のみが当社の株主である前提で当社を清算したと仮定した場合に、定款の定めに基づき普通株主およびA種優先株主がそれぞれ分配を受けられる金額に基づいて、各株主が分配を受けられる金額を算出し、その金額と同額の対価を買収の対価の分配として各株主の間で分配する。

2　本項において、「買収」とは、当社が以下のいずれかに該当することを意味する。

(1)　当社が他の会社と合併することにより、合併直前の当社の総株主が合併後の会社に関して保有することとなる議決権総数が、合併後の会社の発行済株式の議決権総数の50%未満となること。

(2)　当社が他の会社と株式交換を行うことにより、株式交換直前の当社の総株主が株式交換後の完全親会社に関して保有することとなる議決権総数が、株式交換後の完全親会社の発行済株式の議決権総数の50%未満となること。

(3)　当社が他の会社と株式移転を行うことにより、株式移転直前の当社の総株主が株式移転後の完全親会社に関して保有することとなる議決権総数が、株式移転後の完全親会社の発行済株式の議決権総数の50%未満となること。

(2)　株式譲渡・株式交付の場合

合併等の組織再編行為の場合とは異なり、第三者がベンチャー企業の買収を行う際の典型的な手段である株式譲渡の手段を選択する場合には、株式譲渡を行う主体は各株主であり、株式の発行主体であるベンチャー企業自体は取引の主体とならないため、定款上の「みなし清算」条項を適用することは困難である。また、2021年3月1日に施行された会社法の改正により、「株式交付」制度が新設された（会774条の2以下）。株式交付とは、株式会社が他の株式会社をその子会社とするために当該他の株式会社の株式を譲り受け、当該株式の譲渡人に対して当該株式の対価として当該株式会社の株式を交付することをいう（会2条32号の2）。株主交付を用いたベンチャー企業の買収が行われる場合についても、株式譲渡と同様に、株式の発行主体であるベンチャー企業自体は取引の主体とならないため、定款上の「みなし清算」条項の適用対象とすることは困難であると思われる。

したがって、株式譲渡や株式交付による買収の対価について、定款上の「みなし清算」時と同様の分配を可能とするためには、その分配方法を株主間契約においてあらかじめ定めておくことが必要である（**第4章4Ⅱ**株主間契約4.7条（p.168）参照）。

3 次のラウンドで発行する種類株式との調整

(1) 次のラウンドで新しい優先株式を発行する場合

優先株式の発行による資金調達を行った後、次のラウンドで発行する種類株式についても、議決権あり・残余財産分配優先株式が発行されることが多い。その場合には、すでに発行されている優先株式との調整が必要となり、具体的にはすでに発行されている優先株式の権利内容を変更したうえで、以下の定款条項例要旨のような内容の定めが設けられることとなる。

なお、下記5Ⅰのとおり、新しい優先株式を発行する場合、既存の種類株式の種類株主に損害を及ぼすおそれがあるときに該当する場合がほとんどであるため、当該既存の種類株式の種類株主を構成員とする種類株主総会の決議が必要となり（会322条1項1号イ）、かかる決議は定款の定めにより排除できない（同条3項ただし書）。

定款条項例要旨（残余財産の分配に関する優先株式。A種優先株式とB種優先株式の双方を規定した例）

> D社の残余財産が分配される場合、B種優先株主が受領する価額は、以下のように決定される。
> i）分配される残余財産のうち、B種優先株主に対し投資株価の1倍の価額が、普通株主およびA種優先株主に先立ち分配される。
> ii）B種優先株主への分配の後、A種優先株主に対しその投資株価の1倍の価額が普通株主に先立ち分配される。
> iii）上記i号およびii号に基づき、B種優先株主およびA種優先株主に分配された後に、余った金額が普通株主、A種優先株主およびB種優先株主に対して、それぞれの持株比率に応じて分配される。

第１章モデル事例（普通株式、Ａ種優先株式およびＢ種優先株式を発行した段階）にしたがって、上記ｉ）に記載されているＢ種優先株式の株主に優先的に分配されるべき金額の内容を計算すると、

投資株価の１倍の価額（250万円）×Ｂ種優先株式の発行済株式総数（120株）＝３億円

となり、会社法上残余財産の分配が可能な限りで、Ｂ種優先株主に対して投資をした際の投資金額である３億円について優先的に分配されることとなる。

次に、ii）に記載されているＡ種優先株主に分配されるべき金額の内容を計算すると、この部分は、上記の普通株式とＡ種優先株式のみが発行されている場合と同様に、

投資株価の１倍の価額（30万円）×Ａ種優先株式の発行済株式総数（110株）＝3300万円

となる。

ただし、普通株式とＡ種優先株式のみが発行されていた場面と異なり、Ｂ種優先株式の発行以降は、Ａ種優先株式は、上記の３億円の部分についてＢ種優先株式に対して支払った後の残りの金額から、優先的に3300万円を受領できるにとどまり、従前よりも優先性は劣ることとなる。

⑵　その後のラウンドについて

第１章モデル事例に記載のように、その後のラウンドにおいてＡ種優先株式およびＢ種優先株式に優先するＣ種優先株式が発行される場合には、Ａ種優先株式およびＢ種優先株式の残余財産分配請求権はＣ種優先株式の残余財産分配請求権に劣後することとなるのが一般的である。また、このような取扱いは、剰余金配当に関する優先権を定めた場合においても、同様である。

もっとも、初期のラウンドにおいて参加している者については、一般に、事後の会社が成長しているラウンドにおいて参加している者よりも、低い株価で株式を取得できており、将来的なキャピタルゲインが大きくなるというメリットが存する。

また、株式を取得した会社が、その後順調に企業価値を向上させ、後続のラウンドにおいて資金調達を行うということは、自らが投資している株式の価値が上昇しているという事象を指し示す出来事であるため、一般的には、

初期に優先株式を引き受けて投資を行った者も、後続のラウンドにおいて自らの株式の優先性が損なわれていく事態を受け入れることに寛容である。

Ⅲ　取得請求権付株式の内容について

ベンチャー企業への出資においては、普通株式を対価とする取得請求権付株式が多く用いられ、金銭を対価とする取得請求権付株式を用いることもしばしば見受けられる。

1　普通株式を対価とする取得請求権付株式

優先株式を株式上場後に市場で売却するためには、その優先株式を普通株式に転換する必要がある。そのため、ベンチャー企業に対する出資に用いられる優先株式には、普通株式を対価とする取得請求権が付されるのが一般的である。

また、上場後に優先株式が普通株式に転換されると、市場で流通している普通株式の価値の希釈化が生じる可能性があること等の理由により、実務上は、株式上場前に優先株式をすべて普通株式に転換するよう証券会社から求められ、かかる求めにしたがうことが通常である。

この点、取得条項付株式（下記**3**参照）または全部取得条項付株式（上記**3** **Ⅱ 7**参照）を用いて優先株式を普通株式に転換する場合において、取得対価として交付する普通株式の数に１株に満たない端数が生じるときは、当該端数の合計数に相当する数の株式を競売するか、裁判所の許可を得て競売以外の方法により売却し、それにより得られた代金を端数の代わりに交付しなければならない（会234条１項１号・２号・２項）。しかし、競売を行うにしろ、裁判所の許可を得るにしろ、相当の手間と時間を要するため、上場準備の妨げとなる。一方、株主による取得請求権の行使により優先株式を普通株式に転換する場合、会社法234条の適用はなく、交付する普通株式に１株未満の端数が生じたときであっても、競売や裁判所の許可の取得を行う必要はない。このような利点も、ベンチャー投資において普通株式を対価とする取得請求権付株式が用いられる理由としてあげられる。

取得請求権付株式と取得条項付株式の普通株式への転換の際に端数株式が生じた場合の処理をまとめると**図表３－４－８**のようになる。

図表３－４－８

種類株式の種類	端数株式が生じた場合の処理
取得条項付株式および全部取得条項付株式	会社法234条の適用あり（競売等が必要）
取得請求権付株式	会社法234条の適用なし（競売等は不要）

普通株式を対価とする取得請求権付株式を発行する場合の定款条項例は、以下のとおりである。

定款条項例８－１（普通株式を対価とする取得請求権付株式を発行する例）

第○条（普通株式を対価とする取得請求権）
Ａ種優先株主は、当社に対し、いつでも、保有するＡ種優先株式の全部または一部につき、当社がＡ種優先株式を取得し、それと引換えに当社の普通株式を交付することを請求することができる権利（以下「取得請求権」という）を有する。その条件は以下のとおりとする。
(1)　取得と引換えに交付する普通株式数
Ａ種優先株式１株の取得と引換えに交付する当社の普通株式の株式数（以下「Ａ種取得比率」という）は、次のとおりとする。かかる取得請求権の行使により各Ａ種優先株主に対して交付される普通株式の数につき１株未満の端数が発生した場合は、これを切り捨て、金銭による調整を行う。

Ａ種取得比率＝Ａ種優先株式の基準価額／取得価額

(2)　当初基準価額
前号のＡ種優先株式の当初の基準価額および取得価額は、○円とする。

上記定款条項例の「Ａ種取得比率」が、優先株式１株の取得と引換えに交付される普通株式の数となる。当初は取得価額と基準価額を同額とし、普通株式と優先株式が１：１で転換されるかたちとするのが一般的である。

また、その後、取得価額を下回る発行価額で新株発行が行われた場合や、会社の発行済株式総数に変動が生じた場合等には、取得価額に一定の調整を行うことで取得比率を増減させ、優先株式と交換できる普通株式の数を増減する旨を定めることが通常である。調整条項については下記**４**において詳しく説明する。

2 金銭を対価とする取得請求権付株式

金銭を対価とする取得請求権を付した場合、優先株主である投資家は、当該取得請求権を行使することでエグジットを図ることができる。そのため、ベンチャー企業において、金銭を対価とする取得請求権付株式が発行されることも少なくない。

具体例としては、株式上場の目標時期を定め、その時期を過ぎた場合には行使を可能とすることや、事業譲渡または会社分割により、会社の事業を第三者に譲渡または移転させた場合に行使可能とすることが考えられる。その場合に優先株主が取得できる対価は、残余財産の優先分配額とされることが通常である。金銭を対価とする取得請求権の対象が事業譲渡または会社分割の場合に限られることが多いのは、合併の場合と異なり、これらの場合には株主ではなく発行会社が事業の全部または実質的に全部の承継の対価を受領することとなるためである。

なお、取得請求権の行使の場合であっても、通常の自己株式の取得と同様、分配可能額の規制を受けるため（会166条１項ただし書)、ベンチャー企業の場合、分配可能額が存在せず、金銭を対価とする取得条項が有効に機能しない場合がある点には注意が必要である。

事業譲渡や会社分割等があった場合に金銭を対価とする取得請求権付株式を発行する場合の定款条項例は、以下のとおりである。

定款条項例８－２（金銭を対価とする取得請求権付株式の例）

第○条（金銭を対価とする取得請求権）

１．Ａ種優先株主は、当社が、事業譲渡または会社分割により、当社の全部または実質的に全部の事業を第三者に移転させた場合には、かかる移転の効力発生日を初日として、かかる移転の効力発生日またはかかる移転のすべての対価の交付の完了日のいずれか遅い日から○日を経過するまでの期間（以下本条において「取得請求期間」という）に限り、保有するＡ種優先株式の全部または一部を取得しその取得と引換えに本条の定めにより金銭を交付することを当社に請求することができる。

２．本条によるＡ種優先株式の取得と引換えに交付される金銭は、１株あたり○円（以下「取得金額」という）とする。

３．本条による取得の請求があった場合、当社は取得請求期間の満了時において請求の対象となったＡ種優先株式を取得するものとし、直ちに取得金額に対象となる株式数を乗じた金額をＡ種優先株主に支払うものとする。

3　取得条項付株式の内容について

上記1のとおり、上場後に優先株式が普通株式に転換されると株式市場で流通している普通株式の価値の希釈化が生じる可能性があること等の理由により、実務上は、株式上場前に優先株式をすべて普通株式に転換するよう主幹事証券会社から求められ、かかる求めにしたがうことが通常である。

もっとも、優先株主がかかる転換に自発的に応じるとは限らないため、会社としては、優先株式を強制的に普通株式に転換する手段を設けておく必要がある。そのため、ベンチャー企業において発行する優先株式には、普通株式を対価とする取得条項または全部取得条項のいずれかが付されることが多い。

加えて、ベンチャー企業のなかには、IPOに向けた施策の一環として、その役員や従業員に対して、新株予約権ではなく、その会社の株式を割り当てる場合もあるが、そのような場合に、役員や従業員が、IPO前に会社を退社した後には、その後株式を保有することが望ましくない場合も存する。そこで、そのような場合に備えて、会社を退社することを取得事由として規定し、退職する役員または従業員から強制的に株式を取得することができるように定めるということも考えられる。

普通株式を対価とする取得条項を付す場合の定款条項例は、以下のとおりである。

定款条項例9（普通株式を対価とする取得条項を置く例）

第○条（普通株式を対価とする取得条項）
当社が株式上場する旨を取締役会（当社が取締役会非設置会社である場合には株主総会）において決議し、かつ、株式上場に関する主幹事証券会社からA種優先株式を取得すべき旨の要請を受けた場合には、当社は、取締役会決議（当社が取締役会非設置会社である場合には株主総会決議）により、A種優先株式の取得と引換えに普通株式を交付することができるものとする。交付すべき普通株式の内容、数その他の条件については、○条および○条（注：普通株式を対価とする取得請求権に関する条項）の定めを準用する。ただし、A種優先株主に対して交付される普通株式の数に1株に満たない端数が発生した場合には、会社法234条にしたがって処理する。

4 調整条項について

以下、優先株式を発行する際に重要となる調整条項について解説を行う。調整条項が必要となる場面としては、優先株式を普通株式に転換する場面のほか、残余財産の分配や剰余金の配当の場面がある。以下では、典型的な場面である優先株式の普通株式への転換の場面を例として記載する。

優先株式の普通株式への転換の場面における調整条項の定めとしては、たとえば、下記のようなものがあげられる。なお、以下は、説明のために簡略化して記載を行っている。

定款条項例10-1（分割、併合および無償割当ての場合における調整条項を規定した例）

第○条（普通株式への転換）

1．Ａ種優先株主は、Ａ種優先株式取得日以降、当社に対して、いつでもＡ種優先株式を取得し、それと引換えに当社の普通株式を交付すること（以下「転換」という）を請求することができる。

⑴ 取得と引換えに交付すべき普通株式数

Ａ種優先株式１株の取得と引換えに交付すべき当社の普通株式の株式数（以下「Ａ種転換比率」という）は、次のとおりとする。なお、取得と引換えに交付する普通株式の数に１株に満たない端数があるときは、これを切り捨てるものとし、この場合においては、会社法167条３項に定める金銭の交付はしないものとする。

$$\text{Ａ種優先株式１株に対して交付すべき普通株式数}=\frac{\text{当初払込金額}}{\text{転換価額}}$$

⑵ 当初払込金額および転換価額

当初払込金額および転換価額は、Ａ種優先株式１株あたり30万円とする。

⑶ 転換価額の調整

Ａ種優先株式発行後、以下に掲げる事由が発生した場合には、それぞれ以下のとおり転換価額を調整する。

(i) 普通株式の分割、併合または無償割当てを行う場合、以下の算式により転換価額を調整する。

$$\text{調整後転換価額}=\text{調整前転換価額}\times\frac{\text{株式分割・併合・無償割当て前発行済普通株式数}}{\text{株式分割・併合・無償割当て後発行済普通株式数}}$$

⑴　発行直後の転換

上記のＡ種優先株式100株を保有している者が、Ａ種優先株式の発行直後に、Ａ種優先株式を普通株式に転換しようとする場合には、受領する普通株式の数は以下の計算式にしたがうことになり、Ａ種優先株式と同数の普通株式100株を受領することとなる。

$$交付される普通株式数＝100株×\frac{当初払込金額（30万円）}{転換価額（30万円）}$$

⑵　株式分割後の転換

上記のＡ種優先株式100株を保有している者が、普通株式が１：100で株式分割された後に、Ａ種優先株式を普通株式に転換しようとする場合を検討する。

なお、計算の便宜上、①Ａ種優先株式の発行時点の発行済株式総数は、Ａ種優先株式100株、普通株式900株、②普通株式の株式分割後の発行済株式総数は、Ａ種優先株式100株、普通株式９万株とする。

まず、普通株式について株式分割が行われることから、転換価額が調整されることとなる。転換価額の調整については、以下の計算式にしたがうこととなる。

$$調整後転換価額＝調整前転換価額（30万円）×\frac{株式分割・併合・無償割当て前発行済普通株式数（900株）}{株式分割・併合・無償割当て後発行済普通株式数（９万株）}$$

その結果、調整後転換価額（普通株式１株あたりの価額）は、3000円となる。

$$交付される普通株式数＝100株×\frac{当初払込金額（30万円）}{調整後転換価額（3000円）}$$

そして、交付される普通株式数は、調整後転換価額を転換価額の欄に挿入した結果、１万株となる。

上記の調整の結果、普通株式の株式分割の比率にしたがって、Ａ種優先株式１株に対して交付される普通株式の数も増加することとなり、Ａ種優先株式を100株有していた株主は、普通株式を１万株保有することとなる。

なお、仮に、同じ結果を意図していても、調整価額の計算式の分母および分子について、以下のように「発行済普通株式」ではなく「発行済株式」と定めてしまうと、普通株式の総数ではなく、A種優先株式を含めた発行済株式の総数を基準として調整を行うこととなってしまう。この場合における調整の結果は、当初の意図とは異なる結果となるため、注意が必要である。

調整後転換価額＝調整前転換価額

$$\times\frac{\text{株式分割・併合・無償割当て前}\underline{\text{発行済株式総数}}}{\text{株式分割・併合・無償割当て後}\underline{\text{発行済株式総数}}}$$

⑶　低額での普通株式の発行に伴う調整

上記の例において記載した、株式分割、株式併合、株式の無償割当てに加えて、低額での株式発行（または低額で普通株式の発行を請求することが可能な新株予約権等の発行）が行われる場合も、優先株式に対して割り当てられる普通株式の数に変動がない場合には、転換後の優先株式の価値が減じられることとなってしまうため、調整が必要となる事由として設定されることが通常である。

低額での普通株式の発行に伴う調整には、以下で紹介する「加重平均方式」による調整が行われる場合が比較的多い。

加重平均方式による調整の方式としては、

①　転換価額の調整の根拠となる「発行済株式数」に新株予約権等の潜在的な株式を含めないで調整を行う「ナローベース」という方式

②　新株予約権等の潜在的な株式を含めて調整を行う「ブロードベース」という方式

の２つがある（なお、以下の事例では、新株予約権等の発行は念頭に置いていないので、両方式による違いは生じない）。

さらに、加重平均方式のほかに、「フルラチェット方式」という

③　低額での発行価額をそのまま調整後の取得価額としてしまうという発行価額に着目した調整方式

も用いられることがある。

定款条項例10‐2（フルラチェット方式による転換価額の調整条項を規定した例）

> (ii)　調整前転換価額を下回る金額をもって、①当社の株式を発行する場合、または②当社が保有する自己株式を処分する場合は、かかる発行または処分の払込期日（払込期間が設定される場合はその末日）を適用日として、かかる発行または処分に係る払込金額または処分価額をもって調整後転換価額とする。

上記の方式のうち、ベンチャー企業にとって有利な方式（経営陣の保有する株式の割合が希釈化しない方式）は、調整後の転換価額が低額となる割合が比較的低い、ブロードベースの加重平均方式である。

定款条項例10‐3（加重平均方式による転換価額の調整条項を規定した例）

> (ii)　調整前転換価額を下回る金額をもって当社の株式を発行する場合（自己株式の処分を含む。以下同じ）、次の算式（以下「転換価額調整式」という）により転換価額を調整する。
>
> $$\text{調整後転換価額}=\text{調整前転換価額}\times\frac{\begin{array}{c}\text{(発行済普通株式数}\\\text{－自己保有普通株式数)}\end{array}+\dfrac{\begin{array}{c}\text{新たに発行する普通株式数}\times\\\text{1株あたりの払込金額}\end{array}}{\text{調整前転換価額}}}{\text{(発行済普通株式数－自己保有普通株式数)＋新たに発行する普通株式数}}$$

ここで、上記(1)および(2)の例にならって、A種優先株式100株が1株あたりの払込金額を30万円、当初の転換価額を30万円として発行されており、その時点の発行済普通株式数が900株（自己株式は0株）であった場合を想定する。

その後、普通株式100株を1株あたりの払込金額を15万円として発行した後に、A種優先株式を普通株式に転換する場合には、

$$\text{調整後転換価額}=\text{調整前転換価額（30万円）}\times\frac{\begin{array}{c}\text{(発行済普通株式数－自己保有}\\\text{普通株式数)（900株－0株）}\end{array}+\dfrac{\begin{array}{c}\text{新たに発行する普通株式数}\times\\\text{1株あたりの払込金額（100株×15万円）}\end{array}}{\text{調整前転換価額（30万円）}}}{\begin{array}{c}\text{(発行済普通株式数－自己保有普通株式数)＋新たに発行する普通株式数}\\\text{((900株－0株)＋100株)}\end{array}}$$

となり、計算すると、調整後の転換価額は、28万5000円となる。

そして、A種優先株主に対して交付される株式数は、下記の算式にしたがって、105.26株となる。

$$\text{交付される普通株式数}=100\text{株}\times\frac{\text{払込金額（30万円）}}{\text{調整後転換価額（28万5000円）}}$$

なお、0.26株部分については、上記定款条項例10－1の1.(1)なお書（p.61）に記載のとおり、交付する普通株式の数に1株に満たない部分として切り捨てられることとなるため、実際には、105株が交付されることとなる。

一方、仮に、上記で紹介したフルラチェット方式を採用していた場合には、調整後の転換価額は、新たに発行する普通株式の発行価額と同じ15万円となる。

また、フルラチェット方式によりA種優先株主に対して交付される株式数は、下記の算式にしたがって、200株となり、加重平均方式とフルラチェット方式により、交付される普通株式の数が大きく異なることがわかる。

$$\text{交付される普通株式数}=100\text{株}\times\frac{\text{払込金額（30万円）}}{\text{調整後転換価額（15万円）}}$$

ここまで個別に調整条項の働く場面について紹介をしてきたが、以下に、低額での普通株式発行（下記定款条項例10－4の(1)ア）、低額での普通株式発行を可能とする新株予約権発行（ブロードベース）（同(1)イ）、株式の分割または併合（同(2)）およびその他の場合における取締役会決議に基づく（同(3)）取得価額の調整方法等を規定した実際の規定に近い例を紹介する。

定款条項例10－4（数種類の調整条項を規定した例）

第○条（取得価額の調整）

前条に定めるA種優先株式の基準価額および取得価額は、以下の定めにより調整される。

(1)　株式等の発行に伴う調整

A種優先株式発行後、下記アまたはイに掲げる事由により当社の株式数に変更を生じる場合または変更を生じる可能性がある場合は、前条2号の取得価額

(以下「取得価額」という) を、下記に定める調整式に基づき調整する。調整後の取得価額の適用時期は、下記アおよびイのそれぞれに定めるところによる。調整額の算定上発生した1円未満の端数は切り捨てるものとする。

ア　調整前の取得価額を下回る払込金額をもって普通株式を発行または処分する場合 (株式無償割当てを含む)。ただし、A種優先株式のA種取得請求権の行使、または潜在株式等 (取得請求権付株式、取得条項付株式、新株予約権、新株予約権付社債、その他その保有者もしくは当社の請求に基づきまたは一定の事由の発生を条件として普通株式を取得しうる地位を伴う証券または権利を意味する。以下同じ) の取得原因 (潜在株式等に基づき会社が普通株式を交付する原因となる保有者もしくは当社の請求または一定の事由を意味する。以下同じ) の発生による場合を除く。調整後の取得価額は、募集または割当てのための基準日があるときはその日の翌日、それ以外のときは株式の発行または処分の効力発生日 (会社法209条1項2号が適用される場合は、同号に定める期間の末日) の翌日以降にこれを適用する。

イ　調整前の取得価額を下回る潜在株式等取得価額をもって普通株式を取得しうる潜在株式等を発行または処分する場合 (無償割当てによる場合を含む)。本イにいう「潜在株式等取得価額」とは、普通株式1株を取得するために当該潜在株式等の取得および取得原因の発生を通じて負担すべき金額として会社が定める金額を意味する。調整後の取得価額は、募集または割当てのための基準日がある場合はその日、それ以外のときは潜在株式等の発行または処分の効力発生日 (会社法209条1項2号が適用される場合は、同号に定める期間の末日) に、すべての潜在株式等につき取得原因が発生したものとみなし、このみなされる日の翌日以降これを適用する。

調整後取得価額＝

$$\frac{\text{既発行株式数}\times\text{当該調整前取得価額}+\text{新発行株式数}\times 1\text{株あたり払込金額}}{\text{既発行株式数}+\text{新発行株式数}}$$

なお、上記の調整式で使用する「既発行株式数」は、調整後の取得価額を適用する日の前日における、(i)当社の発行済普通株式数と、(ii)発行済潜在株式等のすべてにつき取得原因が当該日において発生したとみなしたときに発行される普通株式数との合計数から、同日における当社の保有する自己株式 (普通株式のみ) の数を控除した数を意味するものとする (ただし、当該調整の事由により上記(i)もしくは(ii)の普通株式数または自己株式 (普通株式のみ) の数が変動する場合、当該変動前の数を基準とする)。

会社が自己の保有する株式または潜在株式等を処分することにより調整が行われる場合においては、上記の調整式で使用する「新発行株式数」の「新発行」は「処分する」と読み替えるものとする。

会社が潜在株式等を発行または処分することにより調整が行われる場合においては、上記の調整式で使用する「新発行株式数」とは、発行または処分される潜在株式等の目的たる普通株式の数を、「1株あたり払込金額」とは、上記イに定める潜在株式等取得価額を、それぞれ意味するものとする。

上記アまたはイに定める普通株式または潜在株式等の発行または処分が、株主割当てまたは無償割当てにより行われる場合は、前条に定めるA種優先株式の基準価額も、取得価額と同様に調整されるものとする。

上記の定めにかかわらず、本号に基づく調整は、(i)A種優先株式の発行済株式総数の○%以上を有するA種優先株主が書面により調整しないことに同意した場合、または(ii)当社がストックオプション目的で当社の取締役、監査役または従業員に対して新株予約権を発行する場合（ただし、新株予約権の1株あたりの行使価額が、当該新株予約権の目的たる株式の時価として合理的に認められる金額以上である場合に限る）には行われない。

(2) 株式の分割または併合による調整

A種優先株式発行後、株式の分割または併合を行う場合は、取得価額は以下の調整式に基づき調整される。調整後の取得価額は、株式分割の場合は割当基準日の翌日以降、株式併合の場合は株式併合の効力発生日の翌日以降、それぞれ適用されるものとする。調整額の算定上発生した1円未満の端数は切り捨てるものとする。また、この場合A種優先株式の基準価額も、取得価額と同様に調整されるものとする。

調整後取得価額＝当該調整前取得価額×1／分割・併合の比率

(3) その他の調整

上記に掲げた事由によるほか、次に該当する場合には、当社は取締役会の決議に基づき、合理的な範囲において取得価額もしくはA種優先株式の基準価額またはその両方の調整を行うものとする。

① 資本減少、時価を超える価格での普通株式もしくは潜在株式等の有償取得、合併、会社分割、株式移転、株式交換または株式交付のために取得価額の調整を必要とする場合。

② 潜在株式等の取得原因が発生する可能性のある期間が終了した場合。ただし、潜在株式等の全部について取得原因が発生した場合を除く。

③ 潜在株式等に係る1号イに定める潜在株式等取得価額が修正される場合。

④ 上記のほか、当社の普通株式数に変更または変更の可能性を生じる事由の発生によって取得価額の調整が必要であると取締役会が判断する場合。

⑷　転換価額の調整を行わない場合

上記のとおり、転換価額の調整は、優先株式の保有者の有する権利が希釈化しないことを目的として行われている。もっとも、普通株式の発行や潜在的株式の発行について行われる取得価額の調整については、ベンチャー企業の成長に役立つ役職員等に対するインセンティブの付与を転換価額の調整条項により阻害することを避ける（下記②参照）などの理由から、形式的に転換価額の調整を行う場面に該当したとしても転換価額の調整を行わないことが相当であると種類株式の保有者が認めた場合には、以下の例のように、転換価額の調整を行わないとしている場合もある。

①　○種優先株式の発行済株式総数の○分の○以上を保有する○種優先株主が書面により調整しないことを同意した場合（上記定款条項例10−４⑴最終段落(i)（p.67）参照）
②　当社の役職員またはアドバイザーに対して普通株式が交付される新株予約権が発行または処分される場合（ただし、その目的とする普通株式の累計が、当社のすべての種類の発行済株式総数の○％以内である場合に限る）（上記定款条項例10−４⑴最終段落(ii)（p.67）参照）
③　優先株式または新株予約権の取得により普通株式が発行されまたは処分される場合（上記定款条項例10−４⑴アただし書（p.66）参照）

5　種類株式を発行した際の実務上の留意点

Ⅰ　種類株主総会の数の増加

種類株式を発行した場合には、以下に列挙するような、特定の種類の株式の種類株主に対して損害を及ぼすおそれがある行為を行う場合には、種類株主総会を開催し（会322条１項）、その特別決議（会324条２項４号）を経る必要がある。

また、このように損害を及ぼすおそれがある種類株主が複数存する場合には、各種類株主を構成員とする種類株主総会の特別決議を経なければ、これらの行為はその効力を生じない。ただし、当該種類株主総会において議決権を行使することができる種類株主がいない場合には、当該種類株主総会の決議は要しない（会322条１項ただし書）。

① 株式の種類の追加、株式の内容の変更、発行可能株式総数または発行可能種類株式総数の増加をその内容とする定款の変更
② 株式の併合または株式の分割
③ 株式無償割当て
④ 合併、吸収分割、新設分割、株式交換、株式移転または株式交付

もっとも、複数の種類株式を発行する会社にとって、多数の種類株主総会を開催しなければならないということは書面決議により種類株主総会を行うとしても、その手続は煩雑である。そこで、実務上は、種類株式の内容として、発行時に以下のような規定を設けて、会社法上可能な限り、種類株主総会を開催しないとすることにより一定の対処が行われている（会322条２項・３項等)。

定款条項例11（種類株主総会を開催する場合を制限する例）

第○条（種類株主総会)
○種優先株式について、会社法322条１項に関する決議を行う場合のほか、同法199条４項、同法200条４項、同法238条４項、同法239条４項、同法795条４項等、法令上可能な範囲で、○種優先株主総会の決議を要しないものとする。

ただし、上記のような定款規定が設けられている場合においても、株式の種類の追加を内容とする定款変更については、必ず、種類株主総会の決議を経なければいけない点には注意が必要である（会322条３項ただし書・１項イ)。

なお、株式の種類の追加を内容とする定款変更とは、たとえば、上記の例において、普通株式とＡ種優先株式を発行している状態で、新たな資金調達のラウンドを行い、Ｂ種優先株式を発行する場合がこれに該当する。

Ⅱ 種類株主総会の運営について

種類株式を発行した場合、上記のように、定款の定めで排除しない限り、さまざまな場面において種類株主総会を開催する必要が生じる。そのため、以下のように、種類株主総会の手続に関して、簡便な方法をとりうるのかも問題となる。

1 種類株主総会と通常の株主総会の招集通知の兼用の可否

種類株主総会の手続を簡便にする方法の１つとして、種類株主総会と通

常の株主総会の招集通知を兼用することが考えられる。この点については、議題および議案が両総会ごとに区分して明示され、両総会の招集通知として記載事項が網羅されている限り、株主が両総会の議題等を混同したりするおそれもないため、問題はないと解されている（会社法コンメ(7)376頁〔山下友信〕）。

2　種類株主総会と通常の株主総会の審議を同時並行で行う方法について

また、通常の株主総会と種類株主総会の審議を同時並行で行い、表決の際に種類株主総会の構成員以外の者を退席させ、種類株主総会で議決権を行使できる者に対し、すでに行われた議案の説明内容等に異議がないかどうかを確認のうえ、異議がなければ表決し、異議があればその事項について再審議をするという方法であれば、種類株主総会の非構成員からの不当な影響は相対化されるため、許容されるものと解されている（会社法コンメ(7)376頁〔山下友信〕）。

6　普通株式を種類株式に変更する際の手続

I　普通株式を種類株式に変更する必要性

会社を設立後、創業者間のみで増資を行う場合や、いわゆるシードやアーリーラウンドで数千万円以下等の比較的少額の株式での資金調達を行う場合には、普通株式が用いられることが多い。このような段階で投資をした投資家は、初期に投資をしていることから、投資をした会社が、投資後、順調に事業規模を拡大し、企業価値を向上させた場合には、多大なキャピタルゲインを得ることも可能となる。

もっとも、このような初期の投資家は、会社が種類株式（優先株式）を用いて投資を受けるということを行う前に投資をしていることから、事後、優先株式で投資をする投資家が現れて、その後、会社が比較的低額の企業価値評価で合併等をした場合には、初期に会社に投資をしていることから損失を被る可能性は比較的低いにせよ、想定しているキャピタルゲインを得られない結果となってしまうことが存する。

上記のような結果は、そもそも、初期に会社に投資を行う投資家が簡便な普通株式による投資という手段を選択していることから、投資の際に受容しているリスクであるとの評価もできないではないが、一定の場合において、上記のような結果を避けるための方策がとられる場合がある。

Ⅱ すでに発行している普通株式を種類株式に転換する際の手続

上記の課題を解決するための1つの方策として、普通株式を保有している投資家に対して、最初に優先株式を発行する時点において、既存の株主全員の合意により、追加の対価を受領することなく、発行済の普通株式の一部(普通株式で一定割合の投資をしている投資家が保有している普通株式の一部)を優先株式に転換するということが行われることがある。この場合の従前の投資家に対して割り当てられる優先株式の内容は、その段階で投資を行う投資家が取得する優先株式の内容と同一とするのが一般的であるように思われる。

また、かかる既発行普通株式の優先株式への転換の手続は、商業登記実務上、**図表3-6-1**のような手続で行うことが認められている。

図表3-6-1

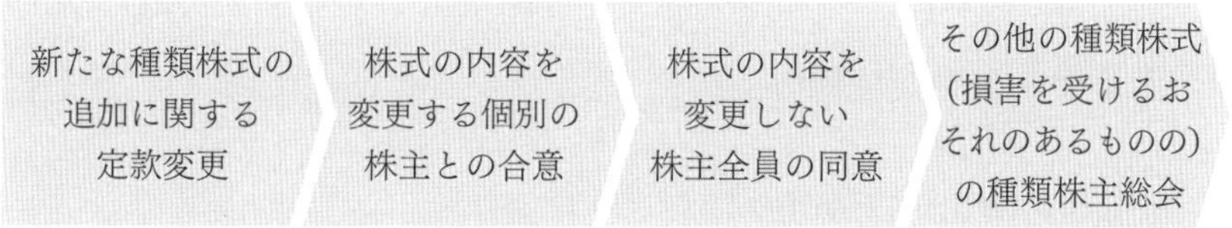

新たな種類株式の追加に関する定款変更	→	株式の内容を変更する個別の株主との合意	→	株式の内容を変更しない株主全員の同意	→	その他の種類株式(損害を受けるおそれのあるものの)の種類株主総会

かかる手続を経ることにより、優先株式を発行する前に投資を行っていた投資家に対しても、一部の権利を普通株式からその後最初に優先株式で投資を行う際に発行される優先株式まで格上げをすることができ、一定の権利保護を図ることが可能となる。また、かかる方法をとる場合には、最初に普通株式で投資家から投資を受ける際には、事後にどのような権利を付与するのかなどのところまで交渉をして決めておく必要がなく、その意味では簡便な制度といいうる。

もっとも、このような方法で、既存投資家の保護を図ろうとすることには、

① 普通株式を優先株式に転換すること自体について、新規の投資家の同意を得なければならず、そのような取扱いについて、新規の投資家には利点が存しないことから同意を得られない可能性がある。

② 仮に、新規の投資家が既存の普通株式の一部を優先株式に転換することについて合意したとしても、どの範囲の既存投資家を対象とし、かつ、既存投

資家が保有する普通株式のどの範囲まで優先株式への転換の対象とするのかを交渉のうえで決定する必要がある。

③　転換の対象とならない既存の普通株主からも同意を得なければならない関係上、既存の普通株主に対して、一部の普通株主についてのみ転換を要するという理由について、説明を行い、納得を得る必要がある。

という、実際上の問題点は存する。

Ⅲ　Convertible Equityと同様のスキームを利用する方法

上記に記載したほか、初期に投資を行った投資家を保護しつつ、事後の投資家への権利内容の明確化から、みなし優先株式と呼ばれる制度を利用するなど、さまざまな制度の利用が模索されている。

なかでも、近年は、アメリカにおいて発達したConvertible Equityと同様のスキームが日本においても用いられ、普通株式以外の方法で資金調達する例も増加しており、2020年12月28日には、経済産業省が「「コンバーティブル投資手段」活用ガイドライン」を発表するなど、より一層、Convertible Equityと同様のスキームを用いた資金調達が加速していくと思われるため、下記にて簡単に概要を紹介する。

1　Convertible Equityとは

Convertible Equityについて説明する前に、その前に誕生していたConvertible Noteという資金調達方法から説明する。Convertible Noteとは、将来、株式に転換する約束が付されたNote（手形）のことを指す。日本でいえば新株予約権付社債が同様の機能を果たす。そして、Convertible Equityは、Convertible Noteでは負債として計上されてしまうことや返済期限に返済を迫られる可能性があるという問題意識から、Convertible Noteから返済期限と利息を取り除いたものとして、近年アメリカを中心によく用いられている資金調達方法である。つまり、Convertible Equityは、簡単にいえば、新株予約権付社債のスキームから返済期限と利息を取り除いたものと考えられる。

アメリカでは、著名なアクセラレーターのY Combinatorが公開している投資契約書テンプレート“Simple Agreement for Future Equity”（SAFE）や500 Startupsが公開している“Keep It Simple Security”（KISS）がよく知られている。日本でも、500 Startups Japan（Coral Capital）がKISSの日本版（J-KISS）として、有償新株予約権型のConvertible Equityの投資契約書を公開している。

Convertible Equityのメリットとしては、①評価が難しいシード段階での会社のバリュエーションを行う必要がない（もっとも、転換価額として評価上限額が用いられる場合はこのバリュエーションの先送り機能は限定されたものになる)、②必要な書面の量が少ないため、資金調達の時間・費用を節約できる、③社債と異なり、利息と返済期限がないため、満期による償還の必要性がないという点があげられる。

他方、Convertible Equityは、対象会社に適格資金調達や買収等が生じず、かつ、清算もなされない場合には、投資金額が回収できないというデメリットも指摘されている。

2 日本におけるConvertible Equity類似のスキームでの資金調達

日本においてアメリカのConvertible Equityと同様のスキームを導入する場合、①新株予約権付社債を利用する方法、②種類株式を利用する方法、③新株予約権を利用する方法等が考えられる。

(1) 新株予約権付社債を利用する方法

これは、典型的には、新株予約権付社債の社債部分に返済期限も利息も付さないという方法である。これにより、①バリュエーションの先送りが可能、②返済期限・利息がないという、Convertible Equityとしての機能を備えることができる。もっとも、あくまで債務であることから、投資された金額は発行会社の負債として計上されてしまうという問題もある。

なお、新株予約権付社債を利用する方法については、**第6章4**もあわせて参照されたい。

(2) 種類株式を利用する方法

種類株式を、一定の資金調達が発生した場合に、別の種類株式または普通株式に転換される旨の取得条項付きの株式として発行する方法である。この場合、株式として発行されるので、バリュエーションの先送りという機能が損なわれる可能性がある。しかしながら、無議決権株式とすることで持分性を可能な限り排除し、かつ、当事者間でも発行価額はバリュエーションとは無関係のものであるとの合意を行うことで、バリュエーションの先送り機能を確保することが考えられる。

また、株式として構成されていることから、投資された金額は純資産として計上されるというメリットがある。もっとも、種類株式の発行のために定款変更が必要となるなどのデメリットもある。

⑶　新株予約権を利用する方法

投資家に対し、将来の資金調達の際に株式に転換できる権利が付された新株予約権を有償で発行する方法である。この方法による場合、①バリュエーションの先延ばしが可能、②返済期限も利息もない、③債務ではなく純資産として計上されるというメリットがある。

もっとも、現時点では、新株予約権の取得についてはエンジェル税制の対象にはならず（新株予約権の行使についてはエンジェル税制対象）、また、各種助成金の対象にならない場合があるなどのデメリットがある。

図表３-６-２　日本版Convertible Equity各方法の比較

	新株予約権付社債型	種類株式型	新株予約権型
バリュエーション先送り機能	○	△	○
返済期限・利息なし	○	○	○
純資産として計上	×	○	○

新株予約権を利用する場合において規定される主な条件の概要について、簡単に記載すると以下のとおりとなる（以下はあくまで概要であり、実際の発行要項の記載とは異なる）。下記のとおり、日本では、Convertible Equityと同様のスキームを導入するため、「適格資金調達」といった概念を用いて、新株予約権や新株予約権付社債の要項が作成されることもある。このような仕組みを用いることにより「適格資金調達」があるまでは、バリュエーションを先送りすることができる。また、新株予約権付社債において規定される主な条件の概要は、**第６章④Ⅳ**を参照されたい。

⑴　新株予約権の払込金額

・新株予約権自体は、有償で発行される。たとえば、新株予約権１個あたり1000万円、合計５個、全体で5000万円の新株予約権を発行するということがありうる。なお、新株予約権の行使時に払込む金額は、１円など名目的な金額とされることが多い。

⑵　新株予約権の目的となる株式の種類

・当初、新株予約権の目的とされるものは、普通株式とする場合が多い（優先株式を一度発行した後に利用することも可能であり、その際には、既発行の優先株式を対象とすることも可能である。）。

・ただし、実際に、転換する際に、対象として想定されているのは、新株予約権発行以降に行われる「適格資金調達」によって発行される優先株式である。

(3) 新株予約権の対象となる株式数

・新株予約権を行使した際に発行される株式数は、簡略的に記載をすると、以下のような計算式に基づいて算出されることとなる。
株式数＝新株予約権の払込金額の総額/転換価額
【注：この計算式によれば、新株予約権の行使による株式1株あたり取得価格＝転換価額となる。】

(4) 転換価額の計算

・転換価額については、「適格資金調達」という定義に連動する形で、以下のような方式で定められることが多い。なお、(B)の「評価上限額」を設定する場合には、(A)と(B)のいずれかのうち、低い額を転換価額とすることが通常である。
転換価額＝
(A)適格資金調達における１株あたりの発行価額×[0.9]
【注：適格資金調達における1株あたりの発行価額は、新株予約権の発行段階では決まっていない。】
【注：[0.9]と記載している倍数は、0.9でなくとも0.7などその他の数字でも良く、この倍数が小さいほど、適格資金調達が行われた際の発行価額からより割り引かれた価格で株式を取得することができることとなる。】
又は
(B)[3]億円（評価上限額）÷適格資金調達前の完全希釈後株式数
【注：完全希釈化後株式数とは、たとえば、優先株式が発行されている場合には優先株式が普通株式に転換されたと仮定して、また、新株予約権などの潜在的に普通株式となる権利が発行されている場合には、新株予約権もその段階で普通株式に転換されたと仮定して発行済株式数を計算した場合の総株式数を意味する。】

・割当日の[12]ヶ月後を経過した後は、[３]億円（評価上限額）を転換価額とする。

(5) 適格資金調達の定義

・「適格資金調達」とは、新規の調達総額が[２]億円以上の株式の発行を意味する。

仮に、上記の内容を持つ新株予約権５個（１個あたり1000万円として５個分の5000万円を払込み）を引き受けた場合、払込金額は5000万円となるが、この時点では将来的な「適格資金調達」時の株式の１株あたりの発行価額については定まっていない。

もっとも、その後、発行会社の事業が成長し、その次の資金調達において、A種優先株式を発行して、1株500万円で新規に2億円の資金調達をする場合を考えると、この場合については、新株予約権に投資をした者は、1株あたり500万円×0.9＝450万円で株式を取得することができ、新たに株式を引受ける者が500万円で株式を取得することになるのに対して、先行者としてのメリットを受けることができる。

また、評価上限額も設定されているので、次回の株式での資金調達までに発行会社が急成長して企業評価が高くなっていた場合には、新株予約権に投資をした者は、さらに大きく割り引かれた価格で株式を取得することができる可能性がある。さらに、評価上限額の適用により一定数以上の株式の取得が確保され、新株予約権に投資をする者にとって、思いがけず、高値で少数の株式のみを取得することになるという想定外の事態は避けることが可能となる。

このように、投資家にとっては、発行会社の厳密な企業価値評価をその時点で行うことなく、その後の資金調達において発行会社に対して投資を行う者よりは有利な条件で同種の株式を取得することができるようになるため、スピード感をもった投資を実現しつつも、先行投資者としてのメリットも享受することもできるという利点が存する。

第 4 章

投資契約および株主間契約

1　ベンチャー企業への投資が実行されるまでの流れ

Ⅰ　概論

投資家がある会社に投資をする際、その会社が投資対象として本当に価値があるかどうか、またどの程度リスクが存在するのかなどを調査してから投資を実行するのが通常である。

投資対象がベンチャー企業である場合でも同様であり、ベンチャー企業が自社に投資をしてくれる投資家をみつけた場合、かかる投資家は、当該ベンチャー企業またはその経営陣についてよく知っている者でない限り、当該ベンチャー企業の運営の態様、事業計画、財政状態、株式および新株予約権の発行の状況、今後の資本政策等について、実際に投資を行う前に一定程度知り、ベンチャー企業の企業価値や今後の成長性について見定めたうえで投資を行うことを希望するのが通常である。そこで、このような投資家の要望に沿うために、投資金額が相応の金額となる場合には、**図表４－１－１**のようなプロセスを経て、投資が実行されることが多い（必ずしもすべての過程を経た後に投資を実行するわけではなく、いくつかの過程が省略されることもある）。

図表４－１－１

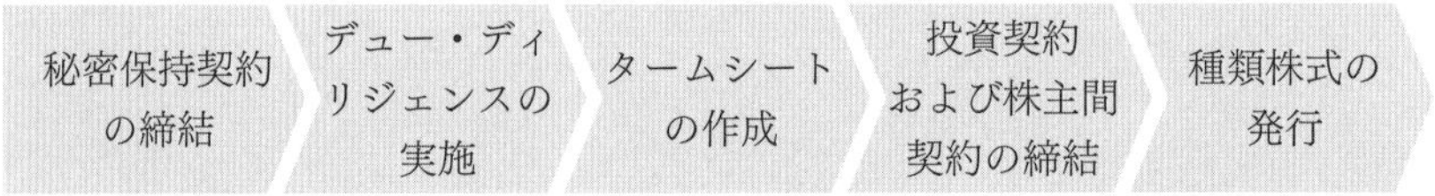

秘密保持契約の締結	→	デュー・ディリジェンスの実施	→	タームシートの作成	→	投資契約および株主間契約の締結	→	種類株式の発行

上記に記載したプロセスのうち、投資契約および株主間契約の締結については、下記2から4までにおいて詳述するが、以下では、これらに至るまでの各プロセスについて、簡単に説明を行う。

Ⅱ　秘密保持契約

1　秘密保持契約とは

ベンチャー企業が投資家候補をみつけ、または投資家候補の方からベンチャー企業に対して接触し、ベンチャー企業に対する投資を本格的に検討する際に、まず、ベンチャー企業と投資家候補との間で締結されることが多いのが、秘密保持契約（Confidentiality AgreementまたはNon-Disclosure Agreement）（英文の略称から、「CA」または「NDA」と呼ばれることも多い）である。

相手方に開示された秘密情報が第三者に自由に開示・漏えいされたり、秘密情報を開示する目的以外に当該秘密情報が使用されたりすることによって、当該秘密情報を開示した会社の事業に大きな影響を与えることを防ぐことが、秘密保持契約を締結する主な目的である。

2 秘密保持契約に規定される事項および留意点

⑴ 秘密保持契約に規定される事項

秘密保持契約には、一般に以下のような内容が定められることとなる。

① 秘密情報の定義（範囲）
② 秘密情報から除外される情報
③ 当事者の秘密保持義務
④ 秘密保持義務の例外（秘密情報の開示が許される範囲）
⑤ 目的外使用の禁止および開示の禁止・制限
⑥ 秘密情報の複製の禁止・制限
⑦ 有効期間（存続条項含む）
⑧ 秘密保持契約終了時の秘密情報の破棄・返還

⑵ 秘密保持契約の条項における留意点

ベンチャー企業と投資家との関係に即していえば、ベンチャー企業が投資家に対して自社の秘密情報を開示することが主となるため、ベンチャー企業が秘密保持契約を締結する際には、投資家が自社の有益な技術情報・ビジネスモデルを受領し、第三者に開示・漏えいしてしまうということを防止する必要がある。

重要な留意点をいくつか取り上げるとすると、以下のような点があげられる。すなわち、上記⑴のうち、①秘密情報の定義（範囲）について、いわゆる法律上当然に保護される「営業秘密」等のみでなく、秘密保持契約上は、ベンチャー投資を検討する目的でベンチャー企業が開示をするすべての情報について秘密情報として取り扱うのかなどの点も確認する必要がある。また、違う視点としてあるベンチャー企業に対してある投資家候補が投資を実行することを検討していること自体が外部に漏れてしまうことで、当該投資に対して影響が生じることはないかについても検討し、ベンチャー企業への投資を検討しているという事実自体も秘密情報の範囲に含めるかという点をあわせて確認する必要がある。

さらに、⑧秘密保持契約終了時の秘密情報の破棄・返還についても、開示当事者として適切に破棄がなされたのかを確認する方法（破棄証明書の交付や破棄方法の報告等）が規定されていない場合も存し、また、ごくまれに、契約終了後も記録保管目的での秘密情報の保管については許容される旨規定している秘密保持契約も存するため、留意する必要がある。

なお、ベンチャー企業への投資には迅速性が求められることが多く、事実上、秘密保持契約の締結がなされずに交渉が開始する場合も存在すると思われるが、一般論としては秘密保持契約を締結する方が良いことは当然のことである。

また、秘密保持契約は、全体の条項数や契約書の頁数が少ないことが一般的であるが、秘密保持契約の内容についても、その締結前に上記のように確認すべき点があることについては注意が必要である。

Ⅲ デュー・ディリジェンスの実施

1 デュー・ディリジェンスとは

⑴ 一般的なデュー・ディリジェンスの流れ

ベンチャー企業と投資家候補が秘密保持契約を締結した後、投資家候補が対象会社に対して資料の開示を求め、その資料を精査し、また、経営陣に対してインタビュー（マネジメント・インタビュー）を行うことにより、ベンチャー企業が各種法令にのっとった運営をし、計算書類に記載の数値が正確であり会計基準に違反していないこと、ベンチャー企業が提示する事業計画がどの程度下振れを含んでいるものであり、ベンチャー企業の企業価値がベンチャー企業側の提示する価値とどの程度異なるのかなどを確認するというプロセスがとられる。その主な目的は、投資対象となるベンチャー企業に対する投資をやめるべき、またはやめた方がよい重大な障害事由が存在するかを確認すること、および仮に重大な障害事由がないとしても、投資対価に反映させるべき事由（たとえば、将来顕在化する可能性のある潜在債務があるかなど）がないかを把握することにある。

かかるプロセスをデュー・ディリジェンス（Due Diligence）と呼び、英語の略称からDDと称することも多い。デュー・ディリジェンスには、①ベンチャー企業の事業について、強み、弱み、将来性、ビジネスモデルの妥当性、競合他社との比較等について検討する、ビジネス・デュー・ディリジェンス（ビジネスDD）、②ベンチャー企業の計算書類等に記載されている財務内容が正確であり、計上すべき負債が計上されているか、売上や利益が過大に計上されていないかなどを検討する財務デュー・ディリジェンス（財務DD）、③ベンチャー企業についてその事業または会社運営が適正に行われているか、また、投資実行に影響を与えるような法的な問題点が存するのかなどについて検討する法務デュー・ディリジェンス（法務DD）等の種類のデュー・ディリジェンスがある。

いずれのデュー・ディリジェンスにおいても、一般的には、①キックオフミーティング、②必要資料の開示依頼、③開示資料の検討、④Q&Aリストによる質問・回答および追加資料の開示依頼、ならびに、⑤経営陣へのインタビュー（マネジメント・インタビュー）という流れを経て、投資家側にてデュー・ディリジェンスの結果をまとめたレポートを作成し、当該レポートに基づいて⑥中間報告および／または、⑦最終報告を実施し、ベンチャー企業に投資を行うことができないと判断するほどの重大な問題点が存するのか、または、ベンチャー企業の企業価値が適正に算定されているかなどを確認する。なお、デュー・ディリジェンスにおいては、必ずしも上記①から⑦までのすべての過程を踏むわけではなく、案件やスケジューリング次第で一部が省略されることもある。

(2) ベンチャー投資の際のデュー・ディリジェンス

ベンチャー企業に対する投資の場合にも、投資家は、投資対象となるベンチャー企業の運営態様、財政状態等についてある程度知ったうえで投資を行いたいという希望を持っていることが多い。

しかしながら、各種のデュー・ディリジェンスは必ず行わなければいけないというものではなく、デュー・ディリジェンスが行われるか否かは、投資家候補とベンチャー企業との従前の関係性や、投資家候補の資産規模と投資する金額との比較、投資家候補の属性等に照らして決定される。実際に、ベンチャー企業を対象としたマイノリティ出資の場合には、投資金額が比較的少額になることから、投資リスクが低く、十分な費用をかけてベンチャー企業を調査する必要性が低いとして、全部または一部のデュー・ディリジェンスを実施しないケースも存在する。

もっとも、デュー・ディリジェンスを実施しない場合であっても、投資対象となるベンチャー企業の最新の株主構成や既存の投資契約・株主間契約・種類株式の内容等の資本構造にかかわる資料については、投資後のベンチャー企業の株主として重大な関心事であるため、最低限確認する必要があると考えられる。最低限必要な事実確認すら行うことなく漫然と投資決定を行い、その投資決定が原因で投資家に損害が生じた場合には、当該投資家の役員がその株主から責任追及を受け、また投資家がファンドである場合には投資家が自らへの出資者から責任追及を受ける可能性もあるため、留意する必要がある。

2　デュー・ディリジェンスにおいて開示が必要となる書類

デュー・ディリジェンスを行うにあたっては、まず、投資家候補から、資料開示依頼リストが交付され、対象会社が資料を準備して、必要な資料を投資家候補に対して開示することが通常である。開示の方法としては、PDF等のファイルをファイル共有サーバーにアップロードするか、または電子メールにより送付する方法が現在の実務上は一般的であると思われるが、場合により、該当資料をベンチャー企業において準備し、投資家候補が現地に赴いて資料を確認するという方法がとられる場合もある。

デュー・ディリジェンスにおける資料開示依頼について、たとえば、法務デュー・ディリジェンスにおいて使用される資料開示依頼リストにおいて、開示が依頼される資料の例は以下のようなものである（一般的な法務デュー・ディリジェンスにおける資料開示依頼の例であり、ベンチャー投資の場合に限るものではない)。なお、下記のリストにおいては、期間や対象の限定を付していないが、「過去3年分の株主総会議事録」、「過去5年間の労災事故」、「売上上位5社との契約書」、「年間売上額1000万円以上の取引先との契約書」、「過去5年分の訴訟の記録」等と、実際の依頼においては、期間や対象に限定を設けて資料開示を依頼することが多い。

1　会社組織関係
- (1)　定款
- (2)　株主総会議事録、招集通知およびその添付書類
- (3)　取締役決定書
- (4)　組織に関する社内規定、会社組織図

2　資本関係
- (1)　株主名簿、新株予約権原簿
- (2)　会社に関する株主間契約
- (3)　会社と株主との重要な取引に関する契約および資料

(4) 会社株式の購入、買戻し、買入消却等に関する契約および資料
(5) 新株予約権、ワラント、転換社債等の潜在株式の発行に関する契約
3 従業員関係
(1) 従業員数（正社員、契約社員、派遣社員、アルバイト、出向の内訳）
(2) 就業規則（給与規程・賞与規程・退職金規程・職務発明規程等を含む）
(3) 会社と従業員との間のその他の契約
(4) 過去の労働争議、ストライキ等に関する資料
(5) 過去の労災事故の一覧および関連する資料
4 不動産関係
(1) 土地・建物のリストおよび保有形態（所有・賃借の別）
(2) 不動産の担保提供の有無、担保権設定契約書
5 主要な設備およびその他の資産関係
(1) 主要な設備のリスト（所有・リースの別）
(2) 担保権（質権等）の設定がある場合には、その設定契約書
(3) その他主要な資産に関する重要な契約
6 知的財産権関係
(1) 登録済または登録申請中の知的財産権のリスト
(2) ライセンス契約書
(3) 担保権の設定がある場合には、その契約書
7 契約関係
(1) 主な取引先のリストと各社との契約書
(2) 重要な業務提携契約、業務委託契約書
(3) 金銭の貸借、保証・債務引受け、担保権設定等に関する契約
(4) その他簿外取引または潜在的債務に関する契約
8 紛争・クレーム関係
(1) 過去の裁判、調停、仲裁その他現在係争中の紛争に関する記録
(2) 会社の潜在的紛争・クレームに関する書類
(3) 過去の判決、仲裁判断、調停調書、和解調書等
(4) 政府機関からの法令違反等の通知または関連する調査の資料
9 その他許認可・届出関係

資料開示の範囲については、リストの受領と前後して、交渉が行われるが、ベンチャー投資における法務デュー・ディリジェンスにおいては、上記**1**(2)で述べたとおり、ベンチャー企業の資本構造への関心が高くなるため、上記リストのうち「1 会社組織関係」および「2 資本関係」に関する資料の開示に重点が置かれることが多い。

なお、投資対象となるベンチャー企業からの資料開示が遅延することで投資スケジュール全体にも影響を与える場合が少なくないため、ベンチャー

企業としては、投資家からの投資を受けようとする場合には、一定の時点で、上記リストに掲げた事項に関連する各種の資料について整理をしておくことが望ましい。また、ベンチャー企業としては、一度投資を受けた時点における開示資料を保管しておき、その後、次の投資が行われる際に、当該開示資料を更新した資料を適時に開示できるようにしておくなど、当初から、デュー・ディリジェンスにおける開示があることを前提とした資料保管を意識しておくことも有用と思われる。

3　資料開示後の流れ

⑴　Q&Aリストによる質問回答および追加資料依頼

ベンチャー企業による資料開示がなされた後、投資家候補から開示資料について質問が行われることが通常である。このやりとりは、Q&Aリストと呼ばれるエクセルファイルに質問や追加資料依頼の旨を記入して、それに対して、ベンチャー企業が回答または追加資料の送付を行うという方法で行われることが一般的である。

やや簡易化している部分も存するが、Q&Aリストに記載される項目とその回答に関するやりとりとして考えられる例を紹介する。

図表４－１－２

No	質問日	重要度	資料名	質問種類	質問・依頼内容	回答日	回答
1	2022/1/1	中	タイムカード	質問	御社の残業時間の計算方法では、定時より早めに出勤した分は、残業時間に含めていないのでしょうか。	2022/1/2	残業時間に含めて残業代を支払っています。
2	2022/1/1	中	株主総会議事録	質問 資料請求	取締役の報酬について、株主総会での決議はされていないのでしょうか。もしあれば、議事録をご開示ください。	2022/1/2	株主総会での決議は行っておりません。

⑵　マネジメント・インタビュー

ベンチャー企業から開示された資料の検討やQ&Aリストによるやりとり

がある程度進んだ後に、デュー・ディリジェンスの一環として、ベンチャー企業のマネジメント・インタビューを行うことが多い。

マネジメント・インタビューは、デュー・ディリジェンス担当者が投資対象のベンチャー企業を訪問して対面でインタビューを実施する場合が多いと思われるが、Web会議システムによるインタビューで簡易的に実施する場合もある。事案によって、1回のみインタビューを実施する場合もあれば、複数回実施する場合もある。

インタビュー事項は、インタビュー実施の数営業日前までに送付されることも多く、法務デュー・ディリジェンスにおけるマネジメント・インタビューでは、①開示資料の内容に基づく質問のうち重要な点に関する質問、②Q&Aリストにおける回答の補足を求める質問、および、③開示された資料には記載されていない問題点が存するか否かの確認等を目的とした質問を行うことが多い。インタビューは、資料だけではわからない事項を確認するために行われるものであり、ベンチャー企業の側としては不用意な回答をしないよう留意する必要がある。質問の趣旨が不明であれば確認し、回答がすぐにできなければ、必要に応じて持ち帰って資料の有無も含めて確認するといった慎重な姿勢で臨む必要がある。

Ⅳ　タームシート

1　タームシートとは

事案によって異なるが、最初から投資契約書や株主間契約書が作成されるのではなく、デュー・ディリジェンスの終了後またはその最中に、投資契約、株主間契約および種類株式の内容についての主要な条件を実際の契約書や株式の発行要項ではなく、表形式でまとめ、かつ、記載を実際のものよりも簡易にした「タームシート（term sheet）」と呼ばれる書面を作成することがある。

タームシートを作成する場合、投資家候補およびベンチャー企業はタームシートを修正することで、投資の条件について交渉を行い、まず、タームシートレベルで、投資の条件について合意を行う。その後、タームシートを反映して、実際の投資契約、株主間契約および種類株式の要項等の実際に投資時に用いられる書面を作成していくこととなる。

また、通常の場合、タームシート自体は、ベンチャー企業に対して投資することを確定的に合意した書面としてではなく、投資する際の条件を整理した書面として作成されることがほとんどであり、法的拘束力を有しない（タームシートを締結しただけでは投資家候補が投資をする義務を負わない）書面として作成されることが多い。しかしながら、タームシートでの交渉の結果として投資の重要な条件が整理された時点で、すでにそれらの条件については事実上合意されたものとして扱われ、その後の投資契約書等を締結する段階における後出し交渉は、相手方に受け入れられない可能性がある点には注意する必要がある。

2　種類株式の内容に関するタームシート

以下では、種類株式の内容に関するタームシートの一例を紹介している。このタームシートは、種類株式の内容について比較的簡易な記載としており、実際には、条件についてより詳細に規定したタームシートを作成することも多い。

以下に**図表4－1－3**として記載するタームシートでは、①投資前のベンチャー企業の企業評価、②A種優先株式の株価、③発行する総額および今回発行する株式が発行済株式総数の何パーセントとなるかなどの基本的事項を規定している。

また、A種優先株式の主な条件として、

① 残余財産分配について、払込金額（A種優先株式が発行される際に、払い込む金額）の1倍について、普通株主に優先すること（投資した金額が優先して戻ることとなる）、また、その後、普通株主と同順位で残余財産に参加できること（この部分が投資に対する利益となる）
② 剰余金の配当については普通株式と違いがないこと
③ A種優先株式をいつでも普通株式に転換することができ、かかる転換を請求する場合、1個のA種優先株式に対して、1個の普通株式が発行されること
④ 発行会社の支配権が移転するような取引が行われた場合には、金銭を対価とする取得請求権を行使することにより、残余財産の分配の際と同様の金額を受領することができること
⑤ 普通株式を上場する場合には、A種優先株式も普通株式に強制的に転換されること
⑥ A種優先株式の株主も、株主総会において議決権を有するが、会社法上種類株主として議決権の行使を行うことができる旨定められている一定の場合について、議決権を行使できないという制限が設けられていること

等の条件が規定されている。

図表４－１－３

発行する株式	種類株式（Ａ種優先株式）
PreMoney（潜在込）	○○円
株価	○○円
発行総額	○○円（○株：発行済株式総数の○％）
Ａ種優先株式の主な条件	
残余財産分配優先権	・ Ａ種優先株主に対し、払込金額の１倍の金額が普通株主に先立ち分配 ・ 上記分配後の金額を普通株主およびＡ種優先株主の持株比率に応じて分配
剰余金配当	・ 普通株式と同順位、持株比率に応じて配当
普通株式対価の取得請求権	・ 取得日以降いつでも普通株式に転換可能 ・ 転換比率は当初Ａ種優先株式：普通株式＝１：１ ・ 株式分割、株式併合、株式無償割当て等は適切に調整 ・ 株式の低額発行の場合は、ブロードベースまたはナローベースで調整
金銭対価の取得請求権	・ 資産または事業の全部または実質的な全部（2/3以上）を他の会社に譲渡した場合、実行通知受領後30日以内に、金銭対価の取得請求可能 ・ 取得対価の算定方法は、残余財産分配時の分配方法に準じる
取得条項	・ 株式上場の申請を行う旨の機関決定を行い、Ａ種優先株式を普通株式に転換すべき場合、Ａ種優先株式はすべて普通株式へ強制転換
議決権	・ 株主総会において普通株主と同様にＡ種優先株式１株につき１個の議決権 ・ 会社法322条１項各号に掲げる行為をする場合、普通株式または普通株式を目的とする新株予約権に関する募集事項の決定または募集事項の決定の委任を行う場合、Ａ種優先株式またはＡ種優先株式を目的とする新株予約権に関する募集事項の決定または募集事項の決定の委任を行う場合には、可能な限りＡ種優先株主総会の決議を要しない

なお、上記のとおり、実際に投資家候補が投資をするにあたって、タームシートを作成する場合には、上記の種類株式の内容に関するタームシートだけではなく、後に締結する投資契約や株主間契約の内容についてもタームシートに規定することも多いが、ここでは、紙幅の関係で、種類株式の内容についての簡易なタームシートのみ紹介している。

Ⅴ　投資契約・株主間契約の締結、種類株式の発行

タームシートに記載の条件について合意に至った後には、タームシートに記載の条件を実際の投資契約、株主間契約および発行する種類株式の要項に反映し、また、その他タームシートに記載していない細かい条件について、投資契約、株主間契約および発行する種類株式の要項において規定することとなる。

種類株式の要項については**第３章**で解説したとおりであり、投資契約および株主間契約については、下記[2]から[4]において詳しく解説を行う。

[2]　ベンチャー投資における投資契約および株主間契約

Ⅰ　投資契約および株主間契約の概要

ベンチャー投資において締結される主な契約としては、投資契約と株主間契約の２種類が存在する（以下、これらの契約書をあわせて「投資契約等」ということがある）。それぞれの概要は**図表４－２－１**のとおりである（それぞれの詳細は下記[3]および[4]において解説する）。

図表４－２－１

	投資契約	株主間契約
概要	投資家が発行会社から株式を取得する際の投資条件を中心に定める契約	投資実行後の発行会社および株主間の権利義務関係を定める契約
	①　発行する株式の種類 ②　払込価額 ③　払込期日 ④　払込みの前提条件	①　発行会社のガバナンスに関する事項 (i)　オブザベーション・ライト (ii)　取締役指名権

主な内容	⑤　株式発行の前提条件	(iii)　発行会社の情報提供義務 (iv)　事前通知事項／事前承諾事項 ②　投資家の持株比率維持に関する事項 (i)　投資家の優先引受権 (ii)　オプションプール (iii)　先買権 ③　投資家のエグジットに関する事項 (i)　共同売却権（タグ・アロング） (ii)　強制売却権（ドラッグ・アロング） (iii)　みなし清算

なお、エンジェル投資家等は、事務的な負担を避けるために株主間契約の当事者とならない場合もあるが、そのような場合であっても、投資家のエグジットに関する事項については株主全員の合意がなければ十分に機能しないことが通常であるため、株主全員を当事者とする契約を締結する必要がある。そのような契約は一般に「財産分配契約」などと呼ばれる。

しかし、現在の実務上、株主間契約と財産分配契約を分けて締結する例はそれほど多くないと思われるため、本書の文例および解説においては、投資家のエグジットに関する事項についても株主間契約において定めることを前提とする。

II　投資契約等を締結する意義

会社法上、株式会社が株式を発行して資金調達を行うためには、一定の募集手続と申込手続等を行えばよく、投資契約等を締結する必要はない。

しかし、現在では、ベンチャー投資のほとんどの事例において、主に投資家側からの要請により、投資契約等が締結されている。これは、投資契約等を締結することにより、投資家は、投資実行前に発行会社の問題が明らかになった場合に投資をとりやめ、投資実行後に問題が生じた場合には発行会社または経営株主に対して損害の賠償を請求し、投資実行後に発行会社の経営を監視することが可能になるなど、さまざまな権利を取得することができるからである。

また、投資契約等において発行会社および経営株主の表明保証（下記**IV**および**V**参照）を定めることにより、投資家は発行会社に対するデュー・ディリジェンスを簡略化または省略することも検討しうるため、これにより、費用、時間および事務負担を軽減することが可能になりうる。発行会社および経営株主としても、デュー・ディリジェンスへの対応には、多大な時間、費用および労力を要するため、投資家によるデュー・ディリジェンスが簡略化または省略された場合にはそれらの負担を軽減することができる。

Ⅲ　投資契約等の当事者

投資契約等の当事者となるのは、通常、発行会社、経営株主および投資家である。

発行会社とは、投資家に対して株式等を発行して資金調達を行う会社のことである。「発行会社」ではなく、「対象会社」などの表記が用いられることもある。

経営株主とは、発行会社の経営の中心人物となる株主のことであり、通常は、発行会社の代表取締役（ベンチャー企業においては、多くの場合は創業者）が含まれる。また、経営株主には代表取締役以外の取締役や他の創業者を含める場合もある。どこまでの者を経営株主に含めるかは、どこまでの者に投資契約等における義務を負わせる必要があるかによって判断されることになる。なお、「経営株主」ではなく、「創業株主」、「創業者」などの表記が用いられることもある。

投資家とは、通常、経営株主以外で、株式等を取得することで発行会社に投資しようとする者または投資した者を意味する。「投資家」のほか、「投資者」、「投資家株主」などの表記が用いられることもある。

投資は、投資家から発行会社に対して行われるものであるから、投資契約については、投資家と発行会社のみとの間の契約とすることも理論的には可能である。しかしながら、ベンチャー企業において、出資された金銭を適切に活用して発行会社を成長させるには経営株主のコミットメントが必須である。そのため、投資家からは、経営株主も契約の主体とすることで、経営株主にも発行会社と同様に義務を負わせることを求められることも多い。

投資契約は主に各投資家の投資条件を定める契約であるため、各投資家が発行会社および経営株主と個別に締結することが多い（もっとも、下記**Ⅵ**のとおり、すべての株主が同一の投資契約の当事者となる場合もある）。一方で、株主間契約は投資実行後の発行会社のガバナンスや投資家全体の投資回収（エグジット）の方法等を定める契約であるため、発行会社および経営株主のほか、投資家全員が当事者となることが通常である。

Ⅳ 投資契約等における表明保証について

1 表明保証とは

表明保証とは、契約の一方当事者が、相手方当事者に対して、ある時点において一定の事項が真実かつ正確であることを表明して保証することをいう。

投資契約において重要となる発行会社についての表明保証事項としては、たとえば以下の事項があげられる。

① 発行済株式数が登記と一致し、開示されていない潜在的な株式を引き受ける権利等が存在しないこと
② 発行会社の貸借対照表や損益計算書等の計算書類の数値が適正なものであり、計算書類に記載されていない債権債務が存在しないこと
③ 発行会社に対する訴訟等が係属していないこと
④ 発行会社の資産に対する差押え等がなされていないこと
⑤ 発行会社が事業に必要な重要な資産を所有しまたは正当な権限により使用することが可能であること
⑥ 発行会社が事業に必要な知的財産権または知的財産権を使用する権利を保有しており、第三者の知的財産権を侵害していないこと

(1) 未払賃金の不存在

発行会社は、過去○年間または現在における発行会社の取締役または従業員に対する報酬等または給与（時間外、休日または深夜の割増賃金を含む）、その他取締役または従業員に対して支払うべき金銭等の支払義務をすべて適時に履行しており、それらの未払は存在しない。

(2) 公租公課

発行会社は、本契約締結日以前に納期限が到来した一切の公租公課につき適法かつ適正な届出および申告を行っており、その支払をすべて支払期限までに完了しており、一切滞納は存しない。

この表明保証は、日本法上の概念ではなく、英米法の「Representations and Warranties」という概念に由来するものである。そのため、その法的性質についてはさまざまな議論がなされてきたが、現在の実務的には、民法上

の債務不履行責任や契約不適合責任（瑕疵担保責任）ではなく、表明保証した事実と真実が異なっていたことによって発生した損害を担保することを目的として当事者間で特別に合意した損害担保特約、すなわち、表明保証違反があった場合には、過失や帰責性の有無にかかわらず、生じた損害を担保することを約する特約であると解釈されており、これは、2020年４月１日の民法改正後においても特に変わりはないと考える。

そのため、表明保証違反が争われた場合に、民法上の契約不適合責任も併存し、契約条項に基づく責任追及の他に民法の規定に基づく責任追及も許されるという解釈がなされないといい切ることはできない。したがって、表明保証を行う者としては、契約上、救済方法として契約不適合責任の主張は認められない旨を明示しておくことが望ましい。

また、表明保証違反の場合に、動機の錯誤があったとして、契約の締結について取消しの主張ができるかという問題も存在する。この点については、表明保証の真実性はあくまで補償責任や取引実行前の契約解除に関係するにすぎず、錯誤取消しは認められないものと考えられるが、表明保証を行う者としては、契約上、救済方法として錯誤取消しの主張は認められない旨を明示しておくことが望ましい。

2　表明保証の機能

一般に、表明保証にはデュー・ディリジェンスを補完する機能があるといわれている。

上記①Ⅲで述べたとおりデュー・ディリジェンスは発行会社が任意に開示した資料および情報に基づき行われるものであるため、その実効性および正確性は発行会社の事務処理能力や誠実さに左右されうる。また、発行会社が資金調達を行うべき時期との関係で、デュー・ディリジェンスのための十分な期間をとれない場合も多いほか、弁護士、会計士等の専門家を起用してデュー・ディリジェンスを行う場合には、当該専門家に対する報酬を支払う必要があるが、徹底した調査を行うことで、かかる報酬が予算を超過する可能性もある。

そこで、発行会社および経営株主に一定の事項について表明保証してもらうことで、投資家は、発行会社および経営株主が当該事項が真実かつ正確であることを認めているという事実を客観的に明らかにし、万が一当該表明保証が真実でなくまたは不正確であった場合に、投資前であれば発行会社に対する投資を中止し、投資後であれば発行会社および経営株主の責任を追及する手段を確保することで、当該事項に関する調査を簡略化しうる。

また、投資家と経営株主との間で表明保証の内容を確認する過程において、デュー・ディリジェンスで明らかとならなかった問題が発覚することも少なくない。

このように、発行会社および投資家の表明保証を定めることで、投資家は、デュー・ディリジェンスの簡略化を検討しうるとともに、契約交渉段階で、改めて経営株主の認識を確認しうる。

そのほか、表明保証には、ある事実の存否が明らかではない場合に、その事実が存在することのリスクを経営株主と投資家のいずれが負担するかを画するというリスク分配機能もあるといわれている（ただし、役職員がそれほど多くないベンチャー企業の場合、経営株主が会社全体の状況を詳細に把握していることも多いであろう）。

ベンチャー企業への投資の場合、とくにマイノリティ出資をするにとどまる場合には、デュー・ディリジェンス自体が省略される場合もある。このような選択がされる理由には、デュー・ディリジェンス実施にかかるコストや、投資の迅速性を優先したいという事情などがありうるが、その場合には、投資家にとって表明保証の重要性が増すことになる。

V　発行会社または経営株主が投資契約等に違反した場合の効果

発行会社または経営株主が投資契約等に定められた義務または表明保証に違反した場合の効果としては、投資家が、発行会社もしくは経営株主（またはその両方）に対して、①損害賠償、または、②契約の解除もしくは株式の買取りを請求できる旨を定めることが通常である。また、投資契約等においては、投資家による投資の実行までに発行会社または経営株主の義務違反または表明保証違反が発生（判明）していないことが、投資実行の前提条件として定められることが一般的である。

もっとも、実際に投資家が表明保証違反を理由として発行会社または経営株主に対する責任追及を行う場合、そのための負担は相当なものとなる。また、発行会社および経営株主が投資家の損害を賠償するに足りるだけの資力を有していないことも多い。さらに、発行会社が投資家に対して損害賠償を行うことは、投資家が保有する発行会社株式の価値の低下につながる。そのため、発行会社または経営株主に対する事後的な責任追及では、投資家の損害を完全に回復することは難しい場合が多い。したがって、投資家としては、事後的な救済に過度に期待するべきではなく、事前のデュー・ディリジェンスを時間と予算の許す限り入念に行うことが望ましい。また投資契約等においても、単に発行会社および経営株主の表明保証を厳しく定めればよいというものではなく、表明保証事項の一つ一つについて経営株主の認識を丁寧に確認することが望ましい。

他方、発行会社および経営株主としては、投資家から表明保証違反を理由として出資を拒否されることや後に責任追及されることを避けるために、表明保証事項の内容を十分に確認し、実態に沿うように交渉し、また、違反している事項等があらかじめ判明している場合には、個別に例外として認めてもらうように交渉することが望ましい。そのほか、表明保証事項について「重要な点について」や「経営株主の知る限り」などの限定を付すことを要求し、些細な違反や、その当時認識していなかった違反により、表明保証違反を主張されるリスクを軽減することも考えられる。

なお、発行会社または経営株主が投資契約等に違反した場合の解除は、投資家による投資の実行前に限り認められることが通常であり、投資実行後には、発行会社または経営株主による契約違反の効果として、発行会社・経営株主が投資家の株式を買い取る義務を定めることによって、投資家の投資回収の機会を与えることが多い。

本書の文例では、投資契約等に違反した場合の効果について、**図表4-2-2**のように規定している。

図表4-2-2

効果	条項
損害賠償請求	下記[3]Ⅱ投資契約6.1条（p.116）、下記[4]Ⅱ株主間契約6.1条（p.171）。
株式買取請求	下記[4]Ⅱ株主間契約6.2条（p.171）。なお、投資契約違反と株主間契約違反の両方が発動事由となっている。
投資契約の解除	下記[3]Ⅱ投資契約7.1条（p.117）。ただし、発行会社の株主になる前に限る。なお、投資契約の解除が行われた場合、当該投資家との関係で株主間契約の効力は生じない（下記[4]Ⅱ株主間契約1.1条（p.144））。

株主間契約の解除	特に解除条項は設けていない。ただし、株式買取請求権が行使され（下記4Ⅱ株主間契約6.2条（p.171））、発行会社の株主ではなくなった投資家に関しては、株主間契約はその者との関係で終了する（下記4Ⅱ株主間契約7.1条2項（p.178））。

Ⅵ 投資契約と株主間契約を別々に締結すべきか

投資契約と株主間契約は必ずしも別々に締結する必要はない。たとえば、発行会社がはじめて外部の投資家から資金調達を行う場合において、すべての投資家が同条件で発行会社の株式を取得するのであれば、投資契約と株主間契約を分けて締結するのではなく、すべての必要事項を単一の契約で定めた方が手続を簡略化できる可能性もある。

もっとも、先行する投資ラウンドで投資契約のみを締結し、当該投資契約において投資実行後の事項を定めた場合には、その後の投資ラウンドにおいて株主間契約を締結する際に、従前締結された投資契約の内容と新規に締結する株主間契約の内容が抵触する可能性がある。そのため、そのような場合には、新規に締結する株主間契約においてその内容と抵触する従前の合意が失効する旨を定める、従前の契約を合意解除するなど、契約相互間の矛盾抵触を解消するための措置を講じる必要がある。

また、上記のように契約内容の矛盾抵触が生じる可能性があることから、近い将来に追加の資金調達を行うことが予定されているのであれば、最初から投資契約と株主間契約を分けて締結した方が簡便な場合が多いと思われる。

図表4－2－3 契約状況の変遷の例

投資ラウンド	投資家	出資時の投資条件	出資後の権利義務関係
ラウンドA	投資家A	共通の投資契約	
	投資家B		
ラウンドB	投資家A	投資契約	共通の株主間契約（これと抵触する従前の合意は失効させる）
	投資家B	投資契約	
	投資家C	投資契約	
	投資家D	投資契約	

3　ベンチャー投資における投資契約

Ⅰ　投資契約の意義

ベンチャー投資が行われる多くの場合においては、投資契約が締結される。本来、法律の規定のみからすれば、株式を発行して資金調達を行う場合には、会社法や金商法等の法律に定められた手続を実行すれば足り、それとは別に投資契約を締結する必要はないはずである。しかし、上記2Ⅱで述べたように、当事者間における利害の調整を法律に規定されているよりもよりきめ細やかに行うために、一般的には投資契約が締結されることになる。

投資家は、投資した会社が資金を利用してさらに成長することを期待しているのであり、投資家にとっては、ベンチャー企業が投資された資金を事業のために（真面目に）使ってくれるか、無駄なく効率的に使ってくれるのかは最大の関心事である。また、投資が成功した場合も失敗した場合においても、その資金をどのように回収するか、また、そもそも資金を回収することが可能であるのかについて定めておかなければならない。

このように、投資した資金が、投資家の期待するように使用され、最終的に投資家の手元に戻ってくることを確保することが、投資契約を締結する主たる目的といえる。

Ⅱ　投資契約の具体例およびその解説

投資契約といっても、実際に投資契約を見たことがなければ、その内容について具体的なイメージをつかむことが難しいと思われるため、以下では、投資契約書の一例について全体像を示したうえで、各条項について趣旨・目的を解説する。

※各条項の冒頭に記載されているページ数は、その条項に対応する解説のページ数である。各条項の詳細を確認される際にご参照いただきたい。以下の契約条項は、あくまで契約書のイメージをつかんでいただき、本書の解説を参照する際のリファレンスとして活用していただく目的で掲げるものであり、実際の事案においては本書に記載された解説も踏まえて最適な契約条項を検討する必要がある点には十分にご留意いただきたい。

投資契約

前文【p.106】

別紙1記載の経営株主（以下個別にまたは総称して「**経営株主**」という）、投資家（以下個別にまたは総称して「**投資家**」という）および発行会社（以下「**発行会社**」という）は、投資家の発行会社への投資に関し、【--】年【--】月【--】日（以下「**本契約締結日**」という）、以下のとおり投資契約（以下「**本契約**」という）を締結する。

第1章　総則

第1.1条（目的）【p.106】

本契約は、投資家による発行会社の株式の取得を通じて、発行会社の事業の拡大発展を期し、もって発行会社の株式上場の早期実現を目指すことを目的とする。

第2章　株式の発行

第2.1条（株式の発行および割当て）【p.106】

発行会社は、本契約の規定に従い、法律、政令、省令または府令、通達、規則、命令、条例、行政指導、金融商品取引所の規則およびその他の法規範（以下「**法令等**」という）により必要とされるすべての手続を実践したうえで、以下の要項（以下「**本要項**」という）で、**別紙2.1**記載の内容の【A種優先】株式の発行を行い、そのうち本要項(6)に記載される数の【A種優先】株式を投資家に対し割り当て、投資家はこれを引き受ける（以下「**本投資**」といい、かかる割り当てられ、引き受けられる【A種優先】株式を「**本株式**」という）。

(1)　募集株式の種類および数　【A種優先】株式　【--】株
(2)　募集株式の払込金額　1株につき　【--】円
(3)　払込金額の総額　金【--】円
(4)　増加する資本金　金【--】円
(5)　増加する資本準備金　金【--】円
(6)　募集方法　第三者割当ての方法により、以下のとおり割り当てる。
・【--】株式会社：【--】株
・【--】株式会社：【--】株

(7)　払込期日	【--】年【--】月【--】日
(8)　払込口座	銀行名　：【--】 店名　　：【--】 預金種目：【--】 口座番号：【--】 口座名　：【--】

第2.2条（クロージング）【p.108】

本投資の実行（以下「**本クロージング**」という）は、投資家が、本契約の規定に従い、本要項(7)に記載の日または別途当事者が合意する日（以下「**本払込期日**」という）に、各投資家が割当てを受ける株式数に1株あたりの払込金額を乗じた金額を、本要項(8)に定める口座にそれぞれ払込み（以下「**本株式払込み**」という）、発行会社が当該投資家に対し本株式を発行することにより行う（以下「**本株式発行**」という）。なお、払込みに要する費用は、投資家の負担とする。

第2.3条（追加クロージング）【p.109】

1．発行会社は、以下の各号に定める条件にしたがう場合に限って、投資家の承諾を得ることなく、追加的に、第三者または当該時点の投資家（以下個別にまたは総称して「**追加投資家**」という）に対して、本払込期日および引受株式数を除き本契約に定める条件と同一条件で、本契約に定める手続にしたがって、第三者割当ての方法により、【A種優先】株式を割り当て、これを引き受けさせることができる。
(1)　発　行　期　限：【--】年【--】月【--】日
(2)　最大追加発行数：【--】株

2．前項に定める追加的な【A種優先】株式の割当ておよび引受けは、発行会社が当該追加投資家に本契約に参加する旨の合意書への署名または記名押印を同時に行わせることを条件とする。当該追加投資家は、かかる署名または記名押印を行った日付で新たに「投資家」として本契約の当事者に追加される。追加投資家との関係では、本契約は当該追加投資家が上記署名または記名押印を行った日付で効力を生じるものとし、当該日付以降、追加投資家を含めた各当事者が相互にすべての他の当事者に対し本契約に基づく自らの権利および義務を保持することになるものとする。また、追加投資家に関しては、文脈上別異に解すべき場合を除き、本契約における「本契約締結日」を「当該投資家が本契約の当事者に追加された日」に読み替え、その他適切な読み替えを行う。

第2.4条（資金使途）【p.111】

発行会社は、2.2条に基づき投資家により払い込まれた資金を、人件費、広告宣伝費、販売促進費等、1.1条に定める本契約の目的に沿ってのみ使用し、その他の目的のためには使用しない。

第2.5条（Exit）【p.111】

1．発行会社および経営株主は、【--】年【--】月期を申請基準決算期として、【--】年【--】月末日までに、国際的に認知された金融商品取引所（外国における取引所を含む。以下同じ）への発行会社の普通株式の上場（以下「**株式公開**」という）、発行会社の議決権の過半数に相当する株式の本契約当事者以外の第三者への譲渡、または合併等（以下「**Exit**」という）を実現すべく、合理的に最大限の努力をする。

2．経営株主および投資家は、Exit時において、株式公開に関する主幹事の金融商品取引業者から要請を受けた場合は、かかる要請に基づき、発行会社の株式を株式公開後一定期間売却しない旨を定めた確約書を締結することに同意する。条件の詳細については、別途主幹事証券会社との間で決定する。

第３章　前提条件

第3.1条（投資家による義務履行の前提条件）【p.108】

投資家は、本払込期日までに以下のすべての条件が充足されていることを前提条件として、2.2条の義務を履行する。なお、投資家は、その任意の裁量により、本条各号に掲げる条件の全部または一部を放棄することができる。ただし、投資家による当該放棄があっても、発行会社および経営株主は、当該条件が充足されなかったことに伴い生じる本契約上の義務および責任（表明保証が真実または正確でなかったことに基づく補償責任を含む）を免れない。

(1)　4.1条に定める発行会社による表明保証が、本契約締結日および本払込期日においてすべて真実かつ正確であること

(2)　4.2条に定める経営株主による表明保証が、本契約締結日および本払込期日においてすべて真実かつ正確であること

(3)　本払込期日以前に発行会社が本契約に基づき履行または遵守すべき義務がすべて履行または遵守されていること

(4)　本払込期日以前に経営株主が本契約に基づき履行または遵守すべき義務がすべて履行または遵守されていること

(5)　本契約締結日以降、本払込期日までに、発行会社または経営株主の財政状態に重大な悪影響を及ぼす事態が発生していないこと

(6)　発行会社、経営株主および投資家の間で、**別紙3.1**またはそれと同等の内容の株主間契約が締結されていること

第４章　表明保証

第4.1条（発行会社による表明保証）【p.112】

発行会社は、投資家に対し、本契約締結日および本払込期日において（ただし、個別の箇所において別途の定めがある場合は、当該日または期間において）、**別紙4.1.1**の各事項（ただし、**別紙4.1.2**に記載された事項を除く）が真実かつ正確であることを表明し、保証する。

第4.2条（経営株主による表明保証）【p.112】

経営株主は、投資家に対し、本契約締結日および本払込期日において（ただし、個別の箇所において別途の定めがある場合は、当該日または期間において）、**別紙4.2.1**の各事項（ただし、**別紙4.2.2**に記載された事項を除く）が真実かつ正確であることを表明し、保証する。

第５章　誓約事項

第5.1条（発行会社および経営株主の義務）【p.114】

１．本払込期日までの義務

発行会社および経営株主は、投資家に対し、本契約締結日から本払込期日までの間（ただし、個別の箇所において別途の定めがある場合は、当該時点または日までの間）、自らの責任と費用において、以下に定める事項を厳守することを誓約する。**【具体的な義務の内容については省略】**

２．本払込期日後の義務

発行会社および経営株主は、投資家に対し、本払込期日後（ただし、個別の箇所において別途の定めがある場合は当該定めにしたがう）、自らの責任と費用において、以下に定める事項を厳守することを誓約する。**【具体的な義務の内容については省略】**

第６章　救済措置

第6.1条（補償等）【p.116】

発行会社および経営株主は、次の各号の事由が発生し、当該事由に起因または関連して、投資家が損失、損害、責任、義務、費用および支出（偶発的なものか否かその他を問わない。また、第三者からの請求の結果として生じるものか否かを問わない。さらに、逸失利益および実際に支出した弁護士、会計士、税理士その他のアドバイザーの費用を含む。以下「**損害等**」という）を被ったときは、投資家に対し、かかる損害等を連帯して賠償または補償する。

(1)　4.1条または4.2条に基づく表明保証事項が真実または正確でなかったとき

(2)　本契約に基づき発行会社または経営株主が投資家に交付した書面または提供した情報が、正確または十分でなかったとき

(3)　発行会社または経営株主が本契約または本株主間契約に基づく義務に違反した場合

(4) 発行会社または経営株主が法令または定款に違反した場合

第７章 解除・終了

第7.1条（解除）【p.117】

1．投資家は、次の各号に掲げる事由のいずれかが生じたときは、発行会社に対して解除日を指定して書面により通知することにより、当該解除日をもって本契約を解除することができる。

(1) 発行会社または経営株主が本契約または本株主間契約に基づいて履行または遵守すべき義務に違反した場合であって、当該違反の治癒が不可能なときまたは催告後【14】日（当該【14】日の経過前に本株式払込みおよび本株式発行の日が到来する場合には、当該期日の前日）を経過しても当該違反が治癒されないとき

(2) 4.1条または4.2条に基づく表明保証事項が真実または正確でなかった場合

(3) 本株式払込みまたは本株式発行が【--】年【--】月【--】日（2.3条による追加投資家との関係では、当該追加投資家についての払込期日から【--】日が経過した日）までに実行されなかった場合（第３章に定める前提条件が成就しないことによる場合を含む。ただし、本株式払込みまたは本株式発行が実行されないことが投資家の責めに帰すべき事由による場合を除く）

(4) 発行会社または経営株主について、破産手続開始、再生手続開始その他これに類する法的倒産手続開始の申立てがなされた場合

(5) 発行会社または経営株主について、支払不能、支払停止、手形不渡もしくは銀行取引停止処分、または株式会社全銀電子債権ネットワークによる取引停止処分もしくは他の電子債権記録機関によるこれと同等の措置がなされた場合

2．本契約の解除は、本条にしたがってのみ行うことができるものとし、各当事者は、本条に基づく場合を除き、債務不履行責任、契約不適合責任、不法行為責任または法定責任その他法律構成の如何を問わず、その他の事由に基づいて本契約を解除することはできない。

3．前各項の規定にかかわらず、各当事者は、2.2条に基づく本株式払込みおよび本株式発行後は、理由の如何を問わず、本契約を解除することができない。

第7.2条（終了）【p.119】

1．本契約は、以下のいずれかの場合に限り終了する。なお、投資家の一部について(2)号ないし(4)号の事由が生じた場合には、当該事由の生じた投資家との関係においてのみ本契約が終了する。

(1) 本契約当事者の全員が書面により合意した場合

⑵　前条にしたがい本契約が解除された場合
⑶　投資家が本払込期日経過後に発行会社の株主とならなかった場合
⑷　投資家が発行会社の株式等（**別紙4.1.1**の定義にしたがう）を保有しなくなった場合
⑸　株式公開を行った場合。なお、発行会社が金融商品取引所に株式の上場申請を行った場合には、当該申請日以降、本契約に定める当事者の権利および義務は失効し、当該上場申請の不受理、取下げ、却下または上場承認取消等により株式公開が実行されなかった場合（当該上場申請に基づく株式公開が不可能であると合理的に判断される場合を含む）には、申請日に遡って、当事者の権利および義務は再び有効になる。発行会社は、当該上場申請を行った場合および株式公開が実行されないことが判明した場合には、直ちに投資家に対してその旨通知する。
２．本契約の終了は将来に向かってのみその効力を生じ、本契約終了前に本契約に基づき発生した権利および義務は本契約の終了による影響を受けない。
３．本条に基づき本契約が終了した場合であっても、第６章（救済措置）、本条（終了）および第８章（一般条項）の規定は、なお有効に存続する。ただし、個別の箇所において別途の定めがある場合は、その定めにしたがう。

第８章　一般条項

第8.1条（秘密保持）【p.120】

１．各当事者は、(i)本契約の存在および内容、(ii)本契約に関連する協議および交渉の経緯および内容、ならびに(iii)本投資に関連して知得した他の当事者の秘密に属する情報（以下総称して「**秘密情報**」という）について、厳にその秘密を保持し、これを第三者に開示、漏洩または示唆してはならず、本契約に基づく権利の行使もしくは義務の履行または本払込期日後の投資家、発行会社の事業の運営の目的においてのみこれを使用する（以下秘密情報を開示する当事者を「**開示当事者**」、秘密情報の開示を受ける当事者を「**受領当事者**」という）。ただし、本契約または本株主間契約で第三者への開示または公表が予定されているとき、または、次の各号に定める場合において、かかる必要、要求または承諾の限度において開示または公表するときは、この限りではない。**【注：開示が許容される者についての各号の記載は省略】**
２．前項の規定は、次の各号に定める情報には適用しない。
⑴　受領当事者が開示当事者から受領する前に自ら適法に保有していた情報
⑵　受領当事者が開示当事者から受領した時点ですでに公知となっていた情報
⑶　受領当事者が開示当事者から受領した後、自らの責めによらずに公知となった情報
⑷　受領当事者が正当な権利を有する第三者から秘密保持義務を負うことなく適法に入手した情報

(5) 受領当事者が開示当事者の情報によらずに自ら開発した情報
3．本条に基づく秘密保持義務は、本契約締結日から本契約終了後【３】年を経過するまで有効とする。

第8.2条（公表）【p.121】

各当事者は、本契約の交渉過程、締結の事実および内容について、対外的な公表を行う場合には、別途協議・合意の上、公表の時期、方法および内容等を決定し、かかる合意に従い行う。ただし、法令または金融商品取引所の規則等に基づき公表が義務付けられる場合において、合理的な範囲で公表を行う場合はこの限りでないが、その場合であっても、合理的に可能な限り、事前に他の当事者に通知し、当事者間で公表の内容等について協議する。

第8.3条（救済方法の限定）【p.122】

本契約のいずれかの当事者が本契約に基づく義務に違反した場合または当該当事者の表明保証に違反があった場合、本契約の他の当事者が有する権利は、第６章に定める救済措置および7.1条に定める本契約の解除に限られる。これらの権利を除き、本契約の各当事者は、債務不履行、契約不適合責任、不法行為、錯誤その他法律構成の如何を問わず、本契約に関連して他の当事者に対して損害賠償等の請求または本契約の解除その他の権利を行使することはできない。ただし、本契約に定める義務の履行請求は妨げられない。

第8.4条（費用負担）【p.122】

本契約において別段の定めがある場合を除き、本契約の締結および履行に係る費用（弁護士、公認会計士、フィナンシャル・アドバイザーその他の専門家に係る費用を含むがこれらに限られない）については、各自の負担とする。

第8.5条（準拠法）【p.123】

本契約の準拠法は日本法とし、日本法にしたがって解釈される。

第8.6条（管轄）【p.123】

本契約に起因してまたは関連して生じた一切の紛争は、東京地方裁判所を第一審の専属的合意管轄裁判所とする。

第8.7条（本契約の変更）【p.123】

本契約の変更は、経営株主、発行会社および投資家の書面による合意によってのみ行うことができる。

第8.8条（分離可能性）【p.123】

本契約のいずれかの条項が何らかの理由により無効または執行不能である場

合であっても、本契約の他の条項が無効または執行不能となるものではない。また、裁判所において本契約のある規定が無効または執行不能とされた場合には、当該規定は、有効かつ執行可能となるために必要な限度において限定的に解釈される。

第8.9条（通知）【p.124】

本契約に基づくまたは関連する一切の通知は、本契約に別段の規定がない限り、すべて書面によるものとし、以下の通知先（ただし、各当事者は相手方当事者に対して通知することにより、自らの通知先を変更することができる）に、直接持参して交付されるか、または、郵便、ファクシミリもしくは電子メールのいずれかの方法によって送付される。なお、本条に基づく通知は、書面が各名宛人に到達した日（ただし、到達日が営業日でない場合には直後の営業日）にその効力を生じる。

第8.10条（譲渡）【p.124】

本契約において別段の定めがある場合を除き、各当事者は、本契約上の権利または本契約上の地位の全部または一部を、相手方当事者の書面による事前の同意なしに、第三者に譲渡、移転、担保権の設定その他の方法により処分してはならない。

第8.11条（完全合意）【p.125】

本契約は、本契約の主題事項に関する当事者間の完全な合意を構成するものであり、書面によるか口頭によるかを問わず、かかる主題事項に関する当事者間または当事者のうち一部の者の間で本契約締結前になされたすべての合意および了解はすべて失効する。

第8.12条（誠実協議）【p.125】

各当事者は、本契約に定めのない事項、または本契約に定める事項もしくは今後合意される事項に関する疑義については、誠意をもって協議の上、これを解決する。

別紙1　本契約の当事者
【省略】

別紙2.1　A種優先株式
【省略】

別紙3.1　株主間契約
【省略】

別紙4.1.1　発行会社による表明保証
【省略】

別紙4.1.2　発行会社による表明保証の除外事項
【省略】

別紙4.2.1　経営株主による表明保証
【省略】

別紙4.2.2　発行会社による表明保証の除外事項
【省略】

前文

<u>**別紙1**</u>記載の経営株主（以下個別にまたは総称して「**経営株主**」という）、投資家（以下個別にまたは総称して「**投資家**」という）および発行会社（以下「**発行会社**」という）は、投資家の発行会社への投資に関し、【--】年【--】月【--】日（以下「**本契約締結日**」という）、以下のとおり投資契約（以下「**本契約**」という）を締結する。

第1章　総則

第1.1条（目的）

本契約は、投資家による発行会社の株式の取得を通じて、発行会社の事業の拡大発展を期し、もって発行会社の株式上場の早期実現を目指すことを目的とする。

前文および目的においては、本投資契約の趣旨を記載することになる。

前文においては、「投資家（以下個別にまたは総称して「投資家」という）」と規定し、複数の投資家が契約当事者となることも可能としている。

1.1条では、「株式上場の早期実現」という目的を記載しているが、株式上場以外のエグジットを目標とすることも目的規定の定め方として考えられる。

1.1条では、発行会社のみならず、経営株主も投資契約の主体に含めている。各当事者の位置づけについては、上記2Ⅲを参照されたい。

なお、この文例では、投資家、発行会社および経営株主を別紙に記載するものとしているが、当事者が少数である場合には、前文において具体的な当事者名を記載した方がわかりやすい場合もありうる。

第2章　株式の発行

第2.1条（株式の発行および割当て）

発行会社は、本契約の規定に従い、法律、政令、省令または府令、通達、規則、命令、条例、行政指導、金融商品取引所の規則およびその他の法規範（以下「**法令等**」という）により必要とされるすべての手続を実践したうえで、以下の要項（以下「**本要項**」という）で、<u>**別紙2.1**</u>記載の内容の【A種優先】株式の発行を行い、そのうち本要項(6)に記載される数の【A種優先】株式を投資家に対し割り当て、投資家はこれを引き受ける（以下「**本投資**」といい、かかる割り当てられ、引き受けられる【A種優先】株式を「**本株式**」という）。

(1)	募集株式の種類および数	【A種優先】株式　【--】株
(2)	募集株式の払込金額	1株につき　【--】円
(3)	払込金額の総額	金【--】円
(4)	増加する資本金	金【--】円
(5)	増加する資本準備金	金【--】円
(6)	募集方法	第三者割当ての方法により、以下のとおり割り当てる。 ・【--】株式会社：【--】株 ・【--】株式会社：【--】株
(7)	払込期日	【--】年【--】月【--】日
(8)	払込口座	銀行名　：【--】 店名　　：【--】 預金種目：【--】 口座番号：【--】 口座名　：【--】

本条では、募集株式の発行に関する会社法199条1項各号の要件を記載しつつ、投資家が出資によりどのような株式を取得するかという、発行会社と投資家の基本的な関係を規定している。

本条では、「募集株式の種類および数」の欄において、A種優先株式を引き受けることを想定した記載をしているが、普通株式またはA種優先株式以外のその他の種類の株式を対象とすることも可能である。また、A種優先株式の具体的な内容については、別紙2.1で別途規定することが想定されている（A種優先株式として一般的に想定される内容の例としては、**第3章4**の種類株式に関する記載を参照されたい)。

本条の要項欄では、1株あたりの払込金額や出資全体のうち、投資家が募集株式である優先株式を何株引き受けるか、また、払込みをいつまでに行うかなどの事項を規定している。

要項(6)では、各投資家が引き受ける募集株式数が記載される。複数の投資家が1つの投資契約の当事者となる場合には、当然、契約当事者である投資家それぞれが引き受ける募集株式数が記載される。また、同時に複数の投資家による発行会社に対する投資が行われるが、投資家がそれぞれ別個に投資契約を締結する場合であっても、投資家にとっては、自らと同時に投資する株主がどのような者（会社）で、何株引き受けるのかをあらかじめ知るニーズもある。したがって、要項(6)では、自らと同時に投資する投資家の氏名（名称）およびその投資家が何株募集株式を引き受けるのかについても規定する様式としている。

第2.2条（クロージング）

本投資の実行（以下「**本クロージング**」という）は、投資家が、本契約の規定に従い、本要項(7)に記載の日または別途当事者が合意する日（以下「**本払込期日**」という）に、各投資家が割当てを受ける株式数に1株あたりの払込金額を乗じた金額を、本要項(8)に定める口座にそれぞれ払込み（以下「**本株式払込み**」という）、発行会社が当該投資家に対し本株式を発行することにより行う（以下「**本株式発行**」という）。なお、払込みに要する費用は、投資家の負担とする。

投資家は、払込期日に、割当てを受ける株式数に1株あたりの払込金額を乗じた金額を発行会社に対して払込むことで、発行会社の株主としての地位を有することとなる（会209条1項1号）。

第3章　前提条件

第3.1条（投資家による義務履行の前提条件）

投資家は、本払込期日までに以下のすべての条件が充足されていることを前提条件として、2.2条の義務を履行する。なお、投資家は、その任意の裁量により、本条各号に掲げる条件の全部または一部を放棄することができる。ただし、投資家による当該放棄があっても、発行会社および経営株主は、当該条件が充足されなかったことに伴い生じる本契約上の義務および責任（表明保証が真実または正確でなかったことに基づく補償責任を含む）を免れない。

(1)　4.1条に定める発行会社による表明保証が、本契約締結日および本払込期日においてすべて真実かつ正確であること

(2)　4.2条に定める経営株主による表明保証が、本契約締結日および本払込期日においてすべて真実かつ正確であること

(3)　本払込期日以前に発行会社が本契約に基づき履行または遵守すべき義務がすべて履行または遵守されていること

(4)　本払込期日以前に経営株主が本契約に基づき履行または遵守すべき義務がすべて履行または遵守されていること

(5)　本契約締結日以降、本払込期日までに、発行会社または経営株主の財政状態に重大な悪影響を及ぼす事態が発生していないこと

> ⑹ 発行会社、経営株主および投資家の間で、別紙3.1またはそれと同等の内容の株主間契約が締結されていること

2.2条および3.1条では、投資家による投資のクロージング（出資手続の完了を意味する）がどのように行われるのか、また、クロージングの前提条件を規定している。

クロージングの前提条件とは、投資家が投資契約を締結し、出資対象の株式について払込期日が来て株式の払込金額の払込み（出資）を行う際に満たされていなければいけない条件のことを意味し、前提条件が満たされていない場合には、投資家は出資をする義務を負わないこととなる。

投資家が出資をする義務を負うための前提条件としては、発行会社または経営株主の表明保証（上記2Ⅳおよび下記4.1条（p.112）の解説を参照）が投資契約の締結時点だけではなく出資を行う時点においても真実かつ正確であること（1号および2号）、また、発行会社の財産状態等が投資契約締結後に悪化していれば、価値が毀損している発行会社に対して出資を行う理由はないと考えられるため、その場合には出資を行わなくてよいことにするための条項（5号）が規定されていることが多い。この「重大な悪影響を及ぼす事態が発生していないこと」という表現は、英文契約書の表明保証条項等にみられるMaterial Adverse Changeに関する条項（MAC条項と呼ばれる）に由来しており、現在では、日本における契約書においても、しばしば用いられている。何が「重大な悪影響」に該当するかについて、明確な定義を置くことは困難であることが多いものの、解釈が問題となることもあるため、重大な悪影響を及ぼす事態を例示するなどして、一定の具体性を持たせておくことが考えられる。

上記の前提条件に加え、本書の文例では、発行会社、経営株主および投資家の間で株主間契約が締結されていることも、投資家が出資を行うための前提条件に加えている（6号）。なお、株主間契約の詳細については、下記4の内容を参照されたい。

> **第2.3条（追加クロージング）**
> 1．発行会社は、以下の各号に定める条件にしたがう場合に限って、投資家の承諾を得ることなく、追加的に、第三者または当該時点の投資家（以下個別

にまたは総称して「**追加投資家**」という）に対して、本払込期日および引受株式数を除き本契約に定める条件と同一条件で、本契約に定める手続にしたがって、第三者割当ての方法により、【A種優先】株式を割り当て、これを引き受けさせることができる。

(1)　発　行　期　限：【--】年【--】月【--】日

(2)　最大追加発行数：【--】株

2．前項に定める追加的な【A種優先】株式の割当ておよび引受けは、発行会社が当該追加投資家に本契約に参加する旨の合意書への署名または記名押印を同時に行わせることを条件とする。当該追加投資家は、かかる署名または記名押印を行った日付で新たに「投資家」として本契約の当事者に追加される。追加投資家との関係では、本契約は当該追加投資家が上記署名または記名押印を行った日付で効力を生じるものとし、当該日付以降、追加投資家を含めた各当事者が相互にすべての他の当事者に対し本契約に基づく自らの権利および義務を保持することになるものとする。また、追加投資家に関しては、文脈上別異に解すべき場合を除き、本契約における「本契約締結日」を「当該投資家が本契約の当事者に追加された日」に読み替え、その他適切な読み替えを行う。

本条では、投資家の追加クロージングについて規定をしている。このような条項を「追加クロージング条項」ということがある。

本来的には、同じ権利内容の株式を取得する投資家は同じ時点でクロージングを行うべきであるが、現実には、投資家の内部において必要な手続が終了せず、投資契約の締結または予定されている払込期日における払込みに間に合わないという事態や、発行会社が追加で資金を調達することを希望しており、また、当初参加した投資家の顔ぶれをみて追加で発行会社に対して投資を行うことを希望する投資家が現れる場合もある。

このような場合に備えて、それほど頻度が高いわけではないが、投資契約を締結して投資を実行する投資家が、同一のラウンドにおいて新規の投資家が現れ、同一の条件で発行会社に対して投資をする機会を得るという不利益を一定限度までは甘受しつつ、その不利益の程度を画するために、期限と株式の最大追加発行数を規定したうえで、追加クロージングを許容する旨の規定を設けることもある。

第2.4条（資金使途）

発行会社は、2.2条に基づき投資家により払い込まれた資金を、人件費、広告宣伝費、販売促進費等、1.1条に定める本契約の目的に沿ってのみ使用し、その他の目的のためには使用しない。

本条では、投資家が取得する株式の対価として発行会社に対して払い込んだ資金の使途について規定している。

このような規定を置かれることは一般的であり、発行会社がこれに違反して払い込まれた金銭を使用した場合には、発行会社または経営株主の契約違反として、投資家による損害賠償請求権や株式買取請求権の発動事由となるよう規定する場合もある（下記6.1条（p.116)の解説参照)。もっとも、発行会社が払い込まれた資金を、規定された使途以外の目的に使用したということは、実際には立証が難しいことも多い。

なお、本書の文例においては、払い込まれた金銭の使途について広めに記載をしているが、投資家の観点からは、使途をより狭く規定し、特定の製品の開発費用や特定のシステムの開発費用等に限定することも考えられる。他方で、発行会社としては、出資を受けた資金の使途に関する契約違反とならず、また、発行会社を取り巻く状況の変化に即応できるよう、想定される資金の使途についてはできる限り広く記載しておくことが望ましい。

第2.5条（Exit)

1．発行会社および経営株主は、【--】年【--】月期を申請基準決算期として、【--】年【--】月末日までに、国際的に認知された金融商品取引所（外国における取引所を含む。以下同じ）への発行会社の普通株式の上場（以下「**株式公開**」という)、発行会社の議決権の過半数に相当する株式の本契約当事者以外の第三者への譲渡、または合併等（以下「**Exit**」という）を実現すべく、合理的に最大限の努力をする。

2．経営株主および投資家は、Exit時において、株式公開に関する主幹事の金融商品取引業者から要請を受けた場合は、かかる要請に基づき、発行会社の株式を株式公開後一定期間売却しない旨を定めた確約書を締結することに同意する。条件の詳細については、別途主幹事証券会社との間で決定する。

本条では、発行会社および経営株主が、一定の時期までに、発行会社の普通株式を上場させるか、または、株式譲渡や合併等によるM&Aの方法により、投資家に対してその投下資本の回収の機会を確保させるようにするという努力義務を規定している。

ベンチャー企業に対して投資をする投資家、特に、ベンチャーキャピタルについては、ファンドの存続期間内に、投資をした株式を売却等することにより得ることができるキャピタルゲインを確保することを目標としている。そして、ベンチャーキャピタルの場合、ファンドの存続期間が満了してしまうと、仮に投資されている会社の状態が良好で数年後には株式の上場が見込まれる場合であっても、その時点で株式を処分しなければいけない場合もある。このような投資家側の事情もあるため、一定期間における上場やM&Aを行う努力義務が投資契約に規定されている場合がある。

本書の文例では、発行会社および経営株主が本条に規定する株式上場やM&Aの努力義務に違反した場合、下記6.1条３号（p.116）に基づき、投資家に対して補償等を行う必要が生じうる。もっとも、実際に、努力義務を怠ったことの立証は困難な場合も多いと思われる。

本条２項は、任意ロックアップへの協力義務を規定している（**第８章②Ⅲ１**参照）。

なお、本条１項は発行会社および経営株主の義務として上場努力義務を規定しているが、投資家の義務として上場協力義務が規定される場合もある。上場協力義務の法的効力については関連する裁判例（東京地判平成25・２・15判タ1412号228頁）が存在しており、この裁判例については、下記**Ⅲ１**にて解説する。

第４章　表明保証

第4.1条（発行会社による表明保証）

発行会社は、投資家に対し、本契約締結日および本払込期日において（ただし、個別の箇所において別途の定めがある場合は、当該日または期間において）、**別紙4.1.1**の各事項（ただし、**別紙4.1.2**に記載された事項を除く）が真実かつ正確であることを表明し、保証する。

第4.2条（経営株主による表明保証）

経営株主は、投資家に対し、本契約締結日および本払込期日において（ただし、個別の箇所において別途の定めがある場合は、当該日または期間において）、**別紙4.2.1**の各事項（ただし、**別紙4.2.2**に記載された事項を除く）が真実かつ正確であることを表明し、保証する。

本条では、発行会社および経営株主による表明保証について規定している。表明保証の意義や機能、法的性質、および表明保証違反の効果等については、上記②Ⅳを参照されたい。

別紙4.1.1や別紙4.2.1で規定される具体的な表明保証事項の規定内容については、引用を行うとかなりの紙幅を割くため割愛しているが、投資契約において重要となる発行会社についての表明保証事項としては、たとえば以下の事項があげられる。

① 発行済株式数が登記と一致し、開示されていない潜在的な株式を引き受ける権利等が存在しないこと
② 発行会社の貸借対照表や損益計算書等の計算書類の数値が適正なものであり、計算書類に記載されていない債権債務が存在しないこと
③ 発行会社に対する訴訟等が係属していないこと
④ 発行会社の資産に対する差押え等がなされていないこと
⑤ 発行会社が事業に必要な重要な資産を所有しまたは正当な権限により使用することが可能であること
⑥ 発行会社が事業に必要な知的財産権または知的財産権を使用する権利を保有しており、第三者の知的財産権を侵害していないこと

表明保証の対象となる事項については、投資家がひな形を保有しており、発行会社および経営株主は、そのひな形に記載された広汎な事項についてすべて表明保証することを要求される場合も多い。しかし、経営株主にとっては、一読してよくわからないものや細かい事項まで表明保証の対象として規定されているという印象を受けることも多いと思われる。また、実際には投資家が要求するすべての事項について表明保証をすることはできない場合もある。そのため、発行会社および経営株主は、投資家から些細な事項に関して表明保証違反を主張され出資を拒否されることや後に表明保証違反を主張されることを避けるために、表明保証事項の内容を十分に確認し、実態に沿うように、また、違反している事項等があれば個別に例外として認めてもらうように交渉することが望ましい（本書の文例でも、表明保証事項に例外を設け、例外事項は別紙4.1.2および別紙4.2.2に記載することとしている）。さらに、経営株主としては、表明保証事項について「重要な点について」や「経営株主の知る限り」などの限定を付すことを要求し、表明保証違反を主張されることによるリスクを軽減することも考えられる。

一方、本書の文例においては規定を設けていないが、投資家についても、

たとえば以下のような基本的事項に関する表明保証を行わせる場合もある。

① 会社が適法に設立され有効に存続していること
② 投資契約の締結および履行に必要な内部手続をすべて適式に完了していること
③ 投資契約の締結が投資家に適用のある法令や他の第三者との契約の違反事由とならないこと
④ 投資家が投資を実行するために十分な資力を有していること

第5章　誓約事項

第5.1条（発行会社および経営株主の義務）

1．本払込期日までの義務

発行会社および経営株主は、投資家に対し、本契約締結日から本払込期日までの間（ただし、個別の箇所において別途の定めがある場合は、当該時点または日までの間）、自らの責任と費用において、以下に定める事項を厳守することを誓約する。

本条では、発行会社および経営株主が、投資契約の締結日から払込期日までの間、遵守しなければいけない事項を規定している。

かかる条項は、投資契約の締結日から実際の払込期日までの間に、発行会社においてずさんな運営が行われると、発行会社により重要な資産の処分が行われたり、新たな株式の発行が行われるなどの可能性があり、このような場合には、発行会社の株式の価値が投資契約の締結時に見込んでいた価値から変動してしまうため、そうした行為を防止する趣旨で設けられる。

発行会社および経営株主が遵守すべき事項としては、たとえば、以下の事項があげられる。

① 投資契約の実行のために必要な手続（取締役会や株主総会での決議を含む）を履践させること
② 前提条件として規定された条件の充足およびクロージングのための協力を行うこと
③ 発行会社を通常の状態で運営し、重要な決定や重要な財産の処分を行わないこと
④ 表明保証をした事項について真実でないことが判明しまたはそのおそれがある場合に通知すること

> 2．本払込期日後の義務
> 発行会社および経営株主は、投資家に対し、本払込期日後（ただし、個別の箇所において別途の定めがある場合は当該定めにしたがう)、自らの責任と費用において、以下に定める事項を厳守することを誓約する。

本条では、発行会社および経営株主が、払込期日後、すなわち、投資が実行された後に継続して遵守しなければいけない事項を規定している。

投資家が投資を行った発行会社が将来的に成長していくためには、適正な態様で発行会社を運営する必要があり、また、投資家として投資を行った発行会社がどのような状態かを随時確認するために、適時に最新の情報を入手する必要があることから、計算書類等の提出義務を定めている。

発行会社および経営株主が遵守すべき事項としては、たとえば、以下の事項があげられる。

① 決算書や税務申告書について一般に公正妥当と認められる企業会計の基準にしたがって作成してそれぞれの締日から90日以内に投資家に提出すること
② 月次または四半期ごとの試算表（貸借対照表、損益計算書、資金繰表等）を作成して月末締日から30日以内に提出すること
③ 最新の事業計画を提出すること
④ 定款や登記事項に変更が生じた場合に通知すること
⑤ その他株主の移動を通知すること等の会社の運営に関する事項

また、上記の会社の運営に関して遵守すべき事項とはやや性質が異なるものとして、経営株主について、以下の誓約事項が規定されることも多い。

⑥ 経営株主が取締役としての任期中は発行会社の経営に専念すること
⑦ 経営株主が発行会社の取締役の期間中および取締役でなくなった後も数年間は発行会社と競合する事業を営まないこと

ベンチャー企業においては、一般に経営株主のリーダーシップのもとで組織が形成され、それを前提として企業価値が形成されていることが多く、経営株主が発行会社を突然辞め、または、その職務に専念せず別の事業を開始すると、その企業価値は急激に減少する可能性が高い。したがって、投資家はこれらの事態を防ぐために、経営株主の誓約事項として、発行会社の経営専念義務を規定することが多い。

また、経営株主が発行会社の取締役を辞めた場合において、経営株主が発行会社と競合する事業を行う場合には、発行会社のライバル企業が出現または成長してしまう可能性がある。そのため、経営株主の誓約事項として、経営株主については取締役としての在任期間中のみでなく、その退任後一定期間についても、競業避止義務が課されることが多くみられる。

これらの事項については多くの投資家が要望する事項であるが、各投資家が個別に締結する投資契約ごとに内容が微妙に異なる場合には、発行会社および経営株主の負担が増大する可能性があることから、本書の文例においては、投資契約では定めず、株主間契約において統一的に定めることとしている。

第6章　救済措置

第6.1条（補償等）

発行会社および経営株主は、次の各号の事由が発生し、当該事由に起因または関連して、投資家が損失、損害、責任、義務、費用および支出（偶発的なものか否かその他を問わない。また、第三者からの請求の結果として生じるものか否かを問わない。さらに、逸失利益および実際に支出した弁護士、会計士、税理士その他のアドバイザーの費用を含む。以下「**損害等**」という）を被ったときは、投資家に対し、かかる損害等を連帯して賠償または補償する。

(1)　4.1条または4.2条に基づく表明保証事項が真実または正確でなかったとき
(2)　本契約に基づき発行会社または経営株主が投資家に交付した書面または提供した情報が、正確または十分でなかったとき
(3)　発行会社または経営株主が本契約または本株主間契約に基づく義務に違反した場合
(4)　発行会社または経営株主が法令または定款に違反した場合

本条では、①表明保証事項が真実または正確でなかった場合、②情報開示が不十分または不正確であった場合、③投資契約または株主間契約違反があった場合、④法令または定款違反があった場合について、発行会社および経営株主が、投資家に対して、生じた損害等を賠償または補填するという内容を規定している。

この文例では、損害等の範囲について広めに規定をしており、たとえば、投資家が上記①から④に関連して第三者から請求を受けた場合や、投資家が被った損害を発行会社および経営株主に対して請求する際の弁護士費用もこ

れに含まれるとしているが、投資契約においては、損害賠償または補償の範囲は広めに設定されることが一般的であると思われる。

第７章　解除・終了

第7.1条（解除）

1．投資家は、次の各号に掲げる事由のいずれかが生じたときは、発行会社に対して解除日を指定して書面により通知することにより、当該解除日をもって本契約を解除することができる。

⑴　発行会社または経営株主が本契約または本株主間契約に基づいて履行または遵守すべき義務に違反した場合であって、当該違反の治癒が不可能なときまたは催告後【14】日（当該【14】日の経過前に本株式払込みおよび本株式発行の日が到来する場合には、当該期日の前日）を経過しても当該違反が治癒されないとき

⑵　4.1条または4.2条に基づく表明保証事項が真実または正確でなかった場合

⑶　本株式払込みまたは本株式発行が【--】年【--】月【--】日（2.3条による追加投資家との関係では、当該追加投資家についての払込期日から【--】日が経過した日）までに実行されなかった場合（第３章に定める前提条件が成就しないことによる場合を含む。ただし、本株式払込みまたは本株式発行が実行されないことが投資家の責めに帰すべき事由による場合を除く）

⑷　発行会社または経営株主について、破産手続開始、再生手続開始その他これに類する法的倒産手続開始の申立てがなされた場合

⑸　発行会社または経営株主について、支払不能、支払停止、手形不渡もしくは銀行取引停止処分、または株式会社全銀電子債権ネットワークによる取引停止処分もしくは他の電子債権記録機関によるこれと同等の措置がなされた場合

2．本契約の解除は、本条にしたがってのみ行うことができるものとし、各当事者は、本条に基づく場合を除き、債務不履行責任、契約不適合責任、不法行為責任または法定責任その他法律構成の如何を問わず、その他の事由に基づいて本契約を解除することはできない。

3．前各項の規定にかかわらず、各当事者は、2.2条に基づく本株式払込みおよび本株式発行後は、理由の如何を問わず、本契約を解除することができない。

本条では、投資契約を解除することが可能な場合を規定している。

本条１項各号では、投資家は、①発行会社または経営株主が投資契約または株主間契約に違反し、治癒が不可能または催告をしても違反が治癒され

ない場合、②発行会社または経営株主の表明保証が真実または正確でない場合、③払込みまたは株式発行が期限までに行われない場合、④発行会社または経営株主に法的倒産手続開始の申立てがされた場合、⑤発行会社または経営株主が実質的に倒産状態に陥った場合のいずれかに該当する場合には、投資契約を解除することができると規定している。

本条１項各号で掲げた事由のうち、②表明保証が真実または正確でない場合については、本条１項２号で「表明保証事項が真実または正確でなかった場合」と記載されているが、投資契約を解除されると発行会社および経営株主にとって予定されていた投資家からの投資を受けることができないという結果となり、軽微な表明保証違反でただちに解除事由とすることは、発行会社および経営株主にとって酷である場合も考えられる。したがって、軽微な違反を除く趣旨で「表明保証事項が重要な点において真実または正確でなかった場合」等と限定を付すことも考えられる。

本条３項では、払込みおよび株式発行が行われた時点以降は、投資契約を解除することができないことを規定している。通常の契約においては、解除時期にこのような制限が付されていることはまれであり、たとえば、既発行の株式について株式譲渡契約を締結して代金を支払い、その後に解除事由が見つかった場合には、株式譲渡契約を解除して、購入代金の返還を求めることが可能である。しかしながら、投資家は、投資契約を締結して、発行会社が新規に発行する株式を引き受けている。会社法上、新株の発行により会社が資金調達に成功したと信じて取引をする会社債権者等を保護するために、募集株式の発行については、錯誤や詐欺・強迫を原因とする場合であっても、株主となった日から１年経過後または株主としての権利行使後は、無効または取消しの主張ができないとされていることもあり（会211条２項）、株式の発行後には株式引受契約について解除をすることはできないと考える説が有力である。本書の文例では、かかる理解を前提に、払込みおよび株式発行が行われた時点以降は、投資契約を解除することができないと規定している。

なお、民法改正により、債務不履行解除（法定解除）については、法文が変更されたが、以下のとおり、実務上の大きな影響はないと考えられる。

まず、民法改正によって、催告による法定解除の要件として、軽微な不履行では解除できない旨が明文化された（民541条ただし書）。従前より、軽微な不履行による解除は解除権濫用等の法理により制約されると考えられていたことから実務上大きな影響はないと考えられる。

このほか、改正民法では、債務不履行解除において、債務者の帰責事由が不要とされた。もっとも、発行会社や経営株主の義務違反について、帰責性が認められない場面は考えにくいため、解除の要件として債務者の帰責事由が不要とされたことによる実務上の大きな影響はないと思われる。

第7.2条（終了）

1．本契約は、以下のいずれかの場合に限り終了する。なお、投資家の一部について(2)号ないし(4)号の事由が生じた場合には、当該事由の生じた投資家との関係においてのみ本契約が終了する。
(1) 本契約当事者の全員が書面により合意した場合
(2) 前条にしたがい本契約が解除された場合
(3) 投資家が本払込期日経過後に発行会社の株主とならなかった場合
(4) 投資家が発行会社の株式等（**別紙4.1.1**の定義にしたがう）を保有しなくなった場合
(5) 株式公開を行った場合。なお、発行会社が金融商品取引所に株式の上場申請を行った場合には、当該申請日以降、本契約に定める当事者の権利および義務は失効し、当該上場申請の不受理、取下げ、却下または上場承認取消等により株式公開が実行されなかった場合（当該上場申請に基づく株式公開が不可能であると合理的に判断される場合を含む）には、申請日に遡って、当事者の権利および義務は再び有効になる。発行会社は、当該上場申請を行った場合および株式公開が実行されないことが判明した場合には、直ちに投資家に対してその旨通知する。

2．本契約の終了は将来に向かってのみその効力を生じ、本契約終了前に本契約に基づき発生した権利および義務は本契約の終了による影響を受けない。

3．本条に基づき本契約が終了した場合であっても、第6章（救済措置）、本条（終了）および第8章（一般条項）の規定は、なお有効に存続する。ただし、個別の箇所において別途の定めがある場合は、その定めにしたがう。

本条では、投資契約がどのような場合に終了するのかについて、規定している。

本条1項においては、投資契約が契約当事者全員との関係で終了する契約終了事由として、①契約当事者の全員が書面により合意した場合、および⑤株式公開（IPO）を行った場合を規定している。

また、本条1項においては、②上記7.1条（p.117）に基づき投資家（の一部）が投資契約を解除した場合、③投資家（の一部）が株主とならなかった場合、および、④投資家（の一部）が発行会社の株式等を保有しなくなった場合という事由も規定している。②、③または④の事由の場合には、他の投資家は投資契約の規定にしたがって発行会社の株式を取得または保有した状態であるものの、一部の投資家との間だけ投資契約を継続する理由がなくなる場面も想定されるため、他の投資家との間の契約の効力は維持することとしている。

本条２項および３項は、投資契約の終了にあたっての確認的な事項を定めたものである。

第８章　一般条項

第8.1条 (秘密保持)

１．各当事者は、(i)本契約の存在および内容、(ii)本契約に関連する協議および交渉の経緯および内容、ならびに(iii)本投資に関連して知得した他の当事者の秘密に属する情報（以下総称して「**秘密情報**」という）について、厳にその秘密を保持し、これを第三者に開示、漏洩または示唆してはならず、本契約に基づく権利の行使もしくは義務の履行または本払込期日後の投資家、発行会社の事業の運営の目的においてのみこれを使用する（以下秘密情報を開示する当事者を「**開示当事者**」、秘密情報の開示を受ける当事者を「**受領当事者**」という）。ただし、本契約または本株主間契約で第三者への開示または公表が予定されているとき、または、次の各号に定める場合において、かかる必要、要求または承諾の限度において開示または公表するときは、この限りではない。

【注：開示が許容される者についての各号の記載は省略】

２．前項の規定は、次の各号に定める情報には適用しない。

(1)　受領当事者が開示当事者から受領する前に自ら適法に保有していた情報

(2)　受領当事者が開示当事者から受領した時点ですでに公知となっていた情報

(3)　受領当事者が開示当事者から受領した後、自らの責めによらずに公知となった情報

(4)　受領当事者が正当な権利を有する第三者から秘密保持義務を負うことなく適法に入手した情報

(5)　受領当事者が開示当事者の情報によらずに自ら開発した情報

３．本条に基づく秘密保持義務は、本契約締結日から本契約終了後【３】年を経過するまで有効とする。

本条では、投資契約の当事者に対して、投資契約の存在、内容、交渉の過程および投資に関連して知った情報についての秘密保持義務の対象や範囲を規定している。

投資契約を締結し、投資家が投資を実行するまでの間には、デュー・ディリジェンスの過程等で、発行会社の事業計画、今後の事業戦略および新製品に関する情報等、多くの未公表であり発行会社にとって重要な情報を入手していることが一般的である。また、投資契約を締結した後も、投資家は、発行会社からの継続的な情報開示を受けることとなるため、発行会社の未公表かつ重要な情報を保持し続ける可能性が高い。そこで、投資契約においても秘密保持条項が設けられている。

本条1項では、分量の関係上、具体的な条文の紹介は割愛しているが、秘密情報を開示することができる例外的な場合としては、投資契約に規定されたものと同等の秘密保持義務を負うことを条件として、①自己または関係会社の役職員、②弁護士および公認会計士等の専門家に開示する場合、③法令等または公的機関の命令等に基づき開示する場合、④開示当事者が開示の方法等について同意した場合を列挙することが多い。

本条2項では、秘密情報に該当せず、秘密保持義務を負わないものとして一般的に除外される情報を列挙している。

本条3項では、秘密保持義務が投資契約終了後も一定の期間存続することを規定している。秘密保持義務において想定されている情報の重要性を考慮すれば、秘密保持義務が投資契約終了後も一定の期間継続するという取扱いは妥当なものであろう。

第8.2条（公表）

各当事者は、本契約の交渉過程、締結の事実および内容について、対外的な公表を行う場合には、別途協議・合意の上、公表の時期、方法および内容等を決定し、かかる合意に従い行う。ただし、法令または金融商品取引所の規則等に基づき公表が義務付けられる場合において、合理的な範囲で公表を行う場合はこの限りでないが、その場合であっても、合理的に可能な限り、事前に他の当事者に通知し、当事者間で公表の内容等について協議する。

本条では、投資契約に関する事項について公表をする場合には、契約当事者間で内容を合意して行う旨を規定している。

ベンチャー企業が有名な会社やベンチャーキャピタルから投資を受けた事実は、当該ベンチャー企業が一定程度の価値および将来性を認められていることの証拠にもなり、また、当該ベンチャー企業と今後取引をしようと考えている他の会社に対して安心材料を提供することとなる。加えて、一般消費者向けのサービスを提供している場合には、資金調達のニュースにおいて当該ベンチャー企業が提供するサービス内容が取り上げられた場合には、宣伝効果も持つことになる。

一方、投資家側としては、自らがベンチャー企業に対して投資を行っている事実や個別の投資額もしくは投資家が投資をした時点でのベンチャー企業の価値評価について、公表を望まない場合も多く存するため、公表内容については、合意を得た内容とする旨の規定が設けられる。

第8.3条（救済方法の限定）

本契約のいずれかの当事者が本契約に基づく義務に違反した場合または当該当事者の表明保証に違反があった場合、本契約の他の当事者が有する権利は、第6章に定める救済措置および7.1条に定める本契約の解除に限られる。これらの権利を除き、本契約の各当事者は、債務不履行、契約不適合責任、不法行為、錯誤その他法律構成の如何を問わず、本契約に関連して他の当事者に対して損害賠償等の請求または本契約の解除その他の権利を行使することはできない。ただし、本契約に定める義務の履行請求は妨げられない。

本条では、表明保証条項を含む投資契約の条項に違反した場合において、違反していない当事者が行使できる権利を投資契約に記載された手段に限定することを規定している（ただし、本書の例では、下記4 II 株主間契約6.2条（p.171）に基づく株式買取請求権の行使も株主間契約に基づく救済手段として、別途行使可能である）。

かかる規定は、投資契約の違反時における救済手段における予測可能性を高める機能を有する。

第8.4条（費用負担）

本契約において別段の定めがある場合を除き、本契約の締結および履行に係る費用（弁護士、公認会計士、フィナンシャル・アドバイザーその他の専門家に係る費用を含むがこれらに限られない）については、各自の負担とする。

本条では、投資契約の締結等の場合における費用負担について、各自が負担するという原則的な取扱いを規定している。

> **第8.5条（準拠法）**
> 本契約の準拠法は日本法とし、日本法にしたがって解釈される。

本条では、投資契約の準拠法について規定している。

投資契約におけるベンチャー企業に対する投資には、外国籍のベンチャーキャピタルファンドや外国法人も主体となることがある。もっとも、投資対象であるベンチャー企業が日本法のもとで設立された会社であれば、発行される株式は日本の会社法にしたがって発行されるため、投資契約の準拠法は日本法とすることが好ましい。

> **第8.6条（管轄）**
> 本契約に起因してまたは関連して生じた一切の紛争は、東京地方裁判所を第一審の専属的合意管轄裁判所とする。

本条では、投資契約の管轄裁判所について規定している。

投資契約のように商業的な目的のために締結される契約においては、本条のような合意管轄裁判所の条項が置かれるのが通常である。一般的には、会社の本店所在地の裁判所を管轄裁判所として選択することが多い。

> **第8.7条（本契約の変更）**
> 本契約の変更は、経営株主、発行会社および投資家の書面による合意によってのみ行うことができる。

本条では、投資契約の変更手続について規定している。

投資契約等の重要な契約については、その変更に書面を要求するのが一般的である。

> **第8.8条（分離可能性）**
> 本契約のいずれかの条項が何らかの理由により無効または執行不能である場合であっても、本契約の他の条項が無効または執行不能となるものではない。また、裁判所において本契約のある規定が無効または執行不能とされた場合には、当該規定は、有効かつ執行可能となるために必要な限度において限定的に解釈される。

本条では、投資契約中の規定の一部が無効または執行不能とされた場合の取扱いについて規定している。

契約書中の一部の規定が無効または執行不能とされた場合でも、残りの規定を有効として、契約書の趣旨を最大限尊重して解釈するなどの規定は重要な契約書ではよく設けられる規定である。

第8.9条（通知）

本契約に基づくまたは関連する一切の通知は、本契約に別段の規定がない限り、すべて書面によるものとし、以下の通知先（ただし、各当事者は相手方当事者に対して通知することにより、自らの通知先を変更することができる）に、直接持参して交付されるか、または、郵便、ファクシミリもしくは電子メールのいずれかの方法によって送付される。なお、本条に基づく通知は、書面が各名宛人に到達した日（ただし、到達日が営業日でない場合には直後の営業日）にその効力を生じる。

本条では、投資契約に関する通知について規定している。

従前、通知の方法については、持参、郵送またはFAXのうちのいずれかの方法によるとしている契約書が多かったように思われるが、ここでは、ベンチャー企業にはIT系の会社が多いことも勘案して、これらの手段に加えて、電子メールによる通知も許容するという規定としている。さらに、近年ではSNSにより連絡をとる会社も少なくないことから、SNSを通知手段に含めることも考えられる。

第8.10条（譲渡）

本契約において別段の定めがある場合を除き、各当事者は、本契約上の権利または本契約上の地位の全部または一部を、相手方当事者の書面による事前の同意なしに、第三者に譲渡、移転、担保権の設定その他の方法により処分してはならない。

本条では、投資契約上の地位の譲渡が他の当事者の同意がない限りは認められない旨を規定している。

投資契約においては、発行会社または投資家の個性がきわめて重要であるし、また、投資の実行前に、投資家の地位が別人に譲渡されてしまうなどにより、発行会社および投資家が想定していない者が投資家としての地位を得てしまうことを避けるため、かかる規定が設けられている。

第8.11条（完全合意）
本契約は、本契約の主題事項に関する当事者間の完全な合意を構成するものであり、書面によるか口頭によるかを問わず、かかる主題事項に関する当事者間または当事者のうち一部の者の間で本契約締結前になされたすべての合意および了解はすべて失効する。

本条は、完全合意条項と呼ばれるものであり、簡単にいえば、投資契約に規定されていない内容は合意していないものとするという内容を規定している。

かかる条項は、契約書の文言と異なる口頭の約束や交渉中の態度があったとしても、それは契約書の解釈にあたっては勘案されず、実際の契約書の文言に基づいて解釈がなされることを目的とした規定である。たとえば、当事者の一方が、以前に契約書の文言と異なる説明を受けたとして、契約書と異なる合意内容を主張した場合に、そのような主張を排除するのが、この完全合意条項の趣旨である。そして、完全合意条項については、その有効性を認めた裁判例も存在するところである（東京地判平成７・12・13判タ938号160頁）。

経営株主としては、契約交渉で弱い立場にあって、契約書の文言を受け入れざるをえなかったものの、その解釈にあたっては交渉過程も加味してほしいと後に主張する局面も考えられるため、この完全合意条項の受入れには注意が必要な場合もありうる。

第8.12条（誠実協議）
各当事者は、本契約に定めのない事項、または本契約に定める事項もしくは今後合意される事項に関する疑義については、誠意をもって協議の上、これを解決する。

本条では、契約当事者間で誠実に協議する義務を規定しており、当該条項は、各種の契約に一般的に設けられている。

Ⅲ　投資契約に関する諸点

1　上場協力義務に関する裁判例

本書における投資契約書の文例においては、上記2.5条（Exit）（p.111）において、発行会社および経営株主が特定の時期までに株式公開を実現するために合理的に最大限の努力をする旨の規定（上場努力義務）を設けており、その義務違反に関して発行会社および経営株主は補償責任を負うこととされている（上記6.1条（補償等）（p.116））。

これに対し、投資家が投資契約において発行会社の株式上場に協力する義務（上場協力義務）を負担することがあるが、東京地判平成25・2・15判タ1412号228頁（以下「平成25年判決」という）においては、上場協力義務が法的拘束力のある義務であるか否かが争われたので、ここで紹介する。

⑴　事案の紹介

株式上場をめざしていた薬局の経営等を行うA社（原告会社）について、B社（被告）が、株式譲渡契約を締結してA社の代表取締役（原告X_1）等からA社の株式（その時点の発行済株式の34%）を譲り受けるとともに、原告X_1および他の原告会社の株主（以下「原告株主ら」という）と、①被告の議決権割合に応じた取締役指名権、②原告会社の上場への被告の協力、および、③株主間契約違反時の株式買取請求権等を定めた株主間契約を締結した。

この株主間契約において、②原告会社の上場への被告の協力については、以下のように規定されていた。

（8条2項）

> ②　原告株主らおよび被告は、協力して、原告会社が可及的速やかにその株式を公開できるよう支援する。

また、原告会社、原告株主らおよび被告は、その後、以下の規定を含む「株式公開等に伴う覚書」を締結した。

（冒頭部分）

> 被告、原告会社および原告X_1は、適切な時期での原告会社の株式公開およびその継続のために、被告は、原告会社の被告に対する新株予約権発行に伴う以下の諸項目等について、全面的な協力を確約する。

（2条）

> 被告は、法令、取引所が要求する以下の項目について、原告会社の公開基準を満たすことを確約する。
> ① 原告会社の独立性
> ② 公開直前期、公開時売出し・公募を含め公開後における被告の関連会社・原告会社株式の持株比率
> ③ その他公開時において、法令、取引所が要求する被告に関わる事項

その後、原告X_1は、被告が上場協力義務に違反したことを理由として、株主間契約を解除し、また、被告に対する株式買取請求権を行使したとして訴訟を提起し、これに対して、被告は、原告X_1が株主間契約に基づき被告の指名した取締役を選任しなかったことを理由として、株主間契約を解除し、原告X_1に対する株式買取請求権を行使したとして反訴を提起した。

(2) 判示内容

平成25年判決は、株主間契約および覚書に規定された上場協力義務について、①被告の上場協力義務の内容が確定されていないこと、②上場する証券取引所が定まっていないこと、および、③上場時期が特定されていないことを指摘し、また、そもそも株主間契約を締結した主目的は、被告が信用状態の悪化していた原告会社を支援するとともに、原告会社と資本提携することで事業上の協力関係を築くという点にあり、主目的が原告会社の株式上場であったとは認められないとして、結論的には、株主間契約および覚書の上記の規定は、「法的拘束力を有しているとは解せられない」と判示している。

また、反訴請求について、原告X_1が被告の指定する取締役を選任する義務を負うことおよびその義務違反を認め、かかる理由に基づいた被告による株主間契約の解除および原告X_1に対する株式の買取請求を認めた。

(3) 一般の投資契約または株主間契約に対する影響

平成25年判決は、①（上場協力）義務の内容が確定されていないこと、②上場する証券取引所が定まっていないこと、③上場時期が特定されていないこと、および株主間契約を締結した主目的が株式上場であったとは認められ

ないことを根拠として、上場協力義務に法的拘束力を認めなかったと考えられる。

平成25年判決で判示された上場協力義務は、投資家側が発行会社の株式の上場について協力する義務を内容としており、一般の投資契約や株主間契約において規定されている、経営株主が一定の時期までに発行会社の株式を上場させるように努力するという上場努力義務とは、義務の主体や義務の内容が異なっている。そのため、上場協力義務に法的拘束力がないという判示内容が、一般の投資契約または株主間契約における上場努力義務にそのままあてはまるものではないと思われる。

もっとも、上場協力義務も上場努力義務も、義務を負担する主体が投資家側と経営株主という違いはあるものの、上場という目標に向かって努力する義務としては共通している。その意味では、平成25年判決が、①ないし③の点をあげて、上場協力義務の不明確性を指摘した点は注目に値する。

一般の投資契約または株主間契約においても、可能であれば上場努力義務を規定する場合には、平成25年判決で指摘された上記①ないし③の事項をはじめとして、上場努力義務の内容を明確に規定する必要があると思われる。

2　ベンチャー企業への投資時の善管注意義務の程度に関する裁判例

ベンチャー企業への投資は、通常の投資よりもリスクが高く、投資家が会社である場合には、その会社の取締役が、ベンチャー投資の失敗についての責任を株主等から追及される可能性があるため、いかなる場合であれば、会社である投資家がベンチャー企業に対して、将来的にベンチャー投資の失敗に対する取締役としての責任を問われることなく投資をすることが可能かという点が問題となりうる。

かかる問題意識を念頭に、ベンチャー企業への投資に関する善管注意義務の程度について言及した裁判例として、東京高判平成28・7・20金判1504号28頁（以下「平成28年判決」という）が存在する。

平成28年判決においては、ベンチャー企業に対する出資・投資判断についての特殊性が言及されており、「ベンチャー企業に対する出資・投資判断は、通常の株式投資と比較して、直近の財務状況、売上げ等からその将来性や事業性を判断することは容易ではないが、当該事業が成功した場合にはこれに応じたリターンを得ることが見込まれる点に特徴があるので、不確実な将来の経営状況等の予測に基づくものとならざるを得ないから、本件Ｂ株式取得についての前提事実の認識過程や、それを踏まえて取得を決定した過程、内容に著しく不合理な点があったといえるか否かについて検討すべきものである。」という基準が示されている。

そのうえで、平成28年判決においては、当初のB社への投資の時点では、B社は、①4期連続で当期純損失を計上し、②中間決算案においても当期純損失を予想しており、③一部に給与の遅配が生ずるなど、財務状況は健全とはいえなかったとしながらも、「有望な新技術を主軸とする企業も、創業当初のベンチャー企業は、費用に比して売上規模が低水準にとどまるなど損失を計上することもあり、そのような企業に対する投資については、当面は援助の性格を帯び、創業当初の財務状況が芳しくないということのみから直ちに成長性および将来性、企業としての継続性が否定されるものとはいい難い。」等と述べられている。そして、結論としては、本件B株式取得に関する個別の事情を検討したうえで、本件B株式取得につき情報収集等に基づく前提事実の認識過程や取得の決定の過程または内容に著しく不合理な点は認められないとされた。

これは、ベンチャー企業の特殊性もふまえつつ、善管注意義務違反の基準を比較的緩やかに判断した裁判例といえる。

もっとも、平成28年判決も、ベンチャー企業への投資であるということのみをもって善管注意義務違反を否定したわけではないのであって、投資家からすれば、ベンチャー企業への投資に際しては、そのベンチャー企業の成長性、将来性および投資条件の合理性を検討したうえで、投資するか否かを決定する必要がある（一切の検討をせずに投資すれば善管注意義務違反を問われる可能性がある）ことはいうまでもない。

4 ベンチャー投資における株主間契約

I 株主間契約の概要

株主間契約とは、発行会社およびその株主ら（経営株主および投資家）を当事者とする契約である。

投資契約が主に投資を実行するまでの条件を定める契約であるのに対し、株主間契約は、投資実行後の上記当事者間の権利義務関係を定める契約であり、その主な内容は、①発行会社のガバナンスに関する事項（投資家による発行会社の監視・監督、発行会社からの情報開示に関連する事項)、②投資家の持株比率維持に関する事項、③投資家の投資回収（エグジット）に関する事項である。

上記2Ⅵのとおり、株主間契約を締結せず、すべての必要事項を投資契約のなかに定める場合も少なくない（特に初期的な資金調達を行う際にはそのような場合が多い)。しかし、資金調達のラウンドが進み、発行会社の株主数が増加した段階においては、各投資家と発行会社との間の個別の投資契約で上記①から③までの事項を定めると、投資契約相互間で矛盾抵触が生じ、ある投資家に対する発行会社の義務の履行が別の投資家に対する義務違反となる場合や、投資家間の利益調整のために別の合意を形成しなければならない場合等が生じうる。そのため、ある程度資金調達のラウンドが進んだ段階においては、投資家と発行会社が個別に締結する投資契約と、株主全員が当事者となる株主間契約を、それぞれ別個に締結することが一般的である。

なお、実務上、他の投資家に比べて投資額が小さい個人投資家（いわゆるエンジェル投資家）等は、事務的な負担を避けるために株主間契約の当事者とならない場合もあるが、そのような場合であっても、株主全員の合意がなければ十分に機能しない事項（下記Ⅱで紹介するドラッグ・アロング条項（4.6条（p.165))、みなし清算条項（4.7条（p.168)）等）については、株主全員を当事者とする別個の契約を締結する必要がある。

株主間契約には、一般的に**図表４－４－１**のような条項が含まれることが多い。

図表４－４－１

発行会社のガバナンスに関する事項	オブザベーション・ライト／取締役指名権
	情報提供義務
	事前通知事項／事前承諾事項
投資家の持分維持に関する事項	優先引受権
	オプションプール
	先買権

投資家の投資回収に関する事項	共同売却権（タグ・アロング権）
	強制売却権（ドラッグ・アロング権）
	みなし清算

Ⅱ 株主間契約の具体例およびその解説

以下では、まず一般的な内容の株主間契約書について全体像を示したうえで、各条項について趣旨・目的を解説し、また、そのほかに株主間契約において定められることのある条項を紹介する。

※各条項の冒頭に記載されているページ数は、その条項に対応する解説のページ数である。各条項の詳細を確認される際にご参照いただきたい。以下の契約条項は、あくまで契約書のイメージをつかんでいただき、本書の解説を参照する際のリファレンスとして活用していただく目的で掲げるものであり、実際の事案においては本書に記載された解説も踏まえて最適な契約条項を検討する必要がある点には十分にご留意いただきたい。

株主間契約

前文【p.144】

別紙１記載の経営株主（以下個別にまたは総称して「**経営株主**」という）、投資家（以下個別にまたは総称して「**投資家**」という）および発行会社（以下「**発行会社**」といい、経営株主、投資家および発行会社を個別にまたは総称して「**当事者**」という）は、発行会社の株主としての権利行使、発行会社の事業運営、発行会社の株式等の譲渡等に関して、【--】年【--】月【--】日（以下「**本契約締結日**」という）、以下のとおり合意し、株主間契約（以下「**本契約**」という）を締結する。

第１章 総則

第1.1条（本契約の効力発生）【p.144】

本契約は、投資家、経営株主および発行会社の間で、本契約締結日付で締結される投資契約（以下「**本投資契約**」という）に基づきいずれかの投資家が最初に発行会社の発行する【Ａ種優先】株式を取得したことを条件として、かかる取得の日付で（ただし、本章、第７章および第８章は、本契約締結日付で）、発行会社の株式等を所有する投資家、経営株主および発行会社との間で効力を生じる。

第1.2条（投資家の追加）【p.145】

1．本契約締結日以後に本投資契約または本投資契約と同等の契約条件の投資契約（以下総称して「**本投資契約等**」という）に基づき「投資家」として本投資契約等の当事者に追加され、かつ、本契約へ署名または記名押印を行った者（以下個別にまたは総称して「**追加投資家**」という）は、かかる署名または記名押印を行った日付で新たに「投資家」として本契約の当事者に追加される。追加投資家との関係では、本契約は、本投資契約等に基づき当該追加投資家が発行会社の発行する株式を取得したことを条件として、かかる取得の日付で（ただし、本章、第７章および第８章は、当該追加投資家が上記署名または記名押印を行った日付で）効力を生じるものとし、当該日付以降、追加投資家を含めた各当事者が相互にすべての他の当事者に対し本契約に基づく自らの権利および義務を保持することになる。また、当該追加投資家に関しては、文脈上別異に解すべき場合を除き、本契約における「本契約締結日」を「当該投資家が本契約の当事者に追加された日」に読み替えるものとし、その他適切な読み替えを行う。

2．前項に基づき本契約の当事者の追加がなされた場合、当該追加投資家に関する情報が**別紙１**の「投資家」の欄に追加されるものとし、また、発行会社は、当該追加時点での発行会社以外の全当事者に対して、当該追加された**別紙１**および当該追加された者の署名または記名押印頁またはその写しを交付する。

第２章　発行会社のガバナンス

第2.1条（オブザーバー指名権）【p.146】

1．投資家は、発行会社の取締役会に関するオブザーバーを１名指名する権利を有する。ただし、投資家がかかる権利を行使する場合、投資家は発行会社および経営株主に事前に通知し協議を行う。

2．発行会社および経営株主は、前項に基づき指名されたオブザーバーに対し、取締役会への出席権および意見陳述権を認める。

3．発行会社および経営株主は、1項に基づき指名されたオブザーバーに対し、取締役会の招集通知を、取締役への通知と同様の時期に同様の方法により行わなければならない。

4．本条の規定は、発行会社が取締役会設置会社である場合にのみ適用される。

第2.2条（重要事実に係る事前承諾事項）【p.149】

発行会社および経営株主は、本契約締結後、発行会社ならびに発行会社の子会社および関係会社に係る以下の事項については、発行会社の機関決定の【--】日前までにすべての投資家に対して通知し、投資家が保有するすべての株式の過半数の承諾を得なければならない。ただし、発行会社による通知を受けてから【--】日以内に投資家が承諾するか否かの回答をしない場合には、当該投資家は、当該通知を受けた事項を承諾したものとみなす。

(1) 定款変更

(2) 事業計画および予算の策定

(3) 計算書類の承認

【中略】

(15) 株式または新株予約権（新株予約権付社債を含む）の発行、自己株式または自己新株予約権の取得・処分、株式併合、株式分割その他株主の議決権の数が変動する行為または変動する可能性を生じさせる行為（ただし、発行会社における適格ストックオプション（3.2条に定義する）の発行、株式等（3.3条に定義する）を目的とする新株予約権（新株予約権付社債に付されたものを含む）の行使による株式等の発行、および株式等の交付と引換えに取得される株式等もしくは新株予約権（新株予約権付社債に付されたものを含む）の取得による株式等の発行（以下「**許容株式等発行**」という）ならびに3.3条（投資家の優先引受権）の手続を履践する株式等の発行、処分または付与（以下、発行、処分または付与を総称して「**発行等**」という）を除く）

【以下略】

第2.3条（重要事項に係る事後報告事項）【p.149】

1．発行会社および経営株主は、本契約締結後において、発行会社ならびに発行会社の子会社および関係会社に係る以下の事項または運営、財政状態、経営成績、信用状況等の点で重要なその他の事項の発生を知った場合、直ちに、発生した事項の概要を投資家に書面により報告する。

(1) 災害または業務に起因する損害の発生

(2) 財産権上の請求に係る第三者による訴訟、調停、仲裁の提起または決定、判断、判決等

(3) 営業もしくは事業の差止めその他これに準ずる処分を求める仮処分命令の申立て、決定または裁判によらない手続の終結

【中略】

2．経営株主は、自己に係る以下の事項または信用状況等の点で重要なその他の事項の発生を知った場合、直ちに、発生した事項の概要を投資家に書面により報告する。

(1) 財産権上の請求に係る第三者による訴訟、調停、仲裁の提起または決定、判断、判決等

(2) 第三者による破産手続開始、民事再生手続開始、その他これに類する法的倒産手続開始の申立て、支払停止または手形、小切手もしくは電子記録債権の不渡り

第2.4条（財務情報等の提供）【p.150】

発行会社および経営株主は、発行会社に関する以下の情報を、以下の時期に、投資家に対して提供する。

(1)　決算書、税務申告書および明細書を、法令および定款に適合して、または一般に公正妥当と認められる企業会計の基準に準拠して作成し、それぞれの締日から90日以内に投資家に提出する。

(2)　月次試算表（貸借対照表、損益計算書、資金繰表を含む）をそれぞれの月末締日から30日以内に投資家に提出する。

(3)　最近の事業計画書における重要な変更について投資家に速やかに通知するとともに、かかる事業計画書を毎年更新し、速やかに更新した事業計画書を投資家に交付する。

(4)　発行会社の定款が変更された場合、発行会社の代表取締役による原本証明を付した最新の定款の写しを速やかに投資家に送付する。

(5)　発行会社の登記事項に変更が生じた場合、登記事項証明書の写しを速やかに投資家に送付する。

(6)　発行会社の株主または新株予約権者が異動した場合、発行会社の代表取締役による原本証明を付した株主名簿または新株予約権原簿の写しを速やかに投資家に送付する。

第３章　発行会社の運営

第3.1条（発行会社の経営等）【p.152】

1．経営株主は、過半数の投資家の事前の承諾なく発行会社の取締役を辞任しないものとし、また、定款上の取締役の任期満了時に発行会社の取締役として再任されることを拒否しない。ただし、疾病その他やむをえない事情がある場合を除く。

2．経営株主は、発行会社の取締役としての業務に専念し、他の会社（発行会社の子会社および関係会社（子会社および関係会社の定義は会社計算規則に定めるところによる）を除く）、団体、組織の役員等または従業員を兼務または兼職しない。

3．経営株主は、発行会社の取締役としての地位にある間、および、発行会社の取締役でなくなった日から【２】年間経過するまでは、自らまたは第三者をして、発行会社における事業と競合する事業を直接または間接に行わない。

4．経営株主は、自らが発行会社の取締役としての地位を喪失した場合であっても、本契約の当事者としての権利または義務が何ら加重または減免されるものではないことを確認する。

5．経営株主が発行会社の代表取締役としての地位を喪失した場合、経営株主は、新たに発行会社の代表取締役となった者を、本契約の当事者として加えるよう合理的な範囲で最大限努力するものとし、他の当事者はこれに協力する。

第3.2条 (インセンティブプラン)【p.153】

発行会社は、自らの裁量により、発行会社またはその子会社の役員または従業員、もしくは外部アドバイザーに対するインセンティブプランとして、合理的な内容および条件（経済的条件を含む。なお、発行価額と行使に際して出資される財産の価額の合計額が発行時点の発行会社の普通株式1株あたりの公正価値または公正価値以上の価額となるものでなければならない)のもとで発行される普通株式１株を目的とする新株予約権を、その時々の完全希釈化ベースで計算される持株比率（「完全希釈化ベース」とは、発行会社のある時点における発行済みの取得請求権付株式、取得条項付株式、新株予約権、新株予約権付社債、その他その保有者もしくは発行会社の請求に基づきまたは一定の事由の発生を条件として発行会社の普通株式に転換しまたは発行会社の普通株式を取得しうる地位を伴う権利または証券（以下「**潜在株式等**」という）のすべて(発行会社が保有するものを除く）について、当該時点において発行会社の普通株式に転換されまたはかかる権利または証券に代えて発行会社の普通株式が取得されたものと仮定した状態をいう)で【10】％相当となる個数を限度として発行することができる（かかる個数に満つるまでの新株予約権を以下「**適格ストックオプション**」という)。

第3.3条 (投資家の優先引受権)【p.156】

1．投資家は、発行会社が株式、新株予約権、新株予約権付社債またはその他株式の交付の請求もしくは取得が可能な証券または権利（以下「**株式等**」という）の発行等（ただし、許容株式等発行および株式分割、株式無償割当て、合併、会社分割、株式交換または株式交付による株式等の発行を除く。本条において以下同じ)をする場合、当該株式等の発行等時における投資家の発行会社における完全希釈化ベースの持株比率に応じ、当該発行される株式等を優先的に引き受けることができる権利（以下「**優先引受権**」という）を有する。
2．発行会社は、本条１項に定める株式等の発行等を行おうとする場合には、投資家に対して、かかる株式等の発行要項（発行等される株式等の種類および数、発行等価額、割当人その他の処分の相手方の氏名・名称と住所、ならびにその他重要な事項）を記載した、優先引受権を行使するか否かの確認を求める書面（以下「**優先引受通知**」という）を送付する。
3．投資家は、優先引受権を行使する場合には、優先引受通知の受領後【30】日以内に、本条１項に定める持株比率に応じた数またはそれ以下の数で投資家が特定する数の株式等を引き受けることを、発行会社に対して書面にて通知する。本項に定める通知を本項に定める期間内に行わなかった場合、投資家は、優先引受通知を受けた株式等の発行等について、優先引受権を失ったものとみなす。

4．発行会社は、前項に規定する期間の経過後【30】日以内に限り、優先引受通知記載の株式等のうち投資家が優先引受権を行使しなかった部分について、優先引受通知記載の割当人等に対して当該優先引受通知に記載の条件よりも実質的に当該割当人等に有利でない条件（なお、発行等価額は当該優先引受通知に記載の発行等価額と同額以上であることを要する）で株式等の発行等を行うことができる。

第4章　発行会社の株式等の譲渡

第4.1条（投資家の保有する発行会社の株式等の譲渡）【p.158】

投資家は、4.4条2項に定める場合を除き、法令および定款にしたがい、自らが保有する発行会社の株式等の全部または一部を第三者（経営株主および発行会社の株主たる他の投資家を含み、発行会社と競合する事業を行う者および**別紙5.1.1**に定める反社会的勢力または反社会的行為を行う者を除く）に対して譲渡することができる。発行会社および経営株主は、その譲渡について、株主総会その他の機関の承認が必要な場合はその承認、株主名簿記載事項の記載または記録その他かかる譲渡に関連する必要な措置をとる。

第4.2条（譲渡禁止）【p.159】

経営株主は、投資家の過半数の承諾を得ない限り、自らが保有する発行会社の株式等につき第三者（発行会社の他の株主を含む）に対する譲渡、承継、担保提供その他の処分を行ってはならない。なお、経営株主が投資家の承諾を得て発行会社の株式等の処分を行う場合であっても、経営株主は本章の手続にしたがわなければならない。

第4.3条（投資家または経営株主による譲渡希望の通知）【p.160】

投資家または経営株主が、自らが保有する発行会社の株式等の全部または一部（以下「**譲渡対象株式等**」という）を第三者（発行会社の他の株主を含むものとし、以下「**譲渡相手方**」という）に譲渡することを希望する場合（かかる譲渡を希望する株主を以下「**譲渡希望株主**」という）、譲渡希望株主は、投資家および経営株主（譲渡希望株主を除く）ならびに発行会社に対して、(i)譲渡対象株式等の数、(ii)1株または1個あたりの譲渡予定価格（以下「**譲渡予定価格**」という）、(iii)譲渡相手方の氏名・名称および住所、ならびに(iv)その他譲渡に関する主要な条件を記載した書面（以下「**譲渡条件説明書**」という）とともに、書面により通知する（かかる通知を以下「**譲渡予定通知**」という）。

第4.4条（先買権）【p.160】

1．4.3条に定める場合、投資家または経営株主は、譲渡予定通知を受領した日から【30】日以内に、譲渡条件説明書記載の譲渡対象株式等のうち自ら買受けを希望する株式等の数を書面により譲渡希望株主および発行会社に通知することにより、譲渡対象株式等の全部または一部を、譲渡条件説明書記載の条件と同等の条件にて譲渡条件説明書記載の譲渡予定価格で自ら買い受ける権利（以下「**先買権**」という）を有する。なお、複数の投資家または経営株主が先買権を行使し、各投資家または経営株主が買受けを希望した数の合計が譲渡対象株式等の総数を超過する場合、各投資家または経営株主が保有する完全希釈化ベースの持株比率に応じて按分した数を上限として譲渡対象株式等を各投資家または経営株主に割り当てるものとし、かかる按分により割り当てられない譲渡対象株式等が存在する場合には、当該上限を上回る数の譲渡対象株式等の買受けを希望する投資家または経営株主の間で同様に按分するものとし、以後も同様とする（かかる按分により生じる1株未満の端数の取扱いについては、先買権を行使した投資家または経営株主の間で協議の上、決定する)。

2．投資家または経営株主が前項に定める先買権を行使した場合、当該行使を受けた譲渡希望株主は、前項に定める期間の経過後速やかに、当該投資家または経営株主が買受けを希望した数の株式等を譲渡条件説明書記載の条件と同等の条件にて、譲渡条件説明書記載の譲渡予定価格で当該投資家または経営株主に対し譲渡しなければならない。譲渡希望株主は、前項に定める期間の経過後速やかに、当該投資家または経営株主に対して譲渡する株式等の数を、本契約の当事者全員に通知する。

第4.5条（共同売却権）【p.162】

1．4.3条に定める場合で、かつ、4.4条に基づく先買権の処理（先買権を行使した株主に対する当該先買権の対象となった株式等の譲渡を含む）が終了した時点においてなお残存する譲渡対象株式等（以下本条において「**残存譲渡対象株式等**」という）が存在する場合には、先買権を行使しなかった投資家は、譲渡予定通知を受領した日から【30】日以内に書面により譲渡希望株主および発行会社に通知することにより、当該譲渡希望株主に対し、自らが保有する発行会社の株式等のうち以下の算式により計算される数（小数点以下の端数は切り捨てる。以下「**売渡可能株式等数**」という）に相当する数（残存譲渡対象株式等と当該投資家が売渡しを希望する発行会社の株式等が異なる種類の株式等である場合には、普通株式への転換比率および当該株式等の行使によりもしくは取得と引換えに交付される普通株式の数等も考慮した売渡可能株式等数に相当する数とする）の株式等を、譲渡相手方に譲渡条件説明書記載の条件と同等の条件にて譲渡予定価格で売り渡すことを請求する権利（以下「**共同売却権**」という）を有する。

$$A = B \times \frac{C}{(D + E)}$$

A：売渡可能株式等数
B：残存譲渡対象株式等の数
C：当該投資家が保有する完全希釈化ベース株式数
D：譲渡希望株主が保有する完全希釈化ベース株式数
E：共同売却権を行使した全投資家が保有する完全希釈化ベース株式数

２．残存譲渡対象株式等が存在する場合、譲渡希望株主は、前項に定める期間の経過後【30】日以内に限り、譲渡条件説明書記載の譲渡相手方に対し、かかる残存譲渡対象株式等を、譲渡条件説明書記載の条件よりも譲渡相手方に有利にならない条件（なお、譲渡価格は譲渡予定価格と同額以上でなければならない）で譲渡することができる。ただし、投資家が共同売却権を行使した場合、譲渡希望株主は、かかる共同売却権を行使した各投資家の売渡可能株式等数の株式等のすべての売却の完了までは、自らが保有する発行会社の株式等を売却することができない。

第4.6条（強制売却権）【p.164】

本章の他の規定にかかわらず、(i)発行会社の取締役会、(ii)経営株主および(iii)全投資家の完全希釈化ベース株式数の過半数を保有する単独または２以上の投資家（ただし、保有する完全希釈化ベース株式数が多い投資家から降順にその保有株式数を合計した場合に、全投資家の完全希釈化ベース株式数のうち合計で過半数を超える時点までの投資家に限る。以下「**マジョリティ投資家**」という）のすべてが、以下の各号の取引（以下「**支配権移転取引**」という）を承認した場合で、発行会社が、経営株主および投資家に対し、当該支配権移転取引の実行日の【30】日前までに要求したときは、すべての経営株主および投資家は、当該支配権移転取引における各種類の株式等への対価の種類・価額が種類ごとに同一であることならびに投資家が当該支配権移転取引につき発行会社に関する表明および保証を行わないことを条件に、当該支配権移転取引に参加し、また、必要に応じてかかる取引に関する株主総会議案に賛成すべく議決権を行使し、その他当該支配権移転取引を実行するために必要な行為を行い、発行会社は、かかる取引につき適用される法令ならびに定款および社内規程上必要とされる一切の手続を適法かつ有効に履践する。

(1)　発行会社の株式等の発行または譲渡（当該発行または譲渡の直前時点の発行会社の株主が、当該発行または譲渡の直後の時点で、合計で発行会社の完全希釈化ベース株式数の過半数を保有する場合を除く）
(2)　発行会社が消滅会社となる合併（当該合併の効力発生日直前時点の発行会社の株主が、かかる効力発生日直後の時点で、合計で当該合併の存続会社またはその親会社の完全希釈化ベース株式数の過半数を保有する場合を除く）
(3)　発行会社が完全子会社となる株式交換または株式移転（当該株式交換または株式移転の効力発生日直前時点の発行会社の株主が、かかる効力発生日直後の時点で、合計で当該株式交換または株式移転の完全親会社またはその親会社の完全希釈化ベース株式数の過半数を保有する場合を除く）

(4) 発行会社が株式交付子会社となる株式交付(当該株式交付の効力発生日直前時点の発行会社の株主が、かかる効力発生日直後の時点で、合計で株式交付親会社の完全希釈化ベース株式数の過半数を保有する場合を除く）

(5) 発行会社の事業の全部もしくは実質的な全部の譲渡または会社分割による他の会社への承継（発行会社の完全子会社に対して行われるものを除く）

第4.7条（支配権移転取引の際のみなし清算）【p.168】

1．投資家および経営株主は、支配権移転取引（ただし、次項に定めるものを除く）が行われた場合、当該取引における対価を取得することとなる投資家および経営株主（以下個別にまたは総称して「**みなし清算株主**」という）の間で、当該取引における対価の合計額（対価が金銭以外の財産である場合には、経営株主であるみなし清算株主全体が保有する完全希釈化ベース株式数のうち、合計で過半数を保有する単独または複数の者と投資家であるみなし清算株主全体が保有する完全希釈化ベース株式数のうち、合計で過半数を保有する単独または複数の者との合意により当該財産の公正価額として定める額）を残余財産の額とみなし、また、みなし清算株主を発行会社の全株主とみなして、発行会社の定款の残余財産の分配に関する規定を適用した場合にかかる定款規定に基づきそれぞれのみなし清算株主が支払を受けるべき残余財産分配額にしたがって、当該取引における対価を分配する。

2．発行会社が分割会社となる会社分割（ただし、当該会社分割に際して会社法758条8号ロもしくは同法760条7号ロまたは同法763条1項12号ロもしくは同法765条1項8号ロに規定される剰余金の配当が行われるものに限る)、または、4.6条5号に定める取引が行われた場合、当事者は、すべての投資家および経営株主間で前項の規定に準じた経済的配分がなされるように、合理的な対応を行う。

第4.8条（Exit）【p.170】

1．発行会社および経営株主は、【--】年【--】月期を申請基準決算期として、【--】年【--】月末日までに、国際的に認知された金融商品取引所（外国における取引所を含む。以下同じ）への発行会社の普通株式の上場（以下「**株式公開**」という)、発行会社の議決権の過半数に相当する株式の本契約当事者以外の第三者への譲渡、または合併等（以下「**Exit**」という）を実現すべく、合理的に最大限の努力をする。

2．経営株主および投資家は、Exit時において、株式公開に関する主幹事の金融商品取引業者から要請を受けた場合は、かかる要請に基づき、発行会社の株式を株式公開後一定期間売却しない旨を定めた確約書を締結することに同意する。詳細の条件については、別途主幹事証券会社との間で決定する。

第5章　表明および保証

第5.1条（表明および保証）【p.170】

1．経営株主は、各々個別に、各投資家に対し、本契約締結日において（ただし、特段の記載がある場合は当該時点において）、**別紙5.1.1**に記載された事項が真実かつ正確であることを表明し、保証する。

2．各投資家は、各々個別に、経営株主および他の投資家に対し、本契約締結日において（ただし、特段の記載がある場合は当該時点において）、**別紙5.1.2**に記載された事項が真実かつ正確であることを表明し、保証する。

第6章　補償等

第6.1条（補償等）【p.171】

各当事者は、本契約に基づく自らの義務の不履行または表明および保証が真実または正確でなかったことに起因または関連して、他の当事者が、損失、損害、責任、義務、費用または支出（偶発的なものか否か、第三者からの請求によるものか否か、その他一切の性質の如何を問わない。さらに、一切の合理的な範囲の弁護士および会計士の費用を含む。以下「**損害等**」という）を被った場合、当該他の当事者に対し、かかる損害等を賠償または補償する。

第6.2条（株式買取請求権）【p.171】

1．発行会社および経営株主は、次の各号の事由が発生した場合、投資家の請求（以下「**買取請求**」という）により、投資家の保有する発行会社の株式等の全部または一部（以下「**買取対象証券**」という）を連帯して買い取るものとし、買取請求の到達後【30】日以内に、投資家の指定する方法で、本条2項に定める買取価格（以下「**買取価格**」という）を投資家に支払う。ただし、発行会社および経営株主は、買取請求の到達後【30】日以内に自らの指定する第三者（ただし、**別紙5.1.1**に定める反社会的勢力または反社会的行為を行う者であってはならない）をして買取対象証券を買い取らせた上で買取価格を支払わせた場合は、本条に定める義務を免れることができる。なお、本条に基づく買取請求権の行使は、前条に基づく補償等の請求を妨げない。

⑴　発行会社または経営株主が本契約または本投資契約に基づく義務に違反した場合（当該違反が性質上治癒することが可能な場合は、違反した発行会社または経営株主が投資家から当該違反の治癒を求める通知を受領した後、【14】日以内にかかる違反を治癒しない場合。ただし、当該期間に違反が治癒されることが困難である事由がある場合は、投資家が承認する期間内に違反が治癒されない場合）

⑵　本契約5.1条1項または本投資契約4.1条もしくは4.2条に基づく表明保証事項が真実または正確でなかった場合

⑶　発行会社または経営株主が法令または定款に違反した場合（当該違反が

性質上治癒することが可能な場合は、違反した発行会社および経営株主が投資家から当該違反の治癒を求める通知を受領した後、【30】日以内にかかる違反を治癒しない場合。ただし、当該期間に違反が治癒されることが困難である事由がある場合は、投資家が承認する期間内に違反が治癒されない場合）

2．前項にいう買取価格は、次の各号に定める金額のうち最も高い金額に、買取対象証券の数量を乗じた金額とする。ただし、本項(1)号から(4)号までについては、買取対象証券が株式以外の場合、または、発行会社において株式分割、株式併合、株主割当てが行われた場合その他必要と認められる場合には、投資家により客観的かつ合理的に適切に調整される。なお、本項の規定は、投資家による買取請求の条件として、投資家に本項(5)号に定める第三者の鑑定を義務付けるものではない。

(1) 投資家が買取対象証券を取得した際の1株あたりの払込金額

(2) 財産評価基本通達に定められた「類似業種比準価額方式」にしたがい計算された1株あたりの金額

(3) 発行会社の直近の貸借対照表上の簿価純資産に基づく発行会社の1株あたりの純資産額

(4) 発行会社の直近の株式等の取引事例における買取対象証券と同種の株式等の1株あたりの譲渡金額または発行価額（潜在株式の場合には、その発行価額および行使価額に基づき、1株あたりの株式発行価額として投資家が合理的に算定する金額）

(5) 投資家が選任した第三者の鑑定による買取対象証券と同種の株式等の1株または1個あたりの公正な時価がある場合には当該時価（なお、第三者の鑑定費用は、【投資家】の負担とする）

3．本条1項に基づき投資家が発行会社および経営株主に買取請求した場合、買取請求を受けた発行会社および経営株主（発行会社および経営株主が本条1項に基づき第三者を斡旋した場合には当該第三者を含み、併せて「**買取人**」という）は、投資家による買取請求を受けた日から【30】日以内に、買取価格を投資家に支払うものとし、投資家および買取人は当該支払以後については以下の定めにしたがう。

(1) 発行会社が株券発行会社である場合、投資家は買取価格全額の受領確認後速やかに、買取人に株券を交付する。買取人はその後速やかに株主名簿の名義書換手続を行う。

(2) 発行会社が株券不発行会社である場合、買取価格全額の支払完了の時をもって、買取対象証券の権利の移転の効力が生じるものとし、投資家はその後買取人の請求に基づき、株主名簿の名義書換手続に協力する。

4．発行会社の株式等の譲渡につき発行会社の株主総会、取締役会その他の機関の承認が必要である場合においても、当該承認の有無は買取人（ただし、発行会社を除く）の投資家に対する前項の義務（ただし、株主名簿の名義書換に関する義務を除く）に影響を及ぼさない。発行会社に対する譲渡承認の請求その他かかる譲渡承認にかかわる手続は、買取人が自己の費用および責任において実行する。また、本条に基づく発行会社の株式等の譲渡（発行会社による自己株式の取得を含む。以下本項において同じ）につき発行会社の株主総会決議が必要である場合、経営株主は、当該株主総会において、当該株式の譲渡を承認するよう議決権を行使しなければならず、かつ、会社法160条３項の請求を行ってはならない。

5．本条１項に基づき買取請求をした投資家は、本条３項に基づき買取人が買取価格全額を支払うまでの間においては、買取人の同意を要することなく、買取請求を撤回することができるものとし、投資家が撤回の意思を表示した場合には、本条１項に基づく買取人の買取義務は消滅する。なお、投資家は、かかる撤回の後、同一の事由に基づき再度買取請求を行うことができる。

6．発行会社および経営株主は、法令または定款もしくは社内規程にしたがい、本条に基づく買取対象証券の譲渡に関連する必要な措置をとる。

7．発行会社および経営株主は、本条の義務を履行することができなかった場合には、これにより本条１項に基づき買取請求をした投資家に生じた損害等を連帯して賠償する。

第７章　本契約の終了

第7.1条（本契約の終了）【p.178】

1．本契約は以下の各号のいずれかに該当する場合にのみ終了する。

(1)　全当事者が本契約を終了することに書面により合意した場合

(2)　発行会社以外の当事者のいずれもが発行会社の株式を保有しなくなった場合

(3)　株式公開がなされた場合。なお、発行会社が金融商品取引所に株式の上場申請を行った場合には、当該申請日以降、本契約に定める当事者の権利および義務は失効するが、当該上場申請の不受理、取下げ、却下または上場承認取消等により発行会社の株式公開がなされなかった場合（当該上場申請に基づく株式公開が不可能であると合理的に判断される場合を含む。本条において以下同じ）には、申請日に遡って、当事者の権利および義務は再び有効になる。発行会社は、当該上場申請を行った場合および株式公開がなされないことが判明した場合には、直ちに投資家に対してその旨通知する。

2．本契約締結日以降、経営株主または投資家のいずれかが発行会社の株主ではなくなった場合、本契約はその者との関係では終了する。

3．本契約の終了は将来に向かってのみその効力を生じ、本契約に別段の定めがある場合を除き、本契約の終了前に本契約に基づき発生した権利および義務はかかる本契約の終了による影響を受けない。

【中略】

5．本契約が終了した場合においても、第6章（補償等）、本条（本契約の終了）および第8章（一般条項）の規定は、なお有効に存続する。ただし、個別の箇所において別途の定めがある場合は、その定めにしたがう。

第8章　一般条項【省略】

別紙1　本契約の当事者
【省略】

別紙5.1.1　経営株主による表明保証
【省略】

別紙5.1.2　投資家による表明保証
【省略】

前文

別紙1記載の経営株主（以下個別にまたは総称して「**経営株主**」という）、投資家（以下個別にまたは総称して「**投資家**」という）および発行会社（以下「**発行会社**」といい、経営株主、投資家および発行会社を個別にまたは総称して「**当事者**」という）は、発行会社の株主としての権利行使、発行会社の事業運営、発行会社の株式等の譲渡等に関して、【--】年【--】月【--】日（以下「**本契約締結日**」という）、以下のとおり合意し、株主間契約（以下「**本契約**」という）を締結する。

株主間契約の前文では、当事者および株主間契約を締結する目的を明確にしている。当事者が少数である場合には、前文において具体的な当事者名を記載することもある。

前文に続いて、まず、契約において用いられる用語の定義一覧を記載することも少なくない。用語の定義一覧を別紙として添付する場合もある。また、一定割合以上の議決権数を保有する投資家にそれ以外の投資家とは異なる権利を与える場合には、前文において、一定割合以上の議決権数を保有する投資家を「マジョリティ投資家」などと定義しておくことも考えられる（下記4.6条（p.164）の解説も参照されたい）。

第1章　総則

第1.1条（本契約の効力発生）

本契約は、投資家、経営株主および発行会社の間で、本契約締結日付で締結される投資契約（以下「**本投資契約**」という）に基づきいずれかの投資家が最初に発行会社の発行する【A種優先】株式を取得したことを条件として、かかる取得の日付で（ただし、本章、第7章および第8章は、本契約締結日付で）、発行会社の株式等を所有する投資家、経営株主および発行会社との間で効力を生じる。

本条は、株主間契約の効力発生日を定める条項である。

株主間契約は、通常、発行会社に新たな株主（新規投資家）が加わる場合に新たに締結され、または新規投資家を当事者に含めて締結し直されるものであり、新規投資家が締結する投資契約と同時または近い時期に締結される。しかし、投資契約締結後、当該投資契約に基づき新規投資家が実際に発行会社株式を取得するまでの間は、新規投資家はまだ発行会社の株主ではないため、新たな株主間契約の効力を発生させることは適切ではない。また、投資契約の解除等により、結局発行会社の株主とはならなかった新規投資家が存在する場合、当該新規投資家を株主間契約の当事者とすることは適切ではない。

そこで、本書の文例では、①株主間契約と同日付で締結される投資契約に基づきいずれかの新規投資家が発行会社株式を取得することを当該株主間契約の効力発生条件としており、また、②契約の当事者を発行会社株式を所有する者に限定することで、発行会社株式を取得しなかった者が当該株主間契約の当事者とならないようにしている。

第1.2条（投資家の追加）

1．本契約締結日以後に本投資契約または本投資契約と同等の契約条件の投資契約（以下総称して「**本投資契約等**」という）に基づき「投資家」として本投資契約等の当事者に追加され、かつ、本契約へ署名または記名押印を行った者（以下個別にまたは総称して「**追加投資家**」という）は、かかる署名または記名押印を行った日付で新たに「投資家」として本契約の当事者に追加される。追加投資家との関係では、本契約は、本投資契約等に基づき当該追加投資家が発行会社の発行する株式を取得したことを条件として、かかる取得の日付で（ただし、本章、第７章および第８章は、当該追加投資家が上記署名または記名押印を行った日付で）効力を生じるものとし、当該日付以降、追加投資家を含めた各当事者が相互にすべての他の当事者に対し本契約に基づく自らの権利および義務を保持することになる。また、当該追加投資家に関しては、文脈上別異に解すべき場合を除き、本契約における「本契約締結日」を「当該投資家が本契約の当事者に追加された日」に読み替えるものとし、その他適切な読み替えを行う。

2．前項に基づき本契約の当事者の追加がなされた場合、当該追加投資家に関する情報が**別紙１**の「投資家」の欄に追加されるものとし、また、発行会社は、当該追加時点での発行会社以外の全当事者に対して、当該追加された**別紙１**および当該追加された者の署名または記名押印頁またはその写しを交付する。

本条は、新規投資家が発行会社株式を取得した後、その新規投資家と同等の条件でさらに追加の投資家（追加投資家）が発行会社株式を引き受けるという事態が生じる場合に、追加投資家が株主間契約書に署名押印したときには、他の当事者と当該追加投資家との間で株主間契約上の権利義務関係が生じることを定めた条項である。

これは、投資契約書における追加クロージング条項（上記3 II 投資契約2.3

条（p.109）の解説を参照）に対応した規定である。このような条項を定めることにより、追加投資家が生じた時点で改めて当事者全員が株主間契約書への署名押印を行う手間を省くことができる。

もっとも、追加投資家としては、契約の対象となる当事者の範囲について疑義が生じることのないよう万全を期すのであれば、このような条項を用いるのではなく、すべての当事者が改めて株主間契約書への署名押印を行うことを求めることが望ましい。とはいえ、実際上は契約の対象となる当事者の範囲について疑義が生じる可能性は低いため、ほとんどの場合、このような条項を用いるということでも問題ないと思われる。

第２章　発行会社のガバナンス

第2.1条（オブザーバー指名権）

１．投資家は、発行会社の取締役会に関するオブザーバーを１名指名する権利を有する。ただし、投資家がかかる権利を行使する場合、投資家は発行会社および経営株主に事前に通知し協議を行う。

２．発行会社および経営株主は、前項に基づき指名されたオブザーバーに対し、取締役会への出席権および意見陳述権を認める。

３．発行会社および経営株主は、１項に基づき指名されたオブザーバーに対し、取締役会の招集通知を、取締役への通知と同様の時期に同様の方法により行わなければならない。

４．本条の規定は、発行会社が取締役会設置会社である場合にのみ適用される。

本条は、投資家に、発行会社の取締役会に対して投資家が指名する者をオブザーバーとして派遣する権利を与えるものである。このような投資家の権利を一般に「オブザベーション・ライト」という。なお、オブザーバーは取締役ではなく、取締役会における議決権を有するわけではないことを、確認的に規定する場合もある。また、取締役会以外の会議体を出席の対象とする場合も存在する。

投資家は、発行会社の経営状況をモニタリングするためには、発行会社の取締役会その他の重要な会議に関係者を出席させることが望ましいが、そのような出席を求める権利は法令上当然に認められるものではない。したがって、投資家として、オブザベーション・ライトが必要である場合には、契約において定める必要がある。

なお、投資家の発行会社へのモニタリングをさらに強化するため、投資家に、発行会社の取締役の一部を指名する権利を与える場合もある。このような投資家の権利を一般に「取締役指名権」という。

投資家に取締役指名権を与える場合の条項例

第○条 (取締役指名権)

1．発行会社の議決権総数（完全希釈化ベースで計算を行うものとする）のうち、過半数を保有する単独または複数の投資家（以下「マジョリティ投資家」という）は、発行会社の取締役を1名指名することができる権利を有する。なお、マジョリティ投資家は、発行会社の取締役を指名する義務を負わず、取締役の指名をしたことまたはしないことを理由としていかなる不利益も被らず、また本契約の当事者に対していかなる責任も負わない。

2．マジョリティ投資家が前項の権利を行使する場合、本契約の当事者は、マジョリティ投資家が指名した者が発行会社の取締役として速やかに選任されるために必要なあらゆる措置をとらなければならない。

3．本契約の当事者は、本条に基づき選任された取締役については、マジョリティ投資家の書面による承諾を得なければ、解任することができない。ただし、本条に基づき選任された取締役に法令または定款の違反があった場合には、この限りでない。

4．発行会社および経営株主は、本条に基づき選任された取締役の責任を法令上可能な範囲で最大限免除または軽減する措置（責任限定契約および補償契約の締結を含むが、これに限られない）をとらなければならない。

5．発行会社は、マジョリティ投資家と協議の上、発行会社の費用負担で、マジョリティ投資家が合理的に指定する役員等賠償責任保険契約に加入しなければならない。

6．発行会社は、発行会社が第三者と合併して消滅会社となった場合や主要な事業を第三者に譲渡した場合等、実質的に発行会社の事業が第三者に承継された場合において、発行会社の取締役の賠償責任について当該第三者が本条と同様の義務を負うよう、合理的な範囲で最大限の努力を尽くさなければならない。

投資家が指名した者が発行会社の取締役となった場合、投資家は、自らが指名した取締役を通じて、取締役会で開示された情報を取得することができることはもちろんのこと、発行会社の取締役会で議決権を行使することもできる。したがって、投資家は、取締役指名権を得ることで、オブザベーション・ライトのみを得る場合よりも、発行会社へのモニタリングを強化することができる。

もっとも、投資家が発行会社の取締役を指名することで、発行会社の意思決定の迅速性が失われ、結果的に発行会社の成長を阻害する可能性がある。

また、発行会社の取締役に選任された者は、発行会社の取締役会への出席義務を負うほか、発行会社の代表取締役の業務執行を監視する義務、発行会社に対する忠実義務（会355条）および善管注意義務（会330条、民644条）等の義務を負うため、投資家の利益よりも発行会社の利益を優先しなければならない立場に置かれることもありうることに加え、それらの義務を懈怠した場合には、発行会社または第三者に対する損害賠償義務を負う可能性もある（会423条１項、429条１項）。さらに、投資家は、発行会社の取締役を１名指名したとしてもそれにより発行会社の意思決定権限を得るわけではないため、取締役指名権は、オブザベーション・ライトおよび情報提供義務を規定することによって代替できる場合も多い。

したがって、発行会社の取締役を指名することは、投資家にとっても、必ずしも有益であるとは限らない。そこで、取締役指名権を定めるのか、オブザベーション・ライトを定めるのか、それともそのいずれも不要であるのかを判断するにあたっては、投資家が発行会社の経営にどの程度深くかかわる予定であるか、発行会社の意思決定を不必要に阻害しないかなどを慎重に考慮する必要がある。

なお、上記のとおり、投資家から発行会社に派遣された取締役は発行会社または第三者に対する損害賠償義務を負う可能性もあるため、投資家としては、当該派遣取締役と発行会社との間で責任限定契約（会427条）や補償契約（会430条の２）を締結することを求めることが通常である。また、当該派遣取締役については、発行会社が役員等賠償責任保険契約（会430条の３。いわゆるD&O保険）に加入するよう求めることが望ましい。

また、投資家が複数存在する場合には、一定割合以上の議決権を有する投資家のみに取締役指名権またはオブザベーション・ライトを認めることで、投資家間の権利の調整を図ることができる。

第2.2条（重要事実に係る事前承諾事項）

発行会社および経営株主は、本契約締結後、発行会社ならびに発行会社の子会社および関係会社に係る以下の事項については、発行会社の機関決定の【--】日前までにすべての投資家に対して通知し、投資家が保有するすべての株式の過半数の承諾を得なければならない。ただし、発行会社による通知を受けてから【--】日以内に投資家が承諾するか否かの回答をしない場合には、当該投資家は、当該通知を受けた事項を承諾したものとみなす。

(1) 定款変更

(2) 事業計画および予算の策定

(3) 計算書類の承認

【中略】

(15) 株式または新株予約権（新株予約権付社債を含む）の発行、自己株式または自己新株予約権の取得・処分、株式併合、株式分割その他株主の議決権の数が変動する行為または変動する可能性を生じさせる行為（ただし、発行会社における適格ストックオプション（3.2条に定義する）の発行、株式等（3.3条に定義する）を目的とする新株予約権（新株予約権付社債に付されたものを含む）の行使による株式等の発行、および株式等の交付と引換えに取得される株式等もしくは新株予約権（新株予約権付社債に付されたものを含む）の取得による株式等の発行（以下「**許容株式等発行**」という）ならびに3.3条（投資家の優先引受権）の手続を履践する株式等の発行、処分または付与（以下、発行、処分または付与を総称して「**発行等**」という）を除く）

【以下略】

第2.3条（重要事項に係る事後報告事項）

1．発行会社および経営株主は、本契約締結後において、発行会社ならびに発行会社の子会社および関係会社に係る以下の事項または運営、財政状態、経営成績、信用状況等の点で重要なその他の事項の発生を知った場合、直ちに、発生した事項の概要を投資家に書面により報告する。

(1) 災害または業務に起因する損害の発生

(2) 財産権上の請求に係る第三者による訴訟、調停、仲裁の提起または決定、判断、判決等

(3) 営業もしくは事業の差止めその他これに準ずる処分を求める仮処分命令の申立て、決定または裁判によらない手続の終結

【中略】

2．経営株主は、自己に係る以下の事項または信用状況等の点で重要なその他の事項の発生を知った場合、直ちに、発生した事項の概要を投資家に書面により報告する。

(1) 財産権上の請求に係る第三者による訴訟、調停、仲裁の提起または決定、

判断、判決等

(2)　第三者による破産手続開始、民事再生手続開始、その他これに類する法的倒産手続開始の申立て、支払停止または手形、小切手もしくは電子記録債権の不渡り

第2.4条（財務情報等の提供）

発行会社および経営株主は、発行会社に関する以下の情報を、以下の時期に、投資家に対して提供する。

(1)　決算書、税務申告書および明細書を、法令および定款に適合して、または一般に公正妥当と認められる企業会計の基準に準拠して作成し、それぞれの締日から90日以内に投資家に提出する。

(2)　月次試算表（貸借対照表、損益計算書、資金繰表を含む）をそれぞれの月末締日から30日以内に投資家に提出する。

(3)　最近の事業計画書における重要な変更について投資家に速やかに通知するとともに、かかる事業計画書を毎年更新し、速やかに更新した事業計画書を投資家に交付する。

(4)　発行会社の定款が変更された場合、発行会社の代表取締役による原本証明を付した最新の定款の写しを速やかに投資家に送付する。

(5)　発行会社の登記事項に変更が生じた場合、登記事項証明書の写しを速やかに投資家に送付する。

(6)　発行会社の株主または新株予約権者が異動した場合、発行会社の代表取締役による原本証明を付した株主名簿または新株予約権原簿の写しを速やかに投資家に送付する。

2.2条は、発行会社が一定の重要事項を決定しようとする場合に、事前に投資家の承諾を得ることを求める規定である。かかる規定により、投資家は、事前承諾事項とされた事項について拒否権を取得することになる（なお、投資家に対して発行する株式が拒否権付株式でない場合でも、株主間契約に基づき、投資家に拒否権が与えられる場合は多い）。

投資家は、投資時の発行会社の事業内容や経営体制を基準にして投資を行うため、それらが発行会社により不適切に変更されないようにモニタリングできるよう、このような事前承諾事項を定めることがある。発行会社は、このような事前承諾事項が、発行会社の事業運営を阻害しないかなどの観点から、いかなる事項を投資家の事前承諾の対象とするかを検討することとなる。また、本書の文例では規定していないが、事前承諾事項とあわせて、または事前承諾事項の代わりに、発行会社から投資家に対する事前の通知を求める事項（事前通知事項）を定める場合もある。

なお、投資家は自己の持株比率の維持に関心を有していることが通常であるため、2.2条15号のように、株式または新株予約権の処分は事前承諾事項として定められることが多いが、あらかじめ投資家が想定している株式等の発行（優先株式の転換による普通株式の発行や下記3.2条（p.153）の解説で説明するオプションプールの範囲内のストックオプションの発行等）については、事前承諾の対象外とされることが多い。

2.3条は、一定の重大事由が発生した場合に、当該事由の発生を投資家に報告する発行会社および経営株主の義務を定めるものである。また、2.4条は、発行会社および経営株主に、投資家に対する計算書類、事業計画書、定款等の情報の開示を定めるものである。上記の事前承諾事項または事前通知事項と同様、投資家が発行会社へのモニタリングを行うために、このような事後報告事項や情報提供義務が定められることがある。

事前承諾事項、事前通知事項、事後報告義務または情報提供義務（以下、あわせて「事前承諾事項等」という）を定めることで、投資家は発行会社に対するモニタリングを行うことができる。しかし、事前承諾事項等が多岐にわたる場合、発行会社の事務負担が過大となり、発行会社の迅速な意思決定を阻害する可能性がある（特に、シードステージやアーリーステージにおいては、発行会社の運営体制は未成熟な場合が多く、事務負担の問題が深刻となりうる）。また、発行会社が事前承諾事項等の履行を失念することで、発行会社が株主間契約に違反した状態が生じてしまい、当事者間での紛争が生じうるとともに、そのような契約違反状態が生じた場合、後のラウンドで他の投資家が投資を検討する際の障害となる可能性もある。投資家としても、事前承諾事項の対象が多岐にわたる場合、複数の事項につき毎回承諾の有無を検討する必要が生じるため、事務負担が大きくなる。このように、発行会社にとっても投資家にとっても、事前承諾事項等を網羅的に規定することが有益であるとは限らないため、事前承諾事項等は、規定する必要性やその対象範囲をよく検討したうえで定める必要がある。

事前承諾事項等は投資契約において定めることも考えられるが、当初より複数の投資家が存在する場合や資金調達のラウンドが進んだ場合には、投資契約ごとに異なる事前承諾事項等が定められると発行会社の管理の負担が増大するため、株主間契約で統一的に定めることが望ましい。なお、株主間契約で統一的に定める場合であっても、一定割合以上の議決権を有する投資家の承諾のみが要求される事項と全投資家の承諾が要求される事項を分けるなどの工夫により、各投資家の個別的な事情をふまえた内容とすることは可能である。

また、投資家が承諾するか否かの決定を遅滞することで発行会社の意思決定が停滞するという事態を防ぐため、一定期間内に投資家が承諾するか否かの決定をしない場合には、その投資家は対象事項を承諾したものとみなす旨を定めることが望ましい。

第３章　発行会社の運営等

第3.1条（発行会社の経営等）

1．経営株主は、過半数の投資家の事前の承諾なく発行会社の取締役を辞任しないものとし、また、定款上の取締役の任期満了時に発行会社の取締役として再任されることを拒否しない。ただし、疾病その他やむをえない事情がある場合を除く。

2．経営株主は、発行会社の取締役としての業務に専念し、他の会社（発行会社の子会社および関係会社（子会社および関係会社の定義は会社計算規則に定めるところによる）を除く）、団体、組織の役員等または従業員を兼務または兼職しない。

3．経営株主は、発行会社の取締役としての地位にある間、および、発行会社の取締役でなくなった日から【２】年間経過するまでは、自らまたは第三者をして、発行会社における事業と競合する事業を直接または間接に行わない。

4．経営株主は、自らが発行会社の取締役としての地位を喪失した場合であっても、本契約の当事者としての権利または義務が何ら加重または減免されるものではないことを確認する。

5．経営株主が発行会社の代表取締役としての地位を喪失した場合、経営株主は、新たに発行会社の代表取締役となった者を、本契約の当事者として加えるよう合理的な範囲で最大限努力するものとし、他の当事者はこれに協力する。

本条は、経営株主の辞任または再任拒否を制限するとともに、経営株主に発行会社の経営への専念義務を課し、かつ、経営株主の競業を禁止するための規定である。

ベンチャー企業の場合、経営株主の手腕や人脈に依拠して事業を行っていることが多く、経営株主が発行会社を突然辞めてしまったり、また、その職務に専念せず別の事業を開始してしまったりすると、発行会社の経営に大きな影響を与える可能性がある。そのため、本条のように、経営株主が特別な事情のない限り辞任または再任拒否できないことを定めるとともに、経営株主の経営専念義務を定めることが多い。なお、M&A契約で定められるキーマン条項（**第8章3Ⅱ6**参照）も同趣旨の規定である。

また、経営株主が発行会社の取締役を辞任し、発行会社と競合する事業を行う場合には、発行会社のライバル会社が出現または成長してしまう可能性がある。そのため、経営株主については取締役としての在任期間中のみでなく、その退職後一定期間についても、競業避止義務が課されることが一般的である。

本条のような規定は投資契約において定めることも考えられるが、多くの投資家が要望する事項であること、および各投資家が個別に締結する投資契約ごとに内容が微妙に異なることで発行会社および経営株主の管理の負担が増大する可能性があることから、本書の文例においては、株主間契約で統一的に定めることとしている。

ただし、このような取締役を自由に辞任できないというような規定については、これを無効とした裁判例（大阪地判昭和63・11・30判時1316号139頁）もあり、その有効性には議論もあるところである。また、経営株主には一定期間は発行会社のために尽力してもらう必要があるため、モチベーション維持の必要性も高い。そこで、実務上は以下に定めるようなインセンティブプランとあわせて規定することで、経営株主にインセンティブを付与することがある。

第3.2条（インセンティブプラン）

発行会社は、自らの裁量により、発行会社またはその子会社の役員または従業員、もしくは外部アドバイザーに対するインセンティブプランとして、合理的な内容および条件（経済的条件を含む。なお、発行価額と行使に際して出資される財産の価額の合計額が発行時点の発行会社の普通株式1株あたりの公正価値または公正価値以上の価額となるものでなければならない）のもとで発行される普通株式1株を目的とする新株予約権を、その時々の完全希釈化ベースで計算される持株比率（「完全希釈化ベース」とは、発行会社のある時点における発行済みの取得請求権付株式、取得条項付株式、新株予約権、新株予約権付社債、その他その保有者もしくは発行会社の請求に基づきまたは一定の事由の発生を条件として発行会社の普通株式に転換しまたは発行会社の普通株式を取得しうる地位を伴う権利または証券（以下「**潜在株式等**」という）のすべて（発行会社が保有するものを除く）について、当該時点において発行会社の普通株式に転換されまたはかかる権利または証券に代えて発行会社の普通株式が取得されたものと仮定した状態をいう）で【10】％相当となる個数を限度として発行することができる（かかる個数に満つるまでの新株予約権を以下「**適格ストックオプション**」という）。

本条は、当該ラウンドの資金調達の後、発行会社がどの程度までのストックオプションを発行できるかの枠を定める条項である。このような枠のことを一般に「オプションプール」という。

ベンチャー企業においては、有能な人材を確保するためにストックオプションを発行する必要性が大きい。一方で、投資家としては、発行会社が自由にストックオプションを発行できるとしたのでは、自らの持株比率および自らが保有する株式の価値が際限なく希釈化することになりかねない（ストックオプションが行使される場合、その時点の株式の時価よりも低い権利行使価額が払い込まれて新株が発行されることが多いため、株式1株あたりの価値が希釈化することになる）。

そこで、発行会社が一定の条件のもと発行することができるストックオプションの枠として、投資家としては持株比率および株式価値の希釈化の上限として、オプションプールを定めることがある。なお、オプションプールは各投資家との関係で個別に定められる性質のものではないため、通常は投資契約ではなく株主間契約において定められる。

実務上、オプションプールは完全希釈化ベースで計算される株式保有割合の10％程度となる個数に設定されることが多いと思われるが、15％程度に設定されることもあり、まれに20％程度に設定されることもある。

具体例を記載すると、下記の株式や新株予約権を発行している会社に、10％のオプションプールの枠を設定する場合において、設定前の状況を、

- 普通株式：5000株
- （1株を普通株式10株に転換可能な）A種優先株式：100株
- 行使後に1個あたり普通株式が1株発行されるストックオプションとしての新株予約権：100個

とすると、完全希釈化ベースの普通株式の株式数は、以下のとおりとなり、

(普通株式) 5000株＋(Ａ種優先株式が普通株式に転換された場合の株式数) 1000株＋(新株予約権が行使された場合に発行される普通株式の株式数) 100株＝(完全希釈化ベースの普通株式の株式数) 6100株

この場合の具体的なオプションプールの枠は、

(完全希釈化ベースの普通株式の株式数) 6100株×10％＝(行使後の普通株式数) 610株

となるため、現在、残っているオプションプールの枠は、オプションプールの枠である610株から既発行のストックオプション分の100株を差し引いて、510株分の普通株式を目的とするストックオプションとしての新株予約権となる。

もっとも、オプションプールを設定したとしても、発行会社がそれを超える量のストックオプションを一切発行できないという建付けにすることは一般的ではなく、通常は、株主総会決議（および事前承諾の対象となっている場合には投資家の事前の承諾）を得たうえで、オプションプールの枠を超えてストックオプションを発行することも可能とされる。したがって、オプションプールを設定したからといって、それを超える量のストックオプションを発行できないというわけではない。

また、投資家はベンチャー企業に投資する際、オプションプールとして設定した分のストックオプションは発行済みであるものと仮定して払込金額の算定を行うのが通常である。そのため、オプションプールの割合を増やすと投資家による１株当たりの払込金額が減額され、同じ金額を投資する場合であっても投資家の持株数が増加することがある（※投資家による一株当たりの払込金額は、(a)「投資直後における発行会社の評価額」を(b)「投資直後における発行会社の完全希釈化ベースでの発行済株式数」で割って算出するのが通常であるため、オプションプールの割合が増えると(b)が増加し、一株当たりの払込金額が減額される)。したがって、発行会社側としても、オプションプールの割合を大きくすればいいというものではなく、後に投資家の同意を得てオプションプールを超える量のストックオプションを発行できる可能性も視野に入れつつ、どの程度の割合にするのかを十分に検討する必要がある。

なお、ストックオプションの行使により既存の投資家の株式価値が希釈化することを防止するとともに、税法上の税制適格ストックオプション（**第5章[3]**参照）に該当することを確保するため、オプションプールの対象となるストックオプションの権利行使価額は、発行時点の発行会社の普通株式1株あたりの公正価値またはそれ以上の金額とされることも多い。

第3.3条（投資家の優先引受権）

1．投資家は、発行会社が株式、新株予約権、新株予約権付社債またはその他株式の交付の請求もしくは取得が可能な証券または権利（以下「**株式等**」という）の発行等（ただし、許容株式等発行および株式分割、株式無償割当て、合併、会社分割、株式交換または株式交付による株式等の発行を除く。本条において以下同じ）をする場合、当該株式等の発行等時における投資家の発行会社における完全希釈化ベースの持株比率に応じ、当該発行される株式等を優先的に引き受けることができる権利（以下「**優先引受権**」という）を有する。

2．発行会社は、本条1項に定める株式等の発行等を行おうとする場合には、投資家に対して、かかる株式等の発行要項（発行等される株式等の種類および数、発行等価額、割当人その他の処分の相手方の氏名・名称と住所、ならびにその他重要な事項）を記載した、優先引受権を行使するか否かの確認を求める書面（以下「**優先引受通知**」という）を送付する。

3．投資家は、優先引受権を行使する場合には、優先引受通知の受領後【30】日以内に、本条1項に定める持株比率に応じた数またはそれ以下の数で投資家が特定する数の株式等を引き受けることを、発行会社に対して書面にて通知する。本項に定める通知を本項に定める期間内に行わなかった場合、投資家は、優先引受通知を受けた株式等の発行等について、優先引受権を失ったものとみなす。

4．発行会社は、前項に規定する期間の経過後【30】日以内に限り、優先引受通知記載の株式等のうち投資家が優先引受権を行使しなかった部分について、優先引受通知記載の割当人等に対して当該優先引受通知に記載の条件よりも実質的に当該割当人等に有利でない条件（なお、発行等価額は当該優先引受通知に記載の発行等価額と同額以上であることを要する）で株式等の発行等を行うことができる。

本条は、発行会社が追加で株式または潜在株式（本書の文例では総称して「株式等」と定義している）を発行しようとする場合に、投資家にその株式等の優先的な引受権（優先引受権）を認める規定である。

発行会社が既存の投資家以外の者を引受人とする株式等の発行を行う場合、

既存の投資家の持株比率は低下することになる。そこで、投資家が自らの持株比率の低下を防ぐため、優先株式の内容としての希釈化防止条項（**第3章** **4** **Ⅲ** **4**参照）に加えて、発行会社が株式等を発行しようとする場合に自らの持株比率に応じた株式等を優先的に引き受けることのできる優先引受権を定めることがある。

もっとも、既存の投資家の数が多い場合、発行会社が株式等を発行する都度すべての投資家との間で優先引受権の行使に関する連絡を行わなければならないとすると、発行会社の事務的な負担が大きくなる。また、各投資家の持株比率維持に対する関心の大きさには、その持株比率の大小に応じて差異があるのが通常である。そのため、一定割合以上の株式を有する投資家にのみ優先引受権を認める場合も少なくない。

投資家が優先引受権を行使する際の一般的な手続は、本書の文例に定められているとおり、①まず、発行会社が株式等を発行しようとする場合に、投資家に対して株式等の発行要項を送付し、②次に、当該株式等の引受けを希望する投資家は、当該発行要項の受領後一定期間内に、発行会社に対して株式等の引受けを希望する旨を通知し、③発行会社が、第三者への株式等の発行に先立ちまたは同時に、当該投資家に株式等を発行するというものである。

投資家が優先引受権を行使しなかった分の株式等については、発行会社が当初の予定どおり第三者に対して発行できる。ただし、本書の文例とは異なり、一部の投資家が優先引受権を行使しなかった場合の処理として、優先引受権を行使した他の投資家が残りの株式等についてさらに引受権を行使することができるという仕組みにすることもある。

また、投資家としては、発行会社が投資家に送付した発行要項に記載された条件よりも有利な条件で第三者に株式等を発行できるとしたのでは、優先引受権を行使するか否かを適切に判断することができず、発行要項の事前送付を求めた目的を達成することができない。そこで、投資家からは、発行会社が第三者に対して株式等を発行するとしても、事前送付を受けた発行要項に記載の条件よりも第三者に有利にならない条件で発行しなければならないことを明記するよう要求されることがある。

なお、あらかじめ投資家が想定している株式等の発行（優先株式の転換による普通株式の発行やオプションプールの範囲内のストックオプションの発行等であり、この文例では2.2条⒂において「許容株式等発行」と定義している）や組織再編行為に基づく株式等の発行については、投資家の優先引受権を認める必要性は乏しいため、優先引受権の対象外とされるのが通常である。

優先引受権は投資家の義務ではなく権利として定められることが一般的であり、その場合には、投資家は、あるラウンドにおいて発行される株式等の条件が自らにとって有利ではないと判断したのであれば、優先引受権を行使しないこともできる。

もっとも、発行会社としては、一定の条件を満たす資金調達について、投資家が自らの持株比率に応じて株式等の引受けを行わない場合、その投資家は一定の権利を喪失するという趣旨の条項を要求することも考えられる。このような条項を一般に「ペイ・トゥ・プレイ（Pay-to-Play）条項」という。ペイ・トゥ・プレイ条項は発行会社に有利な条項であるが、大口の投資家からも、小口投資家が企業価値増加の恩恵を無条件で受けること（フリーライド）を防止するために導入するよう要求されることがありうる。

ペイ・トゥ・プレイ条項の内容としては、①そのラウンドでの投資に参加しなかった投資家の優先引受権を事後は喪失させるというものや、②優先引受権を行使しなかった当該投資家に優先株式の転換請求権を行使することを義務づけ、その投資家の有する優先株式を普通株式に転換することで、その投資家が有する各種権利を失わせるというもの等が考えられる。下記の条項例は、上記②の例である。なお、上記②の内容のペイ・トゥ・プレイ条項を定める場合、あらかじめ種類株式の内容等として定款に定めておく必要がある。

ペイ・トゥ・プレイ条項の例

第○条（投資家の優先引受権）

（１項から４項までは上記3.3条と同様）

５．本条３項に基づき本条１項に定める持株比率に応じた数の株式等を引き受ける旨の通知を行わなかった投資家は、発行会社に対し、発行会社の定款の規定に基づき、自己が保有する○種優先株式を普通株式に転換することを請求しなければならない。

第４章　発行会社の株式等の譲渡等

第4.1条（投資家の保有する発行会社の株式等の譲渡）

投資家は、4.4条２項に定める場合を除き、法令および定款にしたがい、自らが保有する発行会社の株式等の全部または一部を第三者（経営株主および発行会社の株主たる他の投資家を含み、発行会社と競合する事業を行う者および

別紙5.1.1に定める反社会的勢力または反社会的行為を行う者を除く）に対して譲渡することができる。発行会社および経営株主は、その譲渡について、株主総会その他の機関の承認が必要な場合はその承認、株主名簿記載事項の記載または記録その他かかる譲渡に関連する必要な措置をとる。

第4.2条（譲渡禁止）

経営株主は、投資家の過半数の承諾を得ない限り、自らが保有する発行会社の株式等につき第三者（発行会社の他の株主を含む）に対する譲渡、承継、担保提供その他の処分を行ってはならない。なお、経営株主が投資家の承諾を得て発行会社の株式等の処分を行う場合であっても、経営株主は本章の手続にしたがわなければならない。

4.2条は、経営株主が投資家の承諾を得ずにその保有株式を投資家以外の第三者に処分することを禁止する規定である。

通常、ベンチャー企業における株式には会社法上の譲渡制限が付される。これは、他の閉鎖的な会社の場合と同様、ベンチャー企業においても、会社にとって好ましくない者が株主となることを防止したいという要請があるからである。さらに、多くの場合にはそれに加えて、投資契約または株主間契約によっても、経営株主による株式等の処分の禁止が定められる。また、経営株主には一定の割合の発行会社の株式等を保有させ、発行会社の経営に積極的に関与してもらう必要性が高いことも多いため、本書の文例のように、経営株主については、発行会社の他の株主に対してであっても、自由に株式等を処分してはならないと定めることが多い。

一方、投資家については株式譲渡による投資回収（エグジット）の機会を確保する必要性が高いため、4.1条に規定したとおり、投資家は第三者に対しても自由に株式を譲渡できる旨を定めることが多い（ただし、他の投資家が下記4.4条（p.160）に規定する先買権を行使した場合には、当該先買権を行使した投資家に対して株式を譲渡することとなる）。もっとも、発行会社としては、会社にとって好ましくない者が株主となることを可及的に防止するため、投資家による株式譲渡の場合であっても、発行会社と競合する事業を行う者や反社会的勢力等への譲渡については禁止する旨を定めることが考えられる。なお、投資家の場合には、経営株主の場合とは異なり、一定以上の発行会社株式を保有させる必要は乏しいため、仮に投資家による株式譲渡を制限する場合であっても、投資家間の譲渡は自由に認めても原則として問題はないと考えられる。

経営株主または投資家が自らの保有する発行会社株式を全部譲渡した場合の株主間契約の効力については、下記7.1条2項（p.178）を参照されたい。

第4.3条（投資家または経営株主による譲渡希望の通知）

投資家または経営株主が、自らが保有する発行会社の株式等の全部または一部（以下「**譲渡対象株式等**」という）を第三者（発行会社の他の株主を含むものとし、以下「**譲渡相手方**」という）に譲渡することを希望する場合（かかる譲渡を希望する株主を以下「**譲渡希望株主**」という）、譲渡希望株主は、投資家および経営株主（譲渡希望株主を除く）ならびに発行会社に対して、(i)譲渡対象株式等の数、(ii)1株またを1個あたりの譲渡予定価格（以下「**譲渡予定価格**」という）、(iii)譲渡相手方の氏名・名称および住所、ならびに(iv)その他譲渡に関する主要な条件を記載した書面（以下「**譲渡条件説明書**」という）とともに、書面により通知する（かかる通知を以下「**譲渡予定通知**」という）。

本条は、発行会社の株式等を譲渡しようとする株主に対し、その譲渡等の相手方および条件を他の株主（および発行会社）に通知することを求めることで、他の株主に先買権および共同売却権（下記4.4条および4.5条（p.162）を参照）を行使する機会を与えるための規定である。

第4.4条（先買権）

1．4.3条に定める場合、投資家または経営株主は、譲渡予定通知を受領した日から【30】日以内に、譲渡条件説明書記載の譲渡対象株式等のうち自ら買受けを希望する株式等の数を書面により譲渡希望株主および発行会社に通知することにより、譲渡対象株式等の全部または一部を、譲渡条件説明書記載の条件と同等の条件にて譲渡条件説明書記載の譲渡予定価格で自ら買い受ける権利（以下「**先買権**」という）を有する。なお、複数の投資家または経営株主が先買権を行使し、各投資家または経営株主が買受けを希望した数の合計が譲渡対象株式等の総数を超過する場合、各投資家または経営株主が保有する完全希釈化ベースの持株比率に応じて按分した数を上限として譲渡対象株式等を各投資家または経営株主に割り当てるものとし、かかる按分により割り当てられない譲渡対象株式等が存在する場合には、当該上限を上回る数の譲渡対象株式等の買受けを希望する投資家または経営株主の間で同様に按分するものとし、以後も同様とする（かかる按分により生じる1株未満の端数の取扱いについては、先買権を行使した投資家または経営株主の間で協議の上、決定する）。

2．投資家または経営株主が前項に定める先買権を行使した場合、当該行使を受けた譲渡希望株主は、前項に定める期間の経過後速やかに、当該投資家または経営株主が買受けを希望した数の株式等を譲渡条件説明書記載の条件と同等の条件にて、譲渡条件説明書記載の譲渡予定価格で当該投資家または経営株主に対し譲渡しなければならない。譲渡希望株主は、前項に定める期間の経過後速やかに、当該投資家または経営株主に対して譲渡する株式等の数を、本契約の当事者全員に通知する。

本条は、ある株主が第三者に保有株式等を譲渡しようとする場合に、他の株主に当該株式等の全部または一部を買い取ることができる権利を与えるものである。そのような権利を一般に「先買権」または「優先買取権」(First Refusal Right、Right of First Refusal)と呼ぶ。先買権は、①他の株主にその持株比率を増加させる機会を与えるとともに、②好ましくない者に株式が譲渡されることを防止することを主な目的とする。なお、当該目的のうち上記②を重視して、譲渡対象株式等の全部の買取りを希望する場合にのみ先買権の行使を認める場合も存在する。

また、好ましくない者が株主となることを防止するという要請は経営株主にとっても同様に存在することに加え、投資家としても株式を売却できるのであれば相手方は経営株主であっても問題ないことが通常である。そのため、本書の文例のように、経営株主に先買権を認めることも少なくない。

先買権が行使される場合の一般的な手続は、本書の文例のように、①まず、株式等を譲渡することを希望する株主(譲渡希望株主)が、他の株主に譲渡の相手方および譲渡の条件を書面で通知し(本書の文例では、かかる書面および通知をそれぞれ「譲渡条件説明書」および「譲渡予定通知」と定義している)、②次に、先買権を行使する株主が、譲渡予定通知を受領した後一定の期間内に、買取希望株式数を明記した書面を譲渡希望株主に交付し(発行会社やその他の株主全員への交付を求める場合もある)、③続いて、譲渡希望株主が、譲渡条件説明書に記載の条件で、先買権を行使した株主に株式を譲渡する、というものである。

なお、先買権を行使した株主が複数存在する場合には、当該株主の持株比率に応じて譲り受ける株式数が按分されるのが通常である。このように、複数の株主により先買権が行使された場合には当該株主間の調整等が必要になるため、先買権は投資契約ではなく株主間契約において定めることが一般的である。

また、他の株主が先買権を行使しなかった分の株式等については、譲渡希望株主が当初の予定どおり第三者に対して譲渡することができるが、下記の共同売却権が定められる場合には、譲渡希望株主は、共同売却権を行使した他の株主が売却を希望する一定数の株式等を当該第三者に譲渡した後でなければ、自らの保有株式を当該第三者に譲渡できないものとされるのが一般的である（下記4.5条の解説を参照）。

第4.5条（共同売却権）

１．4.3条に定める場合で、かつ、4.4条に基づく先買権の処理（先買権を行使した株主に対する当該先買権の対象となった株式等の譲渡を含む）が終了した時点においてなお残存する譲渡対象株式等（以下本条において「**残存譲渡対象株式等**」という）が存在する場合には、先買権を行使しなかった投資家は、譲渡予定通知を受領した日から【30】日以内に書面により譲渡希望株主および発行会社に通知することにより、当該譲渡希望株主に対し、自らが保有する発行会社の株式等のうち以下の算式により計算される数（小数点以下の端数は切り捨てる。以下「**売渡可能株式等数**」という）に相当する数（残存譲渡対象株式等と当該投資家が売渡しを希望する発行会社の株式等が異なる種類の株式等である場合には、普通株式への転換比率および当該株式等の行使によりもしくは取得と引換えに交付される普通株式の数等も考慮した売渡可能株式等数に相当する数とする）の株式等を、譲渡相手方に譲渡条件説明書記載の条件と同等の条件にて譲渡予定価格で売り渡すことを請求する権利（以下「**共同売却権**」という）を有する。

$$A = B \times \frac{C}{(D + E)}$$

Ａ：売渡可能株式等数
Ｂ：残存譲渡対象株式等の数
Ｃ：当該投資家が保有する完全希釈化ベース株式数
Ｄ：譲渡希望株主が保有する完全希釈化ベース株式数
Ｅ：共同売却権を行使した全投資家が保有する完全希釈化ベース株式数

２．残存譲渡対象株式等が存在する場合、譲渡希望株主は、前項に定める期間の経過後【30】日以内に限り、譲渡条件説明書記載の譲渡相手方に対し、かかる残存譲渡対象株式等を、譲渡条件説明書記載の条件よりも譲渡相手方に有利にならない条件（なお、譲渡価格は譲渡予定価格と同額以上でなければならない）で譲渡することができる。ただし、投資家が共同売却権を行使した場合、譲渡希望株主は、かかる共同売却権を行使した各投資家の売渡可能株式等数の株式等のすべての売却の完了までは、自らが保有する発行会社の株式等を売却することができない。

本条は、経営株主または他の投資家（譲渡希望株主）が第三者に保有株式等を譲渡しようとする場合に、投資家がその持株比率に応じて、譲渡希望株主と共同してその保有株式等を当該第三者に譲渡する権利を認めるものである。このような権利を一般に「共同売却権」、「譲渡参加権」または「タグ・アロング権」（Co-sale Right、Tag-Along Right）と呼ぶ。共同売却権は、株主間で株式等の売却機会を共有することで、株主に平等に投資回収の機会を与えることを主な目的とする。共同売却権については、行使した株主間における売却株式数の調整等が必要になるため、投資契約ではなく株主間契約において定めることが通常である。

経営株主は、少なくともIPO等により投資家がエグジットを図るまでの間、発行会社の経営を担う責任を負っている（上記のように、経営株主の取締役辞任禁止や専念義務が定められることもある）。一方で、投資家としては、経営株主による共同売却権の行使を認めることは、自らが譲渡できる株式数の減少につながる可能性があるため望ましくない。そのため、先買権の場合とは異なり、通常、経営株主に共同売却権は認められない。

共同売却権を行使する場合の一般的な手続は、①まず、譲渡希望株主が、他の株主に譲渡予定通知を行い、②次に、譲渡予定通知を受領した株主が、譲渡予定通知を受領してから一定期間内に、共同売却を希望する株式等の数を記載した書面を譲渡希望株主に交付し（発行会社やその他の株主全員への交付を求める場合もある）、③続いて、譲渡希望株主が、共同売却権を行使した株主が売却を希望する一定数の株式を、自らの保有株式等とあわせて第三者に譲渡するというものである。

先買権および共同売却権が行使されなかった場合、またはそれらの権利が行使された後に譲渡希望株主が第三者に譲渡することができる株式等が残存している場合に、譲渡希望株主が譲渡条件説明書に記載された条件よりも有利な条件で第三者に株式等を譲渡できるとしたのでは、他の株主は先買権および共同売却権を行使するか否かを適切に判断することができず、譲渡予定通知を求める目的が達成されない。そこで、譲渡希望株主は譲渡条件説明書に記載の条件よりも第三者に有利にならない条件でのみ株式等を譲渡できる旨を定めることが一般的である。

先買権と共同売却権はあわせて規定されることが多いが、実務上、両者の関係性が明確にされていない株主間契約書も散見される。しかし、両者の関係性が明確にされていない場合、その両方が行使された場合の処理が問題になる可能性も否定できないため、先後関係等、両者の関係性は明確に規定することが望ましい。

図表4－4－2

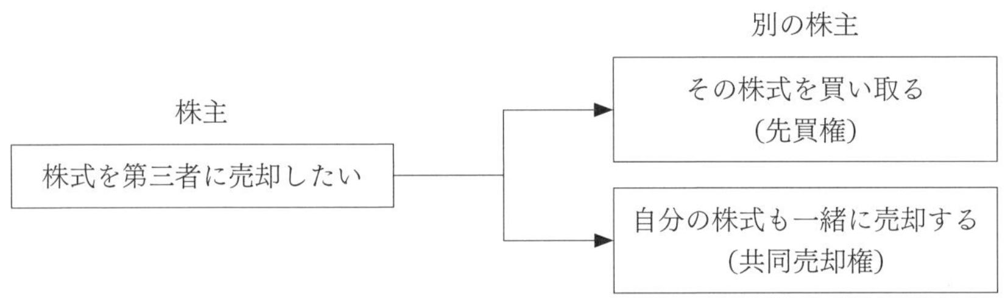

第4.6条（強制売却権）

本章の他の規定にかかわらず、(i)発行会社の取締役会、(ii)経営株主および(iii)全投資家の完全希釈化ベース株式数の過半数を保有する単独または2以上の投資家（ただし、保有する完全希釈化ベース株式数が多い投資家から降順にその保有株式数を合計した場合に、全投資家の完全希釈化ベース株式数のうち合計で過半数を超える時点までの投資家に限る。以下「**マジョリティ投資家**」という）のすべてが、以下の各号の取引（以下「**支配権移転取引**」という）を承認した場合で、発行会社が、経営株主および投資家に対し、当該支配権移転取引の実行日の【30】日前までに要求したときは、すべての経営株主および投資家は、当該支配権移転取引における各種類の株式等への対価の種類・価額が種類ごとに同一であることならびに投資家が当該支配権移転取引につき発行会社に関する表明および保証を行わないことを条件に、当該支配権移転取引に参加し、また、必要に応じてかかる取引に関する株主総会議案に賛成すべく議決権を行使し、その他当該支配権移転取引を実行するために必要な行為を行い、発行会社は、かかる取引につき適用される法令ならびに定款および社内規程上必要とされる一切の手続を適法かつ有効に履践する。

(1)　発行会社の株式等の発行または譲渡（当該発行または譲渡の直前時点の発行会社の株主が、当該発行または譲渡の直後の時点で、合計で発行会社の完全希釈化ベース株式数の過半数を保有する場合を除く）

(2)　発行会社が消滅会社となる合併（当該合併の効力発生日直前時点の発行会社の株主が、かかる効力発生日直後の時点で、合計で当該合併の存続会社またはその親会社の完全希釈化ベース株式数の過半数を保有する場合を除く）

(3)　発行会社が完全子会社となる株式交換または株式移転（当該株式交換または株式移転の効力発生日直前時点の発行会社の株主が、かかる効力発生日直後の時点で、合計で当該株式交換または株式移転の完全親会社またはその親会社の完全希釈化ベース株式数の過半数を保有する場合を除く）
(4) 発行会社が株式交付子会社となる株式交付（当該株式交付の効力発生日直前時点の発行会社の株主が、かかる効力発生日直後の時点で、合計で株式交付親会社の完全希釈化ベース株式数の過半数を保有する場合を除く）
(5) 発行会社の事業の全部もしくは実質的な全部の譲渡または会社分割による他の会社への承継（発行会社の完全子会社に対して行われるものを除く）

本条は、一定の条件が満たされた場合に、発行会社の株主全員に対して株式の売却その他のM&Aへの参加を強制することができる権利を定めたものである。このような権利を一般に「強制売却権」、「同時売却請求権」または「ドラッグ・アロング権」(Drag Along Right）などと呼び、またこのような条項を「ドラッグ・アロング条項」と呼ぶことがある。

M&Aにおいて、買主は発行会社の株式等のすべての取得を希望することが多い。これは、M&A終了後に少数株主が残存する場合には、当該少数株主への対応に労力を要するとともに機動的な意思決定が阻害される可能性があること、および発行会社の株式等を100％取得することでM&Aファイナンスの選択肢が広がることを主な理由とする。そのため、特に株式譲渡の方法によりM&Aを行う場合、発行会社の株主のうち一部の少数株主がM&Aに反対することで、発行会社株式等の100％の取得を希望する買い手がM&Aをとりやめるという事態が生じる可能性があり、そのような事態は、発行会社および他の株主にとって望ましくない。そこで、少数株主に対してM&Aに参加することを強制できるようにし、他の株主の投資回収の機会を確保できるようにするため、強制売却権が定められることがある。また、強制売却権は、経営株主に対してM&Aへの参加を強制できるようにすることをも目的として規定される場合があり、その場合には、経営株主または発行会社の同意は強制売却権の発動要件に含まれないことになる。

このように、強制売却権は全株主がM&Aに応じることを強制するための権利であるため、全株主が当事者となる契約において定める必要がある。

強制売却権の発動要件としてはさまざまな構成が考えられ、その発動要件の主な構成要素は、①決定権者、②期間要件、③金額要件、④売却先要件である。

具体的には、まず、①決定権者としては、一定割合以上（過半数、3分の

２以上など）の株式を有する株主の決定に委ねる場合や、そのような株主の決定に加えて、経営株主の決定および発行会社の取締役会による決定も必要とする場合などが考えられる。本書の文例では、発行会社の取締役会および経営株主の決定も要件としているが、上記のとおり、経営株主に対してM&Aへの参加を強制できるようにすることを目的とする場合には、経営株主および発行会社の決定は発動要件には含まれないことになる。

次に、②期間要件としては、目標時期までにIPOが行われなかった場合に限り強制売却権を発動できるとするものや、投資家であるファンドの満期をふまえた一定時期以降に限り同権利を発動できるとするもの等が考えられる。これは、経営株主側としては発行会社の経営が軌道に乗る前にM&Aが行われることを避けたい一方で、投資家側としては適時に投資回収を行う必要があることから、M&Aによる投資回収を行うことが合理的といえるような時期をあらかじめ設定し、その時期以降であれば強制売却権の行使により全株主にM&Aに応じることを強制できることとすることで、経営株主側と投資家側の利益調整を図るための要件である。

次に、③金額要件としては、M&A実行時に想定される発行会社の時価総額が一定以上の場合に限り強制売却権を発動できるとするもの等が考えられる。これは、経営株主側としてはできる限り多額のキャピタルゲインを得ることを希望する一方で、投資家側としては適時に投資回収を行う必要があることから、M&Aによる投資回収を行うことが合理的といえるような時価総額をあらかじめ設定することで、両者の利益調整を図るための要件である。

なお、上記の期間要件と組み合わせて、たとえば、一定の時期まではM&A実行時に想定される発行会社の時価総額が一定以上の場合に限り強制売却権を発動できるものとしつつ、当該一定の時期以降は時価総額にかかわらず強制売却権を発動できるとすることも可能である。

最後に、④売却先要件としては、投資家が提案する売却先へのM&Aと同条件であれば経営株主が別の売却先を選択することができるとするものや、同じく同条件であれば特定の投資家がM&Aの相手方となる権利（先買権の一種である）を行使することができるとするもの等が考えられる。

一般的な投資家にとって、同条件でのM&Aであれば売却先は問題とならないことが多い一方で、経営株主、または発行会社との業務提携またはM&Aの可能性を検討している投資家（事業会社、または事業会社が自社の戦略目的のために主に自己資本で組成するいわゆるコーポレートベンチャーキャピタルの場合が多い）としては、自らと競合する事業を行っている者に対する売却を避け、または自らが発行会社の事業または株式を取得することを希望する場合がある。そこで、そのような希望を実現できるようにするため、上記のような売却先要件が定められることがある。

なお、2021年3月1日に施行された会社法の改正により、「株式交付」制度が新設された（会774条の2以下）。株式交付を用いて発行会社の買収が行われる場合も想定し得るため、本書の文例においては、株式交付も支配権移転取引の1つに加えている。

強制売却権の発動要件に期間要件、金額要件および売却先要件を組み合わせる場合の例

第○条（ドラッグ・アロング）

1．第三者より以下の各号の取引（以下「支配権移転取引」という）の提案があった場合には、(i)発行会社の取締役会、(ii)経営株主または(iii)全投資家の完全希釈化ベース株式数の過半数を保有する単独または2以上の投資家（ただし、完全希釈化ベースでの保有株式数が多い投資家から降順にその保有株式数を合計した場合に、全投資家の完全希釈化ベース株式数のうち合計で過半数を超える時点までの投資家に限る。以下「マジョリティ投資家」という）は、本契約の他の当事者に対して当該支配権移転取引に応じるよう請求する権利（以下「強制売却権」という）を行使することができる。ただし、強制売却権は、○年○月末日までに発行会社株式の金融商品取引所への上場が実現しなかった場合、または、支配権移転取引において想定される発行会社の時価総額が○億円以上である場合に限り行使することができる。

【※　1項各号は上記4.6条各号（p.164）と同様】

2．マジョリティ投資家は、強制売却権を行使する場合、本契約の他の当事者（以下「被請求当事者」という）に対して、(i)当該支配権移転取引の内容および主要な条件、(ii)強制売却権を行使する旨、および(iii)その他必要な事項を記載した書面（以下「買収受諾通知書」という）を送付しなければならない。

3．本条に基づき強制売却権が行使された場合、被請求当事者はこれに応じるものとし、当該請求に係る支配権移転取引の実現のために必要となる一切の手続に協力しなければならない。

4．前項にかかわらず、経営株主は、買収受諾通知書を受領した日から【20】日以内に限り、本契約の他の当事者に対し、当該買収受諾通知書に係る支配権移転取引の相手方を、自らが指定する第三者（ただし、**別紙5.1.1**に定める反社会的勢力または反社会的行為を行う者であってはならない）に変更する権利（以下「買収先指定権」という）を行使することができる。経営株主は、買収先指定権を行使する場合、上記期限までに、すべての投資家に対し、買収先指定権を行使する旨を記載した書面を、自らの指定する第三者が本条

2項の買収受諾通知書に記載の条件で支配権移転取引の相手方となることを承諾していることを証する書面とともに送付しなければならない。
5．経営株主が買収先指定権を行使した場合、本契約の他の当事者は、経営株主が指定する第三者を相手方として本条2項の買収受諾書記載の条件で支配権移転取引を行うことに応じるものとし、当該支配権移転取引の実現のために必要となる一切の手続に協力しなければならない。

第4.7条（支配権移転取引の際のみなし清算）
1．投資家および経営株主は、支配権移転取引（ただし、次項に定めるものを除く）が行われた場合、当該取引における対価を取得することとなる投資家および経営株主（以下個別にまたは総称して「**みなし清算株主**」という）の間で、当該取引における対価の合計額（対価が金銭以外の財産である場合には、経営株主であるみなし清算株主全体が保有する完全希釈化ベース株式数のうち、合計で過半数を保有する単独または複数の者と投資家であるみなし清算株主全体が保有する完全希釈化ベース株式数のうち、合計で過半数を保有する単独または複数の者との合意により当該財産の公正価額として定める額）を残余財産の額とみなし、また、みなし清算株主を発行会社の全株主とみなして、発行会社の定款の残余財産の分配に関する規定を適用した場合にかかる定款規定に基づきそれぞれのみなし清算株主が支払を受けるべき残余財産分配額にしたがって、当該取引における対価を分配する。
2．発行会社が分割会社となる会社分割（ただし、当該会社分割に際して会社法758条8号ロもしくは同法760条7号ロまたは同法763条1項12号ロもしくは同法765条1項8号ロに規定される剰余金の配当が行われるものに限る）、または、4.6条5号に定める取引が行われた場合、当事者は、すべての投資家および経営株主間で前項の規定に準じた経済的配分がなされるように、合理的な対応を行う。

本条は、発行会社のM&Aが行われた場合に、そのM&Aが行われた部分について発行会社が解散したものとみなして、株主間で対価の分配を行うための規定である。そのような対価の分配を一般に「みなし清算」（Deemed Liquidation）といい、このような条項を一般に「みなし清算条項」という。みなし清算条項を規定することにより、優先株式を保有する投資家（優先株主）が会社の解散時に残余財産の優先分配を受けられるのと同様に、M&A実行時に優先株主が対価の優先分配を受けられるようになる（残余財産の優先分配については**第3章**③Ⅱ2および④Ⅱ1⑴参照）。

具体的には、たとえば投資家が保有するA種優先株式の内容として、残余財産の分配について、普通株式に優先してA種優先株式1株につき払込価額と同額を分配し、その後になお残余財産がある場合には、A種優先株式1株につき普通株式1株と同額を分配するという定めが置かれている場合、M&A実行時にその定めにしたがって対価の分配を行う旨のみなし清算条項を定めることによって、残余財産の分配時と同様に、A種優先株式を保有する投資家は、対価の優先的な分配を受けられることになる。

みなし清算条項の適用例

※ 上記の内容のA種優先株式のみを保有する投資家Bの持株比率が10%、かつ投資家Bが保有するA種優先株式の払込価額が合計1億円であり、M&Aの対価が合計5億円であった場合

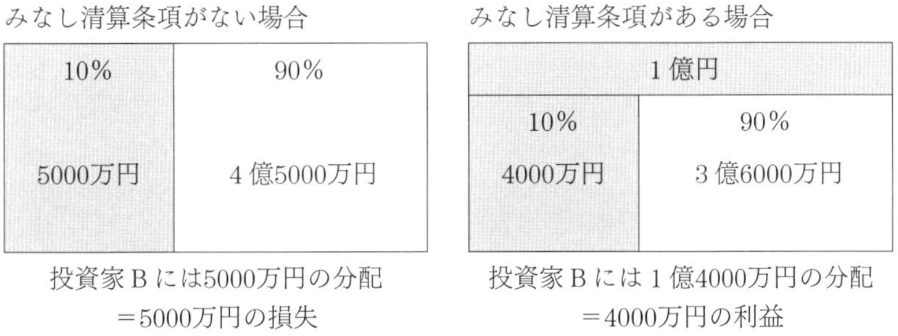

みなし清算条項がない場合

10%	90%
5000万円	4億5000万円

投資家Bには5000万円の分配
＝5000万円の損失

みなし清算条項がある場合

1億円	
10%	90%
4000万円	3億6000万円

投資家Bには1億4000万円の分配
＝4000万円の利益

投資家にとって、発行会社が解散する場合であってもM&Aに応じる場合であっても、IPOに至る前に投資回収を行うことになる点に変わりはないため、解散・清算時の残余財産の分配とM&A時の対価の分配は同様に扱うのが合理的である。そこで、近時の株主間契約においては、ほとんどの場合、みなし清算条項が定められている。もっとも、IPO時に優先株主に対する残余財産の優先分配が行われないこととの均衡上、IPOに匹敵するような高額でのM&Aが行われる場合には、みなし清算条項を適用しない方が合理的な場合もありうる。そのため、一定金額以上でのM&Aを行う場合にはみなし清算条項を適用しない旨の定めを置くことも考えられる。

M&Aの対価が金銭である場合には、単純に定款に定められる残余財産分配の方法に準じて対価の分配を行えば足りるが、対価が金銭以外の財産である場合にはその評価を行う必要がある。そこで、この文例のように、M&Aの対価が金銭以外の財産である場合の評価方法を定める必要がある。

第３章[4]Ⅱ２で述べたとおり、合併、株式交換および株式移転のいずれかを利用してM&Aが行われる場合を除き、M&A時のみなし清算の仕組みを定款において有効に定めることは難しいものと解されている。そのため、みなし清算は、仮に定款において定める場合であっても、株主間契約等の契約においても定めることが望ましい。

また、みなし清算条項はすべての株主が当事者となっていなければ有効に機能しない可能性が高いため、すべての株主が当事者となる契約において定めるべきである。

第4.8条（Exit）

1．発行会社および経営株主は、【--】年【--】月期を申請基準決算期として、【--】年【--】月末日までに、国際的に認知された金融商品取引所（外国における取引所を含む。以下同じ）への発行会社の普通株式の上場（以下「**株式公開**」という）、発行会社の議決権の過半数に相当する株式の本契約当事者以外の第三者への譲渡、または合併等（以下「**Exit**」という）を実現すべく、合理的に最大限の努力をする。

2．経営株主および投資家は、Exit時において、株式公開に関する主幹事の金融商品取引業者から要請を受けた場合は、かかる要請に基づき、発行会社の株式を株式公開後一定期間売却しない旨を定めた確約書を締結することに同意する。詳細の条件については、別途主幹事証券会社との間で決定する。

本条では、一定の時期までに、発行会社の普通株式を上場させるか、または、株式譲渡や合併等によるM&Aの方法により、投資家に対してその投下資本の回収の機会を確保させるようにするという発行会社および経営株主の努力義務を規定している。

投資契約の文例における2.5条と同様の規定であるため、本条についての解説は、投資契約2.5条（p.111）の解説（上記[3]Ⅱ）および上場協力義務に関する裁判例の紹介（上記[3]Ⅲ）を参照されたい。

第５章　表明および保証

第5.1条（表明および保証）

1．経営株主は、各々個別に、各投資家に対し、本契約締結日において（ただし、特段の記載がある場合は当該時点において）、**別紙5.1.1**に記載された事項が真実かつ正確であることを表明し、保証する。

2．各投資家は、各々個別に、経営株主および他の投資家に対し、本契約締結日において（ただし、特段の記載がある場合は当該時点において）、**別紙5.1.2**に記載された事項が真実かつ正確であることを表明し、保証する。

本条は、経営株主と投資家の表明保証を定める規定である。

上記2Ⅳ2のとおり、表明保証は、「ある時点」において一定の事項が真実かつ正確であることを表明して保証するものであって、会社への投資の場面においては、投資契約等の締結時および投資実行時が基準時となり、投資実行後の事項は表明保証の対象とならないことが通常である。そのため、表明保証は、投資契約においてのみ規定され、株主間契約においては規定されない場合も多い。

もっとも、投資家が、発行会社および経営株主が他の投資家に対して保証した表明保証事項について、自らに対しても保証するよう求める場合もあることから、本書の文例においては、株主間契約にも簡潔な表明保証を含めることを前提にしている。なお、本文例では、表明保証事項は別紙に記載する方式をとっているが、表明保証事項が少ない場合には、本条において具体的な表明保証事項を列挙した方がわかりやすい場合もあると思われる。

そのほか、表明保証については、上記2Ⅳおよび3Ⅱ（投資契約4.1条（p.112）および4.2条（p.112）の解説）を参照されたい。

第６章　補償等

第6.1条（補償等）

各当事者は、本契約に基づく自らの義務の不履行または表明および保証が真実または正確でなかったことに起因または関連して、他の当事者が、損失、損害、責任、義務、費用または支出（偶発的なものか否か、第三者からの請求によるものか否か、その他一切の性質の如何を問わない。さらに、一切の合理的な範囲の弁護士および会計士の費用を含む。以下「**損害等**」という）を被った場合、当該他の当事者に対し、かかる損害等を賠償または補償する。

第6.2条（株式買取請求権）

1．発行会社および経営株主は、次の各号の事由が発生した場合、投資家の請求（以下「**買取請求**」という）により、投資家の保有する発行会社の株式等の全部または一部（以下「**買取対象証券**」という）を連帯して買い取るものとし、買取請求の到達後【30】日以内に、投資家の指定する方法で、本条2項に定める買取価格（以下「**買取価格**」という）を投資家に支払う。ただし、発行会社および経営株主は、買取請求の到達後【30】日以内に自らの指定する第三者（ただし、**別紙5.1.1**に定める反社会的勢力または反社会的行為を行う者であってはならない）をして買取対象証券を買い取らせた上で買取価格を支払わせた場合は、本条に定める義務を免れることができる。なお、本条に基づく買取請求権の行使は、前条に基づく補償等の請求を妨げない。

⑴　発行会社または経営株主が本契約または本投資契約に基づく義務に違反した場合（当該違反が性質上治癒することが可能な場合は、違反した発行会社または経営株主が投資家から当該違反の治癒を求める通知を受領した後、【14】日以内にかかる違反を治癒しない場合。ただし、当該期間に違反が治癒されることが困難である事由がある場合は、投資家が承認する期間内に違反が治癒されない場合）

⑵　本契約5.1条1項または本投資契約4.1条もしくは4.2条に基づく表明保証事項が真実または正確でなかった場合

⑶　発行会社または経営株主が法令または定款に違反した場合（当該違反が性質上治癒することが可能な場合は、違反した発行会社および経営株主が投資家から当該違反の治癒を求める通知を受領した後、【30】日以内にかかる違反を治癒しない場合。ただし、当該期間に違反が治癒されることが困難である事由がある場合は、投資家が承認する期間内に違反が治癒されない場合）

2．前項にいう買取価格は、次の各号に定める金額のうち最も高い金額に、買取対象証券の数量を乗じた金額とする。ただし、本項⑴号から⑷号までについては、買取対象証券が株式以外の場合、または、発行会社において株式分割、株式併合、株主割当てが行われた場合その他必要と認められる場合には、投資家により客観的かつ合理的に適切に調整される。なお、本項の規定は、投資家による買取請求の条件として、投資家に本項⑸号に定める第三者の鑑定を義務付けるものではない。

⑴　投資家が買取対象証券を取得した際の1株あたりの払込金額

⑵　財産評価基本通達に定められた「類似業種比準価額方式」にしたがい計算された1株あたりの金額

⑶　発行会社の直近の貸借対照表上の簿価純資産に基づく発行会社の1株あたりの純資産額

⑷　発行会社の直近の株式等の取引事例における買取対象証券と同種の株式等の1株あたりの譲渡金額または発行価額（潜在株式の場合には、その発行価額および行使価額に基づき、1株あたりの株式発行価額として投資家が合理的に算定する金額）

⑸　投資家が選任した第三者の鑑定による買取対象証券と同種の株式等の1株または1個あたりの公正な時価がある場合には当該時価（なお、第三者

の鑑定費用は、【投資家】の負担とする）

3．本条1項に基づき投資家が発行会社および経営株主に買取請求した場合、買取請求を受けた発行会社および経営株主（発行会社および経営株主が本条1項に基づき第三者を斡旋した場合には当該第三者を含み、併せて「**買取人**」という）は、投資家による買取請求を受けた日から【30】日以内に、買取価格を投資家に支払うものとし、投資家および買取人は当該支払以後については以下の定めにしたがう。

⑴　発行会社が株券発行会社である場合、投資家は買取価格全額の受領確認後速やかに、買取人に株券を交付する。買取人はその後速やかに株主名簿の名義書換手続を行う。

⑵　発行会社が株券不発行会社である場合、買取価格全額の支払完了の時をもって、買取対象証券の権利の移転の効力が生じるものとし、投資家はその後買取人の請求に基づき、株主名簿の名義書換手続に協力する。

4．発行会社の株式等の譲渡につき発行会社の株主総会、取締役会その他の機関の承認が必要である場合においても、当該承認の有無は買取人（ただし、発行会社を除く）の投資家に対する前項の義務（ただし、株主名簿の名義書換に関する義務を除く）に影響を及ぼさない。発行会社に対する譲渡承認の請求その他かかる譲渡承認にかかわる手続は、買取人が自己の費用および責任において実行する。また、本条に基づく発行会社の株式等の譲渡（発行会社による自己株式の取得を含む。以下本項において同じ）につき発行会社の株主総会決議が必要である場合、経営株主は、当該株主総会において、当該株式の譲渡を承認するよう議決権を行使しなければならず、かつ、会社法160条3項の請求を行ってはならない。

5．本条1項に基づき買取請求をした投資家は、本条3項に基づき買取人が買取価格全額を支払うまでの間においては、買取人の同意を要することなく、買取請求を撤回することができるものとし、投資家が撤回の意思を表示した場合には、本条1項に基づく買取人の買取義務は消滅する。なお、投資家は、かかる撤回の後、同一の事由に基づき再度買取請求を行うことができる。

6．発行会社および経営株主は、法令または定款もしくは社内規程にしたがい、本条に基づく買取対象証券の譲渡に関連する必要な措置をとる。

7．発行会社および経営株主は、本条の義務を履行することができなかった場合には、これにより本条1項に基づき買取請求をした投資家に生じた損害等を連帯して賠償する。

6.1条は、いずれかの当事者が株主間契約に違反した場合（表明保証が真実または正確ではなかった場合を含む）に、当該当事者が他の当事者に対して損害等を賠償または補償しなければならない旨を定める規定である。

6.2条は、発行会社または経営株主が、①株主間契約もしくは投資契約違反、②それらの契約に定められる表明保証違反、または、③法令もしくは定款違反をおかした場合に、投資家が発行会社および経営株主に対し、自己が保有する発行会社の株式等の買取りを請求できるようにするための規定である。そのような請求を行う権利を「株式買取請求権」といい、株式買取請求権を定める条項を「株式買取条項」ということがある。なお、買取義務を負う者を発行会社と経営株主のいずれか一方とする場合もあるが、そのいずれをも買取義務者として定める場合が多いと思われる。

株式買取条項は、各投資家の発行会社および経営株主（またはそのいずれか一方）に対する個別的な権利を定めるものであるため、投資契約において定めても特段の弊害はなく、そのような場合も多いが、株主間契約においてのみ定める場合や、投資契約と株主間契約の両方で定める場合も存在する。投資契約と株主間契約の両方を締結することが当初から想定されている場合には、そのいずれかにおいて株式買取条項を定め、その発動事由に投資契約違反と株主間契約違反の両方を含めれば投資家の目的は達成されるため、本書の文例においてはそのような場合を想定して、株主間契約においてのみ株式買取条項を定めている。

株式等の買取りには多額の費用が必要になることが多いため、経営株主個人に株式等の買取義務を負わせる株式買取条項は、経営株主にとって非常に厳しい規定である。そのため、経営株主は当該条項に強い抵抗感を持つことが少なくない。また、発行会社または経営株主が契約に違反した場合、投資家としては民法または契約に基づく損害賠償請求を行うことも可能である。そうすると、株式買取条項は経営株主にとって過度に厳しい規定であるとも思われる。

しかし、投資家は、発行会社または経営株主が契約に違反した場合であっても、損害賠償請求を行うためには、自らに生じた損害の額を立証しなければならないのが原則である。そして、かかる損害額の立証は困難であることが多い（たとえば、事前承諾事項について発行会社が投資家の事前承諾の取得を怠った場合に、投資家にいかなる損害が生じたと考えるのかは難しい）。また、発行会社または経営株主が重大な契約違反または法令違反をおかすような場合には、投資家と経営株主の間の信頼関係が失われ、投資家として発行会社への投資を継続することが難しい場合もある。さらに、投資家がファンドの場合には、自らへの出資者に対する厳しい投資責任を負っているため、投資契約や株主間契約の実効性を確保する必要性が大きい。

そこで、投資家としては、投資契約および株主間契約の実効性を確保するため、株式買取条項を求めることが一般的であり、現在の実務上、多くの投資契約および株主間契約において株式買取条項が定められている。

株式等の買取義務を負う者として、発行会社のみとするか、経営株主のみとするか、その双方とするかが問題となることもある。この点、会社法上、株式会社による自己株式の取得には財源規制が設けられている（会461条、157条1項）。また、発行会社は投資家から調達した資金を事業のため使用するため、発行会社に自己株式の取得に必要な財源が残されていない場合も多い。そのため、投資家としては、発行会社に対して株式の買取りを請求できるのみでは契約の実効性を確保することが難しい場合が多いため、経営株主を買取義務者に含めるよう求めることが通常である。

もっとも、経営株主が個人で多額の買取費用を負担することは難しいことが多く、また、経営株主個人に買取義務を負わせることは、たとえば経営株主が保有する発行会社の株式等の割合が小さい場合等、経営株主の行為と発行会社の行為を同視できないような場合には、経営株主にとって酷となることもあるので、経営株主としては慎重に検討する必要がある。

また、本書の文例のように、発行会社または経営株主が株式等を買い取る第三者を指定し、その第三者に株式等を買い取らせた場合には、発行会社および経営株主が買取義務を免れる旨を定めることも多い。これは、経営株主よりも資力のある第三者が株式等の買取者となることで、発行会社や経営株主としては買取義務を免れることができ、投資家としても現実的な投資回収を図ることができることから、各当事者にとってメリットがあるためである。

株式買取請求権の行使事由として一般的に定められるのは、①株主間契約違反または投資契約違反、②それらの契約に定められる表明保証違反、および、③定款違反または法令違反の3つである。

株式買取請求権が行使された場合、発行会社や経営株主の負担は大きい。また、株式買取請求権の行使者以外の投資家にとっても、同権利の行使により発行会社や経営株主の財務状況が悪化することは望ましいことではない。さらに、何らかの契約違反は不可避的に生じてしまうのが通常であるため、軽微な契約違反が存在する場合であっても株式買取請求権を行使できるとすると、後のラウンドでの資金調達時に新規投資家による出資の妨げになる可能性もある。このように、軽微な契約違反を株式買取請求権の行使事由に含めることは、発行会社や経営株主にとってはもちろんのこと、投資家にとっても望ましいとは限らないため、行使事由をある程度限定することも少なくない。

具体的には、まず本書における文例のように、治癒可能な契約違反の場合には、投資家からの請求にもかかわらず一定期間内に治癒されない場合に限って、株式買取請求権の行使事由となる旨を定めることが考えられる。また、一定の重大な違反が生じた場合（反社会的勢力と関与した場合、経営株主の故意または重過失により発行会社に損害を与えた場合、調達資金の不正流用があった場合等）に限って株式買取請求権を行使できるなどのように、行使事由を限定列挙することも考えられる。さらに、抽象的に「重大な」違反があった場合に限り同権利を行使できる旨を定めることも考えられるが、何が「重大な」違反であるのかの判断基準は不明確であり、当該違反が重大か否かで後に争いが生じるおそれもあるため、そのような抽象的な定め方をする場合であっても、想定している行使事由については別途例示列挙することが望ましい。

また、目標時期までに株式公開が行われなかった場合に株式買取請求権を行使できる旨を定める場合もある。もっとも、株式公開が行われない理由にはさまざまなものが考えられ、発行会社および経営株主にまったく落ち度がない場合もありうる。そのため、経営株主としては、目標時期までに株式公開が行われないことを株式買取請求権の行使事由として定めるとしても、株式公開が可能であるにもかかわらず株式公開を行わない場合、または株式公開が不可能であることについて経営株主に落ち度がある場合に限定するよう求めることが望ましい。投資家としても、発行会社および経営株主との信頼関係を構築するため、そのような求めがあった場合には積極的に受入れを検討するべきであると思われる。

株式等の買取価格の算定方法にはさまざまなものが考えられるが、以下の５つのいずれかを買取価格とすることが一般的である。

① 投資家が株式等を取得した際の1株あたりの払込金額
② 財産評価基本通達に定められた「類似業種比準価額方式」にしたがい計算された1株あたりの金額
③ 発行会社の直近の貸借対照表上の簿価純資産に基づく発行会社の1株あたりの純資産額
④ 発行会社の直近の株式等の取引における買取対象証券と同種の株式等の1株あたりの譲渡金額または発行価額
⑤ 第三者により算定された1株あたりの時価

また、上記①から⑤までのうちいずれかのみを買取価格として定める場合、そのうち最も高いものまたは最も低いものを買取価格とする場合、および複数の価格の中間値を買取価格とする場合のいずれの場合もありうる。本書の文例においては、最も高いものを買取価格としている。なお、上記⑤の第三者による鑑定には費用を要することから、本書の文例では、投資家に本条に定める第三者の鑑定を義務づけるものではない旨を確認的に規定している。鑑定費用については、上記⑤は投資家の権利であることから、当該権利を行使した投資家が費用負担すべきという考えがある一方、発行会社または経営株主に原因があることから、発行会社または経営株主が費用負担すべきという考え方もあり、さらに、公平に費用を按分して負担すべきという考えもありうる。

実務上、投資家と経営株主の交渉がまとまらない際の妥協案として、買取価格を「別途協議で定める」とするケースや、第三者の算定によるとしつつ当該第三者を「別途協議で定める」とするケースが散見される。しかし、そのように定めた場合、協議が調うまで買取価格が定まらず、株式買取請求権の実効性が失われる可能性がある。そこで、投資家としては、買取価格が一義的に定まるようなかたちで株式買取請求権を規定することが望ましい。

なお、第三者の算定により買取価格を定める場合、当該第三者の選定は投資家に委ねる場合が多いと思われるが、その場合であっても、経営株主としては、算定結果ができる限り公平なものになるようにするため、当該第三者を投資家と利害関係のない者や著名な監査法人等に限定する旨の条件を定めることが考えられる。

買取価格を算定する第三者の範囲を限定する場合の例

> ⑸　投資家が選任した投資家と利害関係を有しない第三者の鑑定による買取対象証券と同種の株式等の１株あたりの公正な時価がある場合には当該時価

第７章　本契約の終了

第7.1条（本契約の終了）

１．本契約は以下の各号のいずれかに該当する場合にのみ終了する。

⑴　全当事者が本契約を終了することに書面により合意した場合

⑵　発行会社以外の当事者のいずれもが発行会社の株式を保有しなくなった場合

⑶　株式公開がなされた場合。なお、発行会社が金融商品取引所に株式の上場申請を行った場合には、当該申請日以降、本契約に定める当事者の権利および義務は失効するが、当該上場申請の不受理、取下げ、却下または上場承認取消等により発行会社の株式公開がなされなかった場合（当該上場申請に基づく株式公開が不可能であると合理的に判断される場合を含む。本条において以下同じ）には、申請日に遡って、当事者の権利および義務は再び有効になる。発行会社は、当該上場申請を行った場合および株式公開がなされないことが判明した場合には、直ちに投資家に対してその旨通知する。

２．本契約締結日以降、経営株主または投資家のいずれかが発行会社の株主ではなくなった場合、本契約はその者との関係では終了する。

３．本契約の終了は将来に向かってのみその効力を生じ、本契約に別段の定めがある場合を除き、本契約の終了前に本契約に基づき発生した権利および義務はかかる本契約の終了による影響を受けない。

【中略】

５．本契約が終了した場合においても、第６章（補償等）、本条（本契約の終了）および第８章（一般条項）の規定は、なお有効に存続する。ただし、個別の箇所において別途の定めがある場合は、その定めにしたがう。

本条は、株主間契約の終了事由を定める規定である。

本条１項３号において、上場申請日以降、当事者の権利および義務が失効し、当該上場申請の不受理等により発行会社の株式公開がなされなかった場合には、申請日に遡って当事者の権利および義務が再び有効になる旨を定めている。これは、金融商品取引所に株式を上場する場合には、原則として、上場申請前に特定の株主に特別な権利を付与する契約を解消することが求められることから、上場申請を行った時点で株主間契約上の権利および義務が失効することを定めるとともに、仮にその後上場が実現されなかった場合には、再度当該権利および義務が復活することを定めるものである。

また、本条2項においては、ある株主が発行会社の株主ではなくなった場合には、当該株主についてのみ株主間契約が終了する旨を定めている。これは、発行会社の株主ではなくなった者について株主間契約の効力を及ぼす必要はない一方で、他の株主については引き続き同契約の効力を及ぼす必要があるためである。

ただし、たとえば経営株主の義務として、発行会社の株主ではなくなってから一定期間は発行会社と競合する事業を行ってはならないという競業避止義務を定める場合には、当該一定期間は、経営株主が発行会社の株主ではなくなってからも当該競業避止義務が存続することになる。本条5項ただし書は、そのことを確認的に定めるものである。

第8章　一般条項

第8.1条（秘密保持）
第8.2条（公表）
第8.3条（救済方法の限定）
第8.4条（費用負担）
第8.5条（準拠法）
第8.6条（管轄）
第8.7条（本契約の変更）
第8.8条（分離可能性）
第8.9条（通知）
第8.10条（譲渡）
第8.11条（完全合意）
第8.12条（誠実協議）

株主間契約でも、以下のような一般条項を定めるが、投資契約で紹介した条項と共通するので、その具体的な内容および解釈は、上記3Ⅱ投資契約第8章一般条項（p.120～）を参照されたい。

Ⅲ　株主間契約において定められることのあるその他の条項

1　最恵待遇条項

第○条（最恵待遇）

発行会社または経営株主が、投資家以外の第三者との間で、本契約の内容よりも当該第三者に有利であると投資家が判断する条件を規定する本契約と同一または類似の目的を有する契約を締結する場合（もしくは締結している場合）、本契約の規定にかかわらず、投資家は、その有利な条件を同様に与えられたものとみなされ、発行会社および経営株主は、投資家に当該有利な条件を与えるために必要となる手続がある場合には、速やかに当該手続を行う。

投資契約または株主間契約においては、発行会社および経営株主が、投資家と締結した投資契約よりも相手方に有利な条件の投資契約を第三者と締結した場合（またはすでに締結している場合）に、投資家に対して当該有利な条件と同じ条件が付与される旨を定めることがある。そのような定めを一般に「最恵待遇条項」という。

最恵待遇条項を定めることで、投資家は細かい条件を検討する時間を省略することができるとともに、他の投資家が自らよりも有利な条件で投資を行うこと（抜け駆け）を防止することができる。

もっとも、投資家によって出資額は異なることが多く、また出資時期により投資家の立場は異なることが多いため、その出資額や立場の違いを考慮して投資家ごとに異なる権利義務を与えることは少なくない。しかし、たとえば少額の出資を行う投資家Aとの契約で最恵待遇条項を定めた場合、後の資金調達において、多額の出資を行う投資家Bとの間で投資家Bに有利な契約を締結すると、投資家Aは少額の出資しか行っていないにもかかわらず、最恵待遇条項により、投資家Bと同様の権利を取得することになってしまう。また、その場合、投資家Aとの契約に最恵待遇条項が定められていることを理由として、投資家Bが発行会社への出資をためらう可能性もある。このような問題が生じる可能性があるため、発行会社および経営株主としては、最恵待遇条項を受け入れてよいかを慎重に検討する必要があり、また、投資家としても、発行会社の状況によっては最恵待遇条項に固執すべきではなく、仮に最恵待遇条項を定めたとしても、後の資金調達時にはその扱いを柔軟に検討する必要がある。

また、いかなる条件が投資家にとって「有利」であるかは必ずしも明確ではなく、発行会社および経営株主としては、投資家から予想外の権利を主張される可能性もあるため、最恵待遇条項を定めるとしても、その適用対象をできる限り限定列挙することが望ましい。他方、投資家としては、いかなる場合に最恵待遇条項を発動することができるかを明確にするため、ある条件が投資家に有利であるか否かを投資家が判断するものと定めることが考えられる。

2 連帯・非連帯

第○条（連帯債務）
発行会社および経営株主は、本契約に基づく自らの義務違反により生じた投資家の損害等、および自己の責めに帰すべき事由の有無にかかわらず、本契約に規定する各自の表明および保証が真実または正確でなかったことにより生じた投資家の損害等を連帯して賠償しなければならない。

第○条（非連帯）
本契約に基づく各当事者の他の当事者に対する義務、債務等は、個別に定める場合を除き、いかなる意味においても他の当事者に対するいかなる当事者との連帯債務を構成するものではない。

本来、発行会社による契約違反と経営株主による契約違反は別々に責任追及されるべきものである。しかし、ベンチャー企業においては、経営株主が発行会社の株式の過半数を保有しており、経営株主の行為を発行会社の行為と同視できることも多い。また、発行会社と経営株主の財源が十分ではなく、各自に対して損害賠償請求を行っても損害が十分に賠償されないこともありうる。さらに、投資家としては、発行会社から損害の賠償を受けた場合にはその分だけ自己が保有する発行会社の株式価値が低下するため、発行会社に対して損害賠償請求することが根本的な解決につながらないことも多い。そこで、投資契約および株主間契約においては、発行会社と経営株主の債務を連帯債務とする旨を定めることがある。

もっとも、経営株主が保有する発行会社の持株比率が小さい場合には、経営株主の行為と発行会社の行為を同視することまではできない。また、経営株主が発行会社の債務をすべて連帯して負わなければならないとした場合、経営株主はリスクをおそれて積極的な事業活動を行わなくなる可能性もあり、その場合には、発行会社の成長が阻害される可能性がある。したがって、特に近年においては、発行会社と経営株主の債務を連帯債務とする旨の規定は置かないことも多く、むしろ、連帯債務にならないことを確認的に定める場合も少なくない。

5　創業株主間契約

第１章モデル事例においては、創業者ら３名は創業者間の株主間契約（以下「創業株主間契約」という）を締結しなかったが、実務上、創業者のいずれかが何らかの理由により発行会社の役職員を辞める場合等に備えて、創業株主間契約が締結される場合も多い。そこで、5においては、創業株主間契約について簡潔に説明する。

Ⅰ　創業株主間契約とは

創業株主間契約とは、創業者（初期段階で主要な役職員として会社に参加する者を含む。以下5において同じ）としてベンチャー企業の株式を取得する者らの間で締結される株主間契約のことをいう。「創業者間契約」と呼ばれることもある。

第１章モデル事例のように、ベンチャー企業を友人等とともに複数人で設立することは少なくないが、その場合、創業者の一部が当該企業の株式を保有したまま同社の役職員を辞めてしまうことで、同社のその後の意思決定、資金調達、エグジット等に支障が生じる可能性がある。また、ベンチャー企業を辞める創業者（以下「退任創業者」という）が、残留する創業者（以下「残留創業者」という）に対して保有株式を譲渡することに同意する場合であっても、その譲渡価格をめぐって争いが生じる可能性もある。創業当初はそのような事態が想定されない場合が多いと思われるが、実際には、当初どれほど良好な関係を築いていた創業者らであっても、経営方針の違いで仲違いが起こる場合、一部の者が新たな事業を始めるために会社を離れることを望む場合、一部の者が自らや両親の体調不良により会社を離れざるをえない場合等は、それほど珍しいものではない。

そこで、そのような場合に備えて、主に、残留創業者が退任創業者の保有株式を買い取ることができるようにするため、事業の開始に先立ち、創業株主間契約を締結することがある。

Ⅱ 創業株主間契約の内容

上記Ⅰのとおり、創業株主間契約においては、主に、創業者の一部が会社を辞める際に、残留創業者が退任創業者の保有株式を買い取ることができるという内容が定められる。ここで主に問題になるのが、①買取権者の範囲、②買取価格の決定方法、③買取対象となる株式の範囲の3点である。そこで、以下においては、まずそれら①から③までの問題について説明し、その後、株式買取権以外に創業株主間契約で定められることのある内容について簡単に説明する。

1 買取権者の範囲について

①中心的な創業者（社長等）にのみ退任創業者の保有株式の買取権を認める場合と、②いずれの創業者についても同様の買取権を認める場合のふたとおりが考えられる。**第1章**モデル事例のように、中心となる創業者がはっきりとしており、その創業者が他の創業者よりも先に会社を辞めることは想定しがたいという場合には、上記①のような内容にすることも考えられるが、すべての創業者がある程度対等な関係にある場合には、上記②のような内容にすることが多いと思われる。

また、発行会社を買取権者に含める場合や、残留創業者が第三者を株式買取人として指定できる旨を定める場合も存在する。ただし、発行会社による自己株式の買取りには財源規制が設けられているため（会461条、157条1項）、実効的ではない場合も多い。

なお、株式買取権を行使する残留創業者が2名以上いる場合には、当該残留創業者の各持株比率に応じて、買い取ることのできる株式数を按分することが一般的である。具体的な規定方法については、上記4Ⅱ株主間契約4.4条1項なお書（p.160）を参照されたい。

2 株式の買取価格の決定方法について

残留創業者が株式買取権を行使する場合における、1株あたりの買取価格としては、①無償、②退任創業者が株式を取得した際の取得価格、③簿価純資産方式による算定額（貸借対照表上の純資産額を発行済株式数で割って算出した額）、④直近の増資事例または譲渡事例における価格、⑤第三者の鑑定による価格等とすることが考えられる。

買取価格の定め方の注意点については、上記④Ⅱ株主間契約6.2条（p.171）に関する解説を参照されたい。また、上記③簿価純資産方式による算定額を採用する場合、増資により純資産額が増加した直後に創業者の一部が会社を辞めたときに、残留創業者がまだ十分な報酬を受けていない状況であっても買取価格が高額となり、残留創業者の資力が足りず株式買取権を行使することができないこともありうるため、注意が必要である。

また、買取価格と株式の時価との間に乖離がある場合には、買主につき贈与税が課税される可能性があるため、実際に譲渡価格を決定する際には、税務上の注意も必要である。

3　買取請求の対象となる株式の範囲について

創業株主間契約においては、残留創業者が、退任創業者の保有株式のすべてを買い取ることができる旨定めることが多いと思われる。

もっとも、退任創業者の在任期間に応じて、残留創業者による買取請求の対象となる株式数を減少させて、退任創業者のもとに残存する株式数を増加させることも考えられる。そのような仕組みを一般に、退任創業者に退任後も株式を保有する権利を与えるという意味で「ベスティング」（Vesting）、または残留創業者の株式買取権を失わせるという意味で「リバース・ベスティング」（Reverse Vesting）という。

具体的には、たとえば、退任創業者の在任期間が３年以上の場合には20％、４年以上の場合には50％、５年以上の場合には80％、６年以上の場合には100％というベスティングの基準を定めた場合において、退任創業者が在籍４年半で会社を辞めたときは、残留創業者は、退任創業者の保有株式の50％についてのみ買取権を行使でき、退任創業者は引き続き残りの50％の株式を保有することができることになる。また、必ずしも段階的にベスティングを定める必要はなく、たとえば、退任創業者が在籍６年未満で会社を辞めた場合にはその保有株式の100％を買取請求の対象とするが、在籍６年以上で会社を辞めた場合には買取権は行使できないものとする旨を定めることも可能である。

リバース・ベスティングの定めは、創業者に対し、一定の時期まで会社に残るインセンティブを与えるものである。また、会社を辞めた場合に保有株式のすべてを手放さなければならないとすると、いくら会社の初期に手腕を発揮して事業を軌道に乗せたとしても、会社を辞めた後の企業価値増加の恩恵を受けられないことになるため、経営のプロや事業に精通した者を創業時の役職員として招聘することが難しくなる可能性もある。したがって、リバース・ベスティングの定めは、そのような経営のプロや事業に精通した者を招聘する際には有効と思われる。

ただし、上記Ⅰのように、退任創業者が会社の株式を保有し続けることで、会社の意思決定、資金調達、エグジット等に支障が生じる可能性もあるため、リバース・ベスティングを定めるかは慎重に判断する必要がある。

4 創業株主間契約において定められることのあるその他の内容

残留創業者の株式買取権のほか、創業株主間契約においては、以下のような内容が定められることがある。

⑴ 創業者の経営専念義務および競業避止義務

創業者に対し、その在任期間中発行会社の経営へ専念する義務を課し、かつ、在任期間中および退任後一定期間について、発行会社の事業と競合する事業を行うことを禁止する定めである。詳細は上記4Ⅱ株主間契約3.1条（p.152）およびその解説を参照されたい。

⑵ ドラッグ・アロング条項（強制売却権）

退任創業者が発行会社株式を保有したまま発行会社を辞めた場合に、発行会社や残留創業者等の意思決定により、退任創業者に対して、株式の売却その他のM&Aへの参加を強制することができる権利を定めるものである。詳細は上記4Ⅱ株主間契約4.6条（p.164）およびその解説を参照されたい。

残留創業者が株式買取権を行使しない場合（または買取資金の不足により同権利を行使できない場合）や、リバース・ベスティングの定めにより退任創業者のもとに発行会社株式が残存する場合に、M&Aによるエグジットの機会が阻害されることを可及的に防ぐため、創業株主間契約にはドラッグ・アロング条項を定めることも考えられる。

⑶ コール・オプション（強制買取権）

中心的な創業者（社長等）に対し、一定の事由が発生した場合に、他の創業者が発行会社に在籍している間であっても、当該他の創業者の保有株式を強制的に買い取ることのできる権利を与える定めである。そのような権利を一般に「コール・オプション」（Call Option）または「強制買取権」等という。かかる一定の事由としては、他の創業者が一定の業績を達成できなかった場合、他の創業者が創業株主間契約の規定に違反した場合等を定めることが考えられる。

Ⅲ　後に締結する投資契約・株主間契約との関係

後に締結される株主間契約において先買権（上記4Ⅱ株主間契約4.4条（p. 160）参照）が定められた場合に、当該先買権と創業株主間契約における株式買取権が競合するとき等、創業株主間契約の内容と後に締結する投資契約または株主間契約の内容が矛盾抵触する場合もありうる。

そのような場合には、投資契約および株主間契約の規定が優先することを明記する、あるいは創業株主間契約における定めを合意解約するなど、かかる矛盾抵触を解消するための措置を講じる等の必要がないか、確認する必要がある。

第5章

ストックオプション

1　ストックオプションとは

ベンチャー企業においては、資金的余裕がない状況下で有能な人材を確保するためにストックオプション（会社法上の新株予約権）を発行する必要性が大きく（**第4章4Ⅱ**株主間契約3.2条（p.153）の解説参照）、実務において頻繁に利用されている。ストックオプションはベンチャー企業における資金調達手段ではないものの、このような実際の必要性にかんがみ、以下ではストックオプションに関する基本的事項やその活用方法について解説する。

Ⅰ　ストックオプションの意義

会社がその役員や従業員等に対し、いわゆるインセンティブ報酬の趣旨で会社法上の新株予約権を付与する場合には、これをストックオプションと呼ぶことが多い。

新株予約権とは、株式会社に対して行使することによって、当該会社の株式の交付を受けることができる権利をいう（会2条21号）。新株予約権者は新株予約権を行使することもしないこともでき、下記**Ⅱ**のとおり、新株予約権が付与された後、発行会社の株式価値が新株予約権の行使価額を上回った際に権利を行使して取得した株式を売却することで、行使価額と株式の売却価格との差額分のキャピタルゲインを得ることが可能となる。

ベンチャー企業の成長のためには、その成長度に応じた優秀な人材を確保することが重要であるが、特に初期のラウンドのベンチャー企業では資金的余裕がないことが多く、優秀な人材を確保するために多額の報酬を現金で支払うことは困難である場合が多い。ストックオプションは、このような状況にあるベンチャー企業において、役員や従業員等に対して株式上場等の条件を達成した際に権利行使できるなどの条件で付与することにより、多額の報酬を現金で支払うことを回避しつつ、優秀な人材を確保することを可能にするものである。また、役員や従業員等にとっても、業績が向上した度合いに応じて経済的な面で将来大きなリターンを得る可能性が生まれるため、ベンチャー企業へ参画し、事業を発展・成長させることに対するインセンティブともなる。

Ⅱ　ストックオプションのインセンティブ効果

ストックオプションのインセンティブ効果については、**第１章**モデル事例に即して考えるとわかりやすいと思われるため、再度、要約して紹介する。

第１章モデル事例においては、Ｄ社が知育アプリ事業をローンチした段階で、Ａ種優先株式による資金調達の前に、その時点の従業員４名に対して、以下の要項のストックオプションが付与された（**第１章3Ⅱ**。税制適格ストックオプションについては下記3Ⅱを参照）。

図表５－１－１（図表１－３－１再掲）

名称	Ｄ社第１回新株予約権
付与対象者	従業員４名
付与数	合計44個
目的となる株式の種類および数	新株予約権１個につき、普通株式１株
発行価額	無償
行使価額	３万円
行使期間	2024年10月１日から2031年９月30日まで
行使条件	以下の条件のすべてが満たされること ①　Ｄ社の株式が国内または国外の証券取引所に上場されること ②　新株予約権を行使する際に、Ｄ社の役員または従業員であること

また、**第１章**モデル事例においては、その後、Ｄ社の知育アプリの業績は順調に推移したため、シリーズＡ、シリーズＢ、シリーズＣの資金調達を経て、Ｄ社の普通株式は、最終的に東京証券取引所に上場した。そして、Ｄ社第１回新株予約権を保有するＤ社従業員はいずれもＤ社の普通株式の上場直後に第１回新株予約権をすべて行使して、その一部について売却をしている。

第１章モデル事例をもとに、Ｄ社従業員がＤ社普通株式の公開価格でＤ社第１回新株予約権１個を行使して、ただちに公開価格で売却した場合に得ることができるキャピタルゲインを試算すると以下のとおりとなる（なお、税金は勘案していない）。

図表5－1－2

D社第1回新株予約権行使時の1株あたりの払込額	6円
D社第1回新株予約権を1個行使した時に割り当てられる株式数	5000株 （D社第1回新株予約権発行後の2024年12月に1株を50株に分割し、その後、上場申請前に、1株を100株に分割しているので、株式数は、1×50×100＝5000となる）
株式の公開価格	3000円
キャピタルゲインの金額	(3000円－6円)×5000株＝1497万円

図表5－1－3（図表1－6－2再掲）

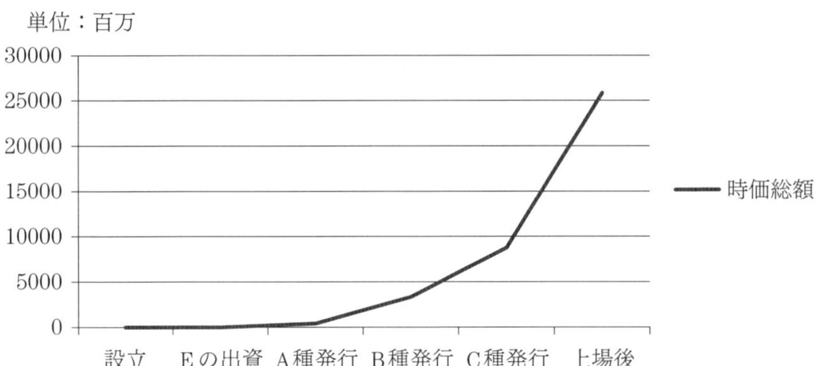

図表5－1－2記載のとおり、D社従業員は、D社第1回新株予約権を1個行使するだけでも相当な金額のキャピタルゲインを得ることができる。これは、**図表5－1－3**のD社の時価総額の推移グラフ記載のとおり、D社の時価総額が急激に上昇し、それに伴い、D社の1株あたりの株式価値も急激に上昇したためである（なお、D社第1回新株予約権発行は、上記のグラフの「Eの出資」と「A種発行」の間に行われている）。

実際には、D社従業員は、ストックオプションを行使した後に税金（税制適格ストックオプションであれば株式を売却した時点で株式譲渡価格と1株あたりの払込額の差額の約20%）を納めなければならないこととなる。しかしながら、それを差し引いても、ストックオプションの付与を受けた時点から企業価値が大きく向上すれば役員や従業員は大きなキャピタルゲインを得ることが可能となるので、ストックオプションがインセンティブ報酬としての役割を果たすことがわかる。

2 ストックオプションの発行・行使手続

I 非公開会社における新株予約権発行・行使の手続の概要

1 新株予約権の発行手続

第三者に対して新株予約権の発行を行う際の会社法上の原則的な手続の概要は**図表5-2-1**のとおりであり、募集事項の決定について原則として株主総会の特別決議が必要となるが（会238条2項、309条2項6号）、株主総会の特別決議により、募集事項の決定を取締役（取締役会設置会社の場合には取締役会）に委任することが可能である（会239条1項、309条2項6号）点など、新株発行の手続（**第3章1**）におおむね類似するため、詳細は、割愛する。

図表5-2-1

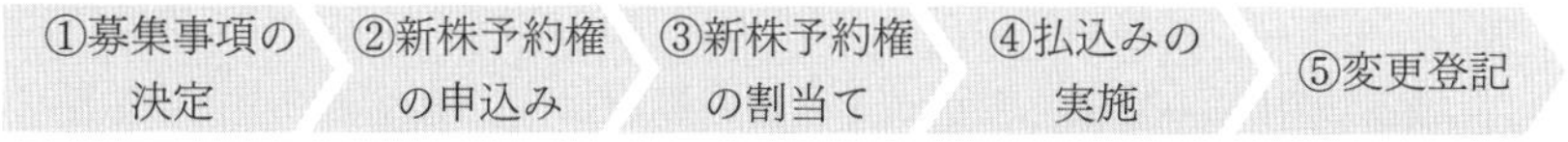

①募集事項の決定	②新株予約権の申込み	③新株予約権の割当て	④払込みの実施	⑤変更登記

ただし、募集事項の決定を取締役（または取締役会）に委任する場合、株主総会の決議日から1年以内の日を割当日としなければならない点（会239条3項）には、注意が必要である。

なお、新株発行の場合と同様に、総数引受契約を締結して、②新株予約権の申込みと、③新株予約権の割当ての手続を省略することも可能である（会244条1項）。

2 取締役に対する報酬決議

加えて、ストックオプションとして新株予約権を会社の取締役に対して発行する場合には、原則的に取締役の職務執行の対価として、そのような報酬を付与することについて、新株予約権の数の上限等を定めて株主総会での承認が必要となる（会361条1項4号・5号ロ）。

この点、会社法改正が2021年3月1日に施行される以前は、①新株予約権を非金銭報酬として付与する方式による場合、「具体的な内容」を定めなければならないとされていたのみで、どの程度の内容を特定しなければならないのかについては明確にされていなかった。また、②取締役に対して、新株予約権に対する払込金額に相当する金銭報酬を付与して、かかる金銭報酬と相殺をすることにより、新株予約権自体は報酬としないという方式も使用されてきた。

もっとも、会社法改正により、上記の①②のいずれの方式によっても、新株予約権の数の上限、行使条件、譲渡制限、取得条件なども含めて、報酬決議を行わなければならなくなった点には注意をする必要がある（会361条1項4号・5号ロ、会施98条の3、98条の4第2項）。

なお、下記Ⅱに掲載している議事録の例は、従業員に対するストックオプションの付与の議事録であるため、取締役に対する報酬決議は含まれてない。

Ⅱ　新株予約権の発行手続における特徴的なポイント

以下、ストックオプションとして発行される新株予約権の発行手続について特徴的なポイントを紹介する。また、新株予約権は、発行後に権利行使の手続が存在するため、この点についても解説する。

まず、第1に、募集事項の決定（会238条1項）の際、募集新株予約権と引換えに金銭の払込みを要しないこととする場合には、その旨を決定する必要がある（同項2号）。実務上、ストックオプションとして新株予約権を発行する場合には無償で交付されることが多いため、その場合には上記の決定を行う必要がある。

第2に、新株予約権の割当日を定める必要がある（会238条1項4号）。新株予約権の申込者は、割当日に新株予約権の付与を受けることとなる（会245条1項）。

第3に、募集新株予約権と引換えに金銭の払込みを要する場合で（会238条1項3号）、払込期日までに払込金額全額の払込みがなされない場合には、新株予約権を行使することができなくなり（会246条3項）、当該新株予約権は消滅する（会287条）。

以上のほか、実務上は、会社法236条1項各号以外の事項として、特に新株予約権の行使条件が定められることが多い。ストックオプションの場合には、発行会社の株式の上場や、役員や従業員の行使時の在職を条件とすることが多くみられる。ストックオプションを発行する際に頻繁に規定される行使条件については下記4で解説する。

以下では、株主総会の特別決議による委任を受けて新株予約権の募集事項を決定する際の取締役会議事録の記載例をあげる。

第1章モデル事例におけるD社第2回新株予約権付与の際の取締役会議事録

取締役会議事録

2025年1月1日午前10時00分より本社会議室において、取締役会を開催した。

取締役総数	3名	出席取締役数	3名
監査役総数	1名	出席監査役数	1名

出席役員

代表取締役	A（議事録作成者）	監査役	E
取　締　役	B		
取　締　役	C		

上記のとおり出席があったので、定刻、代表取締役Aは選ばれて議長となり、開会を宣し直ちに議事に入った。

【決議事項】

第1号議案　当社の使用人に対するストックオプションとして新株予約権を発行する件

議長は、2025年1月1日に開催された定時株主総会第1号議案において、会社法239条の規定に基づき、当社の使用人に対してストックオプションとして新株予約権を無償で発行することおよび募集事項の決定の委任がなされたことから、募集事項を別紙1「D社第2回新株予約権募集事項」のとおり決定し、別紙2「D社第2回新株予約権割当表」記載の当社の使用人との間で、別紙3「D社第2回新株予約権割当契約書」どおりの契約を締結することにより、D社第2回新株予約権を発行したい旨、および引受人が当該新株予約権の申込みをすることを条件として、割当てを決定したい旨説明し、その可否を議場に諮ったところ、全員一致をもって原案どおり可決確定した。

以上をもって本取締役会の議案全部を終了したので、議長は閉会の挨拶を述べ、午前10時30分散会した。

上記の決議を明確にするため、この議事録を作成し、議長ならびに出席取締役および監査役が次に記名押印する。

2025年１月１日

D株式会社　取締役会
議長
代表取締役　　A
取　締　役　　B
取　締　役　　C
監　査　役　　E

Ⅲ　新株予約権の行使手続

新株予約権の行使は、発行会社に対してその行使に係る新株予約権の内容および数ならびに新株予約権を行使する日を明らかにしてしなければならない（会280条１項)。新株予約権の行使にあたり、金銭を出資の目的とするときは、権利行使日に、行使について出資すべき価額（以下「権利行使価額」という）全額を払い込まなければならず（会281条１項)、権利行使価額の全部または一部を払い込んでいない場合には新株予約権を行使することはできない。

なお、上場会社では、取締役に対して、払込金額を０円とする新株予約権を発行することも可能である（会236条３項)。

新株予約権者は、新株予約権を行使した日に株式を取得する（会282条１項)。

Ⅳ　行使条件違反のストックオプションの行使による株式発行の効力

上記Ⅱのように、ストックオプションには株式の上場条件や権利行使時の在籍条件等の行使条件が付されることが多いが、行使条件違反のストックオプションの行使による株式発行の効力を否定した判例として、最判平成24・４・24民集66巻６号2908頁（以下、本章において「平成24年最判」という）がある。

平成24年最判は、非公開会社において、当初、発行会社の株式の上場後6ヶ月を経過するまでは、新株予約権を行使することができないという行使条件（上場条件）が付された新株予約権が発行されたものの、事後に取締役会決議において上場条件を撤廃したという事案において、株主割当て以外の方法で発行した新株予約権に株主総会によって行使条件が付された場合には、①当該新株予約権の発行後に行使条件を変更する取締役会決議を行った場合、新株予約権の発行後に行使条件を変更できる旨の株主総会決議による明示の委任のない限り、細目的な変更をするにとどまるものであるときを除いてその変更は無効となり、また、②行使条件が新株予約権を発行した趣旨に照らして新株予約権の重要な内容を構成しているときは、当該行使条件に違反した新株予約権の行使による株式の発行には無効原因がある旨判示した。

この点、ストックオプションに付された行使条件を付与後の事情によって変更しようとした場合に、当該変更が「細目的な変更」に該当するか否かを判断することは容易ではない。仮に、誤った判断のもと取締役会決議のみで行使条件を変更し、ストックオプションの行使により株式を取得すれば、後に当該株式発行の効力が無効とされるリスクを負うことになる。そのようなリスクが存在し、また、変更時に改めて株主総会決議を経るという手続的負担が生じることからも、行使条件をどのような内容とするかについては、ストックオプションの発行前に十分な検討を尽くしておくべきである（谷村566頁以下、久保田15頁以下）。

V　ストックオプションに関連する相談

ストックオプションに関しては、発行してから行使されるまでに時間の経過があるという特殊性もあり、以下のような問題が生じたとして相談を受けることもある。ストックオプションを発行する場合には、比較的短期間で準備をし、発行することも多いが、将来的に問題が生じないように注意して発行しなければいけない。

- 取締役に対して、非金銭報酬としてストックオプションを付与し、報酬決議も行っていたが、報酬決議で規定された新株予約権の内容とその後実際に発行された新株予約権の内容に齟齬が生じてしまっていた。
- 税制適格ストックオプションについての税制適格の取扱いを受けるための要件の１つである付与についての法定調書を提出していなかった。

・税制適格ストックオプションについて、発行会社の内部において、付与対象者の権利行使価額の限度額についての管理が不十分であったこともあり、権利行使価額の限度額を超えて、何らの措置も超過行使前に講じることなく、税制適格ストックオプションを行使して株式を取得してしまった役職員が出てしまった。
・税制適格ストックオプションをアルバイトに対しても付与していたものの、ひな形として使用した書式においてはアルバイトや監査役は税制適格の優遇を受けられない旨が記載されていた。
・新規にアドバイザーに就任する者に対して、過去の株主総会決議で定めた上限の範囲内で、取締役会決議によりストックオプションを発行しようとしたものの、当該株主総会決議から1年以上が経過していたため、直ちにストックオプションを付与することができなかった。

3　ストックオプションと課税関係（税制適格ストックオプション）

本書では、各資金調達手段と課税について、その関係性を詳細に解説することはしないが、ストックオプションについては、実務上、税制適格ストックオプションがよく用いられているため、その関係上必要な限りで税制についても紹介する。

I　ストックオプションに対する課税の原則

ストックオプション（譲渡制限等が付された新株予約権とする。以下同じ）を無償で付与された場合、付与された時点では課税されず、権利を行使し株式を取得する時点において、権利行使日の株価（所得令109条1項3号）とストックオプションの行使価額との差額（キャピタルゲイン）に対して、給与所得として課税がなされる（所得36条1項・2項、所得令84条3項2号）。ストックオプションの行使によって発行された株式を売却していない場合でも課税（源泉徴収）の対象となるため、付与対象者個人が源泉徴収税額を使用者であるベンチャー企業に対して払い込まなければならず、キャピタルゲインが大きければ大きいほど、多額の納税を迫られる事態となる可能性がある。

そして、ストックオプションを付与された者がこれを行使することにより取得した株式を売却した際には、改めて売却時における株価と権利行使日の株価との差額に譲渡所得課税がなされることとなる。

Ⅱ　税制適格ストックオプション

1　税制適格ストックオプション

まだ現金として実際の利益を得ることができないストックオプション行使時に多額の納税を迫られるという事態を回避するための方策として、法律上、一定の要件を満たすストックオプションについては、権利行使時点での課税を先延ばしにして（以下「課税の繰り延べ」という）、ストックオプションの行使によって得た株式の売却時点で、株式売却時点の株価と、権利行使価額の差額に対して課税することが認められている（租特29条の２、租特令19条の３）。このように租税特別措置法29条の２の要件を満たすストックオプションを「税制適格ストックオプション」といい、同要件を満たさないストックオプションを一般的に「税制非適格ストックオプション」という。

税制適格ストックオプションは、株式売却時に株式売却時の株価と権利行使価額の差額についての申告分離課税となる（税率約20％）。これに対し、税制非適格ストックオプションは、①権利行使時に権利行使時の株価と権利行使価額の差額につき原則的に給与所得として総合課税（最高税率55％（所得税45％、住民税10％））がなされ、②その後の株式売却時の株価と権利行使時の株価の差額につき申告分離課税（税率約20％）がなされる。そのため、一般的に税制適格ストックオプションの方が、課税額が少なくなることが多い。

図表5－3－1

税制適格ストックオプションの場合

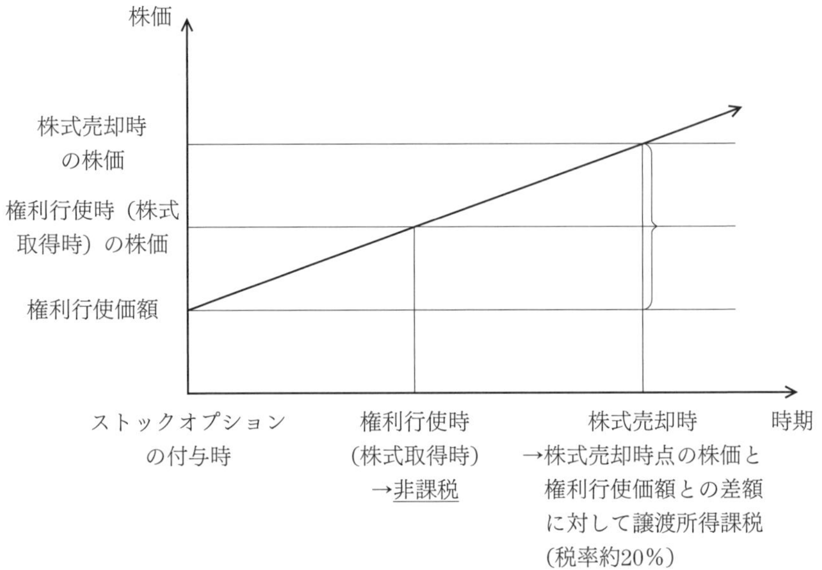

図表5－3－2

税制非適格ストックオプションの場合

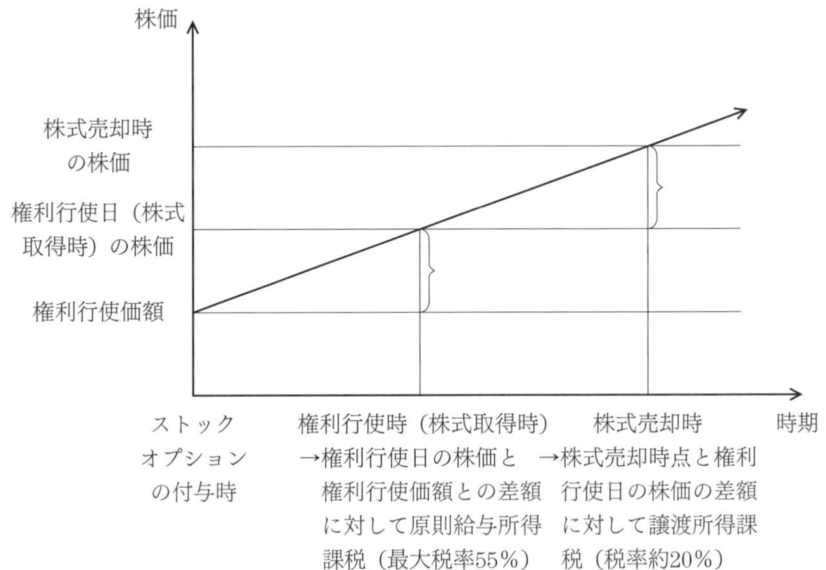

2 適格要件

税制適格ストックオプションに該当するための主な要件は**図表5－3－3**のとおりである。

図表5－3－3

項目	税制適格要件
適格対象者	ストックオプションの付与を決議した発行会社もしくは発行会社の関係法人の取締役、執行役もしくは使用人である個人、またはこれらの相続人（関係法人とは、発行会社が、議決権の存する発行済株式または出資の総数の過半数を直接または間接に保有する関係にある法人） ただし、大口株主およびその配偶者その他の特別な関係がある個人は対象外（大口株主とは、非上場会社において発行済株式数の３分の１超、上場会社において発行済株式数の10％超を有するもの）（租特29条の２第１項、租特令19条の３第２項・３項・４項） ※付与対象者が監査役である場合には税制適格要件を満たさないことには留意する必要がある。 ※平成31年度税制改正により、中小企業等経営強化法に基づく認定を受けた事業計画に従って事業に従事する外部協力者（プログラマー、エンジニア、医師、弁護士等）にも、税制適格ストックオプションを付与することが可能となった。
年間の権利行使価額の限度額	年間1,200万円（租特29条の２第１項２号）
権利行使期間	付与決議の日後、２年を経過した日から10年を経過する日までの間（租特29条の２第１項１号）
権利行使価額	発行会社と付与対象者がストックオプションに係る契約を締結した時の発行会社の株式の１株あたり価額相当額以上であること（租特29条の２第１項３号）
発行価額	無償であること（租特令19条の３第１項）
譲渡制限	ストックオプションの譲渡禁止または譲渡制限を付すこと（租特29条の２第１項４号）
株式発行時の会社法の手続遵守	新株予約権の行使に係る株式の交付が付与決議における会社法238条１項に規定する事項に反しないで行われること（租特29条の２第１項５号）

株式の管理等信託	発行会社と金融商品取引業者等との間で、権利行使により取得される株式の管理等信託契約を締結し、当該契約にしたがい、一定の保管の委託または管理等信託がされること（租特29条の2第1項6号）
調書の提出	・　ストックオプションを付与した日の属する年の翌年1月31日までに本店所在地の所轄税務署に「特定新株予約権の付与に関する調書」を提出すること（租特29条の2第6項） ・　株主名簿管理人にも同日までに調書を提出させること（租特29条の2第7項）

なお、税制適格ストックオプションを発行する意図であったものの、引受契約において実際には税制適格要件を満たしていなかったという場合には、事後的に税制適格要件を満たすように契約を変更したとしても税制適格ストックオプションとしては、取り扱われないため、注意が必要である（国税庁：ストックオプション契約の内容を税制非適格から税制適格に変更した場合（最終閲覧日：2021年10月20日）（https://www.nta.go.jp/law/shitsugi/shotoku/02/28.htm））。

3　税制適格ストックオプションのデメリット

税制適格ストックオプションは実務に広く浸透しているものの、以下のとおりいくつかの制度上のデメリットがある。

第1に、権利行使者の権利行使価額の年間合計額が1200万円を超えないことが税制適格要件とされているため、報酬の水準が年間権利行使価額ベースで1200万円を超えるストックオプションを付与する必要があるような場合には、税制適格ストックオプションを用いることはできない。

第2に、適格対象者から、未上場の場合、発行済株式の3分の1超、上場の場合10％超の大口株主が除外されている点である。つまり、かかる割合を超える株式を保有する創業者に対しては税制適格ストックオプションを付与できないという点でデメリットである（たとえば、**第1章**モデル事例における代表取締役Aは第1回新株予約権の発行時にD社の株式の64％を保有していたため、税制適格ストックオプションを付与することができなかった）。

第3に、付与対象者の実際の貢献度と、キャピタルゲインの大きさが見合わなくなる可能性がある点があげられる。すなわち、税制適格・非適格を問わず、ストックオプションを発行した時点で期待していた貢献度に相当するストックオプションを各人に割り当てていたとしても、実際の貢献度が期待と異なっていた場合、既発行のストックオプションを減少させるなどの修正はできないため、事後的に不公平な結果を生んでしまう可能性がある。また、税制適格となるためには権利行使価額をストックオプションに係る契約締結時の時価以上とする必要があるため、発行会社の株式価値の上昇度合いが大きいほど、先行してストックオプションの付与を受けていた者よりも、後行者のキャピタルゲインは小さくなる。とりわけ、発行会社における後行者の客観的な貢献度が先行者よりも高い場合には、後行者がこのような時間的先後関係から生じるキャピタルゲインの格差を不公平と感じてしまう可能性は十分あるといえる。

税制適格ストックオプションをインセンティブ報酬として活用しようとする場合には、上記のようなデメリットを十分勘案して導入を検討することが必要となる。

4 ストックオプションの要項等の具体例および解説

ストックオプションの具体的なイメージをつかむため、**第1章**モデル事例で発行されたD社第2回新株予約権の要項を題材として、そのうちの主要と思われる規定内容について以下解説する。

要項例

D社第2回新株予約権募集事項

(1) 本新株予約権の目的となる株式の種類および数

普通株式1,200株（本新株予約権1個につき目的となる株式の数は、当社普通株式1株とする）

なお、当社が当社普通株式につき株式分割または株式併合を行う場合、次の算式により目的となる株式の数を調整するものとする。ただし、かかる調整は本新株予約権のうち、当該時点で権利行使していない本新株予約権の目的となる株式についてのみ行われ、調整の結果1株の100分の1未満の端数が生じた場合は、これを切り捨てるものとする。

調整後株式数＝調整前株式数×分割（または併合）の比率

また、当社が合併、会社分割、株式交換または株式移転（以下総称して「合併等」という）を行う場合、株式の無償割当てを行う場合、その他本新株予約権1個あたりの目的となる株式数の調整を必要とする場合には、合併等の条件、株式の無償割当ての条件等を勘案の上、合理的な範囲内で株式数を調整することができる。

⑵　発行する本新株予約権の総数

1,200個

⑶　本新株予約権の発行価額

無償とする。

⑷　本新株予約権の発行日（割当日）

2025年1月1日

⑸　本新株予約権の行使に際して出資される財産の価額

本新株予約権の行使に際してする出資の目的は金銭とし、その価額は、本新株予約権の行使に際して払込みをすべき1株あたりの金額50,000円（以下「行使価額」という）に本新株予約権に係る付与株式数を乗じた金額とする。

なお、本新株予約権発行後、当社が当社普通株式につき株式分割、株式併合を行う場合は、次の算式により行使価額を調整し、調整により生ずる1円未満の端数は切り上げる。

$$\text{調整後行使価額} = \text{調整前行使価額} \times \frac{1}{\text{分割・併合の比率}}$$

また、調整前行使価額を下回る価額で当社普通株式につき、新株式の発行または自己株式の処分を行う場合（当社普通株式に転換される証券もしくは転換できる証券または当社普通株式の交付を請求できる新株予約権（新株予約権付社債に付されたものを含む）の転換または行使の場合を除く）、上記の行使価額は、次の算式により調整されるものとし、調整により生ずる1円未満の端数は切り上げる。

$$\begin{matrix}\text{調整後}\\\text{行使価額}\end{matrix} = \begin{matrix}\text{調整前}\\\text{行使価額}\end{matrix} \times \frac{\begin{matrix}\text{既発行}\\\text{株式数}\end{matrix} + \dfrac{\begin{matrix}\text{新規発行}\\\text{株式数}\end{matrix} \times \begin{matrix}\text{1株あたり}\\\text{払込金額}\end{matrix}}{\text{調整前行使価額}}}{\text{既発行株式数} + \text{新規発行株式数}}$$

上記算式において、「既発行株式数」とは、当社の発行済普通株式総数から当社が保有する普通株式に係る自己株式数を控除した数とし、また、自己株式の処分を行う場合には「新規発行株式数」を「処分する自己株式数」と読み替えるものとする。

> さらに、当社が合併等を行う場合、株式の無償割当てを行う場合、その他上記の行使価額の調整を必要とする場合には、合併等の条件、株式の無償割当ての条件等を勘案の上、合理的な範囲内で行使価額を調整することができる。

第1章モデル事例では会社法239条1項に基づきD社第2回新株予約権の募集事項の決定がD社取締役会に委任されているため、会社法238条1項に基づき、新株予約権の内容および数（同項1号、要項例(1)および(2))、新株予約権と引換えに金銭の払込みを要しないこととする旨（同項2号、要項例(3))、新株予約権の割当日（同項4号、要項例(4)）をそれぞれ規定している。

要項例(2)について、今回の発行に限らず、実務上はストックオプション全体の枠は発行済株式総数のうち最大でも10分の1程度とすることが多い（**第4章4Ⅱ**株主間契約3.2条（p.153）参照)。

要項例(3)について、上記3Ⅱのとおり税制適格の要件として発行価額を無償とすることが定められているため、かかる要件にしたがい無償としている(租特令19条の3第1項)。

要項例(5)では、会社法236条1項2号にしたがい、新株予約権の行使価額を定めている。上記3Ⅱのとおり、行使価額を発行会社が付与対象者とストックオプション発行に係る契約を締結した時点の「1株あたりの価額」以上の価額に設定することが税制適格となるための要件の1つである（租特29条の2第1項3号)。**第1章**モデル事例においては、便宜上、直前のB種優先株式の発行価額と同一としているが、上場前のベンチャー企業では、時価以下の価額での発行であることを証するため、税理士事務所に簡易算定してもらう事例も多い。

第1章モデル事例では、D社第2回新株予約権が付与されてから実際に行使するまでの間に1回株式分割がなされているところ、ベンチャー企業においてはストックオプションの付与時点から上場までの間に発行済株式総数が大幅に変動することも珍しくない。したがって、付与されたストックオプションの価値が希釈化されることを防ぐため、要項例(1)および(5)のようにあらかじめ株式分割や株式併合がなされた場合に備えてストックオプションの目的となる株式数および行使価額を調整する条項を置くことが通常である。

(6)　本新株予約権の権利行使期間
2027年2月1日から2034年1月31日までの間

要項例(6)は、権利行使期間に係る税制適格要件（権利付与決議の日後2年を経過した日から、権利付与決議の日後10年を経過した日までを行使期間としなければならない（租特29条の2第1項1号））に沿うように具体的な期間を指定したかたちで規定している（なお、権利行使できない期間は一般に「クリフ」と呼ばれる）。

(7)　本新株予約権の行使の条件
①　本新株予約権1個の一部行使は認めないものとする。
②　本新株予約権の割当てを受けた者（以下「本新株予約権者」という）は、本新株予約権の行使時において、当社またはその子会社の取締役、監査役または使用人（以下「当社役員等」という）の地位を有することを要し、当社役員等の地位を失った場合は行使できないものとする。
③　本新株予約権者は、当社が東京証券取引所その他これに類する国内または国外の証券取引所に上場する日まで権利行使することができないものとする。また、上場後3年間に本新株予約権者が行使可能な新株予約権の数は、1年目は割当数の3/10まで、2年目は割当数の6/10まで、3年目は割当数の9/10までとする。この比率を乗ずることにより生じる普通株式1個未満の端数は切り捨てる。
④　本新株予約権者が所定の書面により新株予約権の全部または一部を放棄する旨を申し出た場合、その後、当該放棄部分について本新株予約権を行使することはできない。
⑤　本新株予約権の質入れ、担保権の設定は認めないものとする。
⑥　本新株予約権者が死亡した場合は、本新株予約権の相続は認められない。ただし、当社取締役の決定により承認を得た場合は、この限りでない。
⑦　本新株予約権者は、権利行使期間内のいずれの年においても、本新株予約権の行使によって交付（株式の発行または移転もしくは譲渡を含む。以下同じ）される株式の払込金額（当該行使に際し払い込むべき額をいい、新株の発行価額または株式の譲渡価額を含む。以下「権利行使価額」という）の合計額が、その年においてすでにした当社または他社の株式譲渡請求権もしくは新株引受権または新株予約権の行使によって交付される株式の権利行使価額と合計して年間1,200万円、または行使時において租特法の適用を受けることができる権利行使価額の年間の合計額を超えないように、割当てを受けた本新株予約権を行使しなければならないものとする。

(8) 本新株予約権の行使により株式を発行する場合における増加する資本金および資本準備金に関する事項

本新株予約権の行使により株式を発行する場合において増加する資本金の額は、会社計算規則17条1項にしたがい算出される資本金等増加限度額とし、計算の結果生じる1円未満の端数は、これを切り上げるものとする。

(9) 譲渡による本新株予約権の取得の制限

譲渡による本新株予約権の取得については、当社取締役会の決議による承認を要する。

(10) 会社が本新株予約権を取得することができる事由

① 本新株予約権者が退職した場合には、当社が無償で本新株予約権を取得することができる。

② 当社は、取締役会が別途定める日が到来したときに、新株予約権の全部または一部を無償で取得することができる。なお、新株予約権の一部を取得する場合は、取締役会の決議によってその取得する新株予約権の一部を決定する。

要項例(7)は新株予約権を行使するにあたっての諸条件を定めるものである。新株予約権を発行する目的に照らして必要な条件を規定することが実務上一般的である。

要項例(7)②は、適正なインセンティブ付与の観点から行使時点の発行会社への在籍を条件とする旨の行使条件であり、実務上規定される行使条件のうち代表的なものの1つである。当該条件によって、付与対象者に対して少なくとも行使時までに在籍することのインセンティブを付与し、退職したにもかかわらず他者の貢献による株価上昇の利益を与えることを防ぐことができる。

要項例(7)③前段は、株式の上場を行使条件とするものであり、実務上規定される行使条件のうち代表的なものの1つである。

要項例(7)③後段は、新株予約権の1年間の行使限度数を設ける規定であり、付与対象者へのインセンティブ機能を長期間維持することを目的としている。この要項例に限らず、行使限度数の設定方法の定め方はさまざまな方法が考えられる。

要項例(7)⑦は、税制適格要件の1つとして年間の行使価額の上限が求められることから規定されるものである（租特29条の2第1項2号）。

要項例(9)も、要項例(7)⑦と同様に、税制適格要件の1つとして規定されるものである（租特29条の２第１項４号）。

要項例⑽①について、個々の役員や従業員が発行会社へ在籍しなくなった場合、これらの者が有するストックオプションは要項例⑺②の行使条件を満たさなくなるため、権利が消滅することとなる（会287条）。発行会社は、新株予約権が消滅した場合、その旨の変更登記を新株予約権の消滅時から２週間以内に行う必要があるところ（会915条１項、911条３項12号イ・ロ）、付与対象者が退職するごとに上記変更登記を行わなければならないとすると、発行会社は軽微でない手続的負担を抱えることとなる。要項例⑽①はこのような負担を回避すべく、付与対象者が退職した場合には、発行会社がストックオプションを無償取得できる旨を規定したものである。

要項例⑽②前段は、発行会社が新株予約権を無償取得するにあたり、取締役会決議で取得の日を定めることができる旨を規定したもの（会273条１項本文）であり、要項例⑽②後段は、取得条項付新株予約権の一部を取得できる定めがある場合に、新株予約権の一部を取得しようとするときは、どの一部を取得するか決定しなければならないため、その決定を取締役会決議で行うことができる旨を定めたものである（会274条１項・２項）。要項例⑽②では、取締役会が取得の日を定めた場合には、特にその他の条件なく、新株予約権を無償取得することができるとしているが、実際には、合併、会社分割、株式交換、株式移転、発行会社の発行する株式の全てまたは新株予約権の目的となる種類の株式に全部取得条項を付す定款変更をする場合といった組織再編行為などが行われる場合などに限って、取締役会が一定の日を決めて取得することができると規定する場合も多い。また、このように取得可能な場合を限定するときには、発行会社の株式に対して、2021年３月１日に施行された会社法の改正により新設された株式交付が行われる場合もその対象として記載する方が望ましいと思われる。

5　その他のストックオプション

ベンチャー企業で用いられる頻度が比較的高いのは上記3Ⅱの税制適格ストックオプションであるが、その他のストックオプションの類型として有償ストックオプション、権利行使価額を１円とするストックオプションおよび新株予約権信託等がある。以下、概要を解説する。

Ⅰ 有償ストックオプション

1 有償ストックオプションの概要

税制適格ストックオプションについては、非上場会社の場合を念頭に置くと発行済株式の3分の1超の株式を保有する者を対象とすることができない、外部の専門家に対して付与するための条件を満たすことが難しいなど、上記3Ⅱ3のようなデメリットがある。また、仮に、税制適格ストックオプションを行使しえない者に対して、税制非適格ストックオプションを付与する場合には、現実にはキャピタルゲインをまだ得ていない段階であるストックオプションを行使して株式を取得した段階（権利行使時）に、給与所得として最大55%の総合課税がなされてしまうこととなる。

以上のようなデメリットに対処する手段として、有償ストックオプションが比較的広く使用されている。有償ストックオプションは、発行価額を有償とするストックオプションである。行使条件を厳しくすること等によって払込金額を株式の時価の5%以下等に低く抑えたうえで、業績向上のインセンティブ付与や、役職員自ら出捐を伴う決断をすることによる企業へのコミット向上を図る目的で導入されることが多い。一般的に、発行価額が公正価値に設定されるため、税務上はストックオプションの付与により何ら経済的利益を受けないこととなり、税制適格ストックオプションと同様に付与時および行使時いずれにおいても課税されず、株式売却時まで課税が繰り延べられることとなるというメリットがある。また、発行価額を公正価値に設定することで「取締役の報酬、賞与その他の職務執行の対価」（会361条1項柱書）に該当しなくなるため、株主総会において報酬決議を行うという手続的負担も解消されることとなる。

ただし、有償ストックオプションを付与する場合には、ストックオプション付与時に公正価値を払い込む必要がある点で、無償で発行されるストックオプションよりも投資性が高いため敬遠される可能性があるといったデメリットも存し、また、上記3Ⅱ3の税制適格ストックオプション付与対象者の実際の貢献度と、キャピタルゲインの大きさが見合わなくなる可能性があるというデメリットについては、有償ストックオプションについても同様にあてはまるものである。

2　権利行使価額を1円とする有償ストックオプション

権利行使価額を1円とする有償ストックオプションは、発行時の株式の価値に即した発行価額で新株予約権を付与するが、業績条件等を付したうえで権利行使価額を著しく安価（通常は1円）に設定するストックオプションであり、近時ベンチャー企業等でも見受けられる態様である。これにより、たとえば発行会社の株価が下落した場合でも、権利行使時点の株価から、発行価額と権利行使価額1円との合計額を差し引いた額が報酬として保証されることとなる。

そのため、ベンチャー企業においては、権利行使価額を1円とするストックオプションを、税理士、公認会計士および弁護士等の専門家に発行することにより、成長した場合のキャピタルゲインを得ることができることを前提にしつつ、比較的低廉な金額で専門家のアドバイスを得るという手段としても利用する場合もある。

ただし、有償ストックオプションについては、業績条件等を達成しさえすれば、本来の公正価値よりも低い金額負担によってキャピタルゲインを得られることともなりうるため、既存株主の理解が得られない可能性があるという点でデメリットがあるといえる。

3　権利行使価額を1円とする無償ストックオプション

上記**2**ではストックオプションの発行価額については発行時点の株式の価値とすることを前提としつつ、権利行使価額を1円とする有償ストックオプションについて紹介をしたが、発行価額について無償としつつ、権利行使価額を1円とするストックオプションについても、一部の上場会社で発行されている。

また、上記のとおり、2021年3月1日に施行された会社法の改正により、上場会社では、取締役に対して、払込金額を0円とする新株予約権を発行することも可能となったことから（会236条3項）、今後は、上場会社においては、かかるストックオプションを利用することが増える可能性がある。

Ⅱ　新株予約権信託

上記③Ⅱ3では、税制適格ストックオプションでは付与対象者の実際の貢献度とキャピタルゲインの大きさが事後的に見合わなくなる可能性があることを指摘した。このようなデメリットを解消すべく、近時、新株予約権信託という方法も利用されている。

新株予約権信託のスキーム概要は、以下の説明および**図表5-5-1**のとおりである。

① 委託者（発行会社の経営者等）は受託者（税理士、信託会社等）と信託契約を締結して払込資金を信託する。
② 発行会社は新株予約権を発行して受託者に対して割り当てる。
③ 受託者は発行会社に対して新株予約権発行に係る発行価額を払い込み、信託契約に基づく信託終了日まで新株予約権を保管する。
④ 受益者指定権者（発行会社等）は信託終了時に信託契約および交付ガイドラインに定められた発行会社の評価基準に基づき受益者（新株予約権の実際の付与対象者となる従業員等）を確定し、受託者は、それに応じて新株予約権を付与する。
⑤ 受益者（従業員等）は付与された新株予約権を行使して株式を取得し、市場で売却してキャピタルゲインを得る。

図表5-5-1

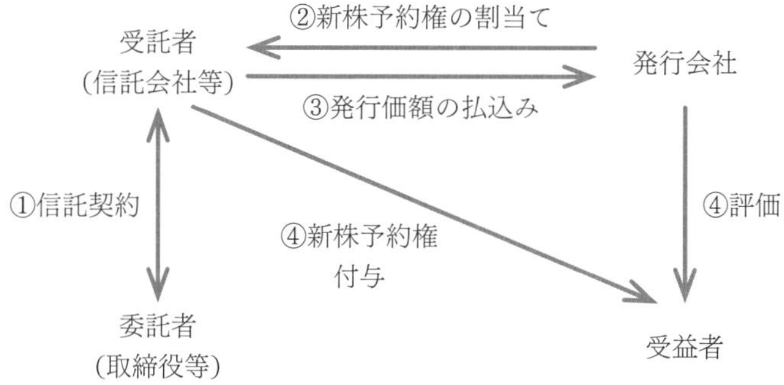

上記スキームが用いられる代表例としては、近い将来に株式上場をめざしている非上場会社が、株式価値が低い段階の時価で新株予約権を発行し、株式上場後の一定の時期に、その時点で在籍する従業員に対して交付をするなどのケースである。このスキームのメリットとしては、①新株予約権発行後に発行会社に加わった役員や従業員等に対してストックオプションを付与することが可能であること、②実際の発行会社に対する貢献度に見合った新株予約権を付与することが可能となるため、発行日前後で生じるキャピタルゲインの不公平が解消されることがあげられる。

他方で、デメリットとしては、①信託期間が終了するまでは付与対象となる可能性のある従業員等にとってストックオプションの内容が不確定であるためインセンティブ効果が相対的に弱いこと、②スキームの導入・維持に要するコストがしばしば多額にのぼることがあげられる（スキームの組成の費用や、税理士、信託会社等の管理費用等）。

したがって、新株予約権信託の導入は、とりわけ事業が成長軌道にあり、上場を見据えていて、かつ資金的余裕がある段階のベンチャー企業においては、検討する余地があるのではないかと思われる。

第 6 章

負債を用いた資金調達方法

前章までは、新株発行による資金調達方法を中心に紹介してきたが、本章においては、ベンチャー企業が創業後すぐに行うことが多く、多くのベンチャー企業が経験することになる負債を用いた資金調達方法を概説する。

1　金融機関からの借入れ

ベンチャー企業による資金調達の方法としては、それ以外の会社と同様に、金融機関から借入れを行う方法が考えられる。しかし、ベンチャー企業は、担保および信用力に乏しいことが多く、金融機関による借入審査が厳しくなりがちである。

そのようなベンチャー企業の性質上、ベンチャー企業が金融機関から融資を受ける方法として、以下の方法がある。

Ⅰ　経営者による債務の保証

金融機関から借入れを行う際に、経営者（代表者）が連帯保証人として、当該債務を保証する方法である。この方法は、経営への規律づけや信用補完に資するため、会社が金融機関から借入れを行う方法として、従前よりよく用いられてきた。

もっとも、経営者による債務の保証は、経営者による思い切った事業展開や、保証後に窮境に陥った場合における早期の事業再生を阻害する要因となっているなど、会社の成長を阻害するという問題点があった。そこで、2013年12月、保証契約の締結を検討する際や、金融機関等の債権者が保証履行を求める際における、会社・経営者・金融機関の自主的なルールを定めた「経営者保証に関するガイドライン」が示され（2014年2月1日から適用）、経営者保証に依存しない融資の促進が図られている（政府系金融機関における「経営者保証に関するガイドライン」の活用実績によると、2014年以降、新規融資に占める経営者保証に依存しない融資割合は徐々に増加傾向にある）。

Ⅱ　信用保証協会による債務の保証

金融機関から借入れを行う際に、信用保証協会（中小企業が金融機関から融資を受ける際に、その債務を保証することで、中小企業の資金繰りの円滑化を図ることを目的とした公的な機関）が、当該債務を保証する方法である。信用保証協会によっては、創業前や創業後間もない段階での融資を支援するプランも有している。

金融機関は、信用保証協会の保証に基づき会社に融資を行い、借主である会社は、当該保証の対価として、信用保証協会に対して、信用保証料を支払うことになる。

Ⅲ　ビジネスローンによる借入れ

ビジネスローンとは、スコアリングシステム（統計的データに基づき、２、３期分の決算書等をもとに会社の信用力を評価し、融資金額、金利、返済、その他融資条件が自動的に判定されるシステム）により、融資をする方法である。

通常、会社が金融機関から融資を受ける際には、借入審査のために膨大な資料を準備しなければならず、また、融資の審査には相当程度の時間を要するが、スコアリングシステムを導入することにより、融資の審査期間が短縮され、ベンチャー企業にとっては迅速に資金調達を行うことができるようになるというメリットがある。もっとも、通常の借入れより金利が高いことがデメリットとしてあげられる。なお、ビジネスローンによる借入れの場合においても、上記ⅠおよびⅡに記載した経営者による債務の保証や信用保証協会による債務の保証が必要となるときがある。

Ⅳ　事業成長担保権を用いた借入れ

事業成長担保権とは、これまで融資の担保となりにくかった無形資産も含めて、金融機関が企業の事業全体を担保にして融資を行うことを内容とするものであり、2020年12月16日に開催された金融庁の第３回「事業者を支える融資・再生実務のあり方に関する研究会」で、事業成長担保権（仮称）の概要が示された（「議論を深めるための1つの制度イメージ：事業成長担保権（仮称）」https://www.fsa.go.jp/singi/arikataken/siryo/20201216/sanko.pdf）。

当該概要によれば、事業成長担保権は、法人の債務（将来発生する債務を含む）を担保するために設定する担保権であって、その目的物は、動産、債権のほか、契約上の地位、知的財産権、のれん等（将来発生するものも含む）が想定されている（ただし、①不動産、②預金債権（預金口座を管理する金融機関の同意がある場合を除く）および③振替証券（振替口座を管理する機関の同意がある場合を除く）については、除くことが検討されている）。

具体的な内容については、今後協議されることになるものの、事業成長担保権が制度として実現した場合、保有する不動産（有形資産）が乏しく、従前担保権を利用した借入れを行うことが難しかったベンチャー企業についても、無形資産を担保に借入れを行うことができるようになることが期待される。

2　創業融資制度を用いた借入れ

政府系の金融機関や各地方公共団体（たとえば、東京都は、創業融資の制度を設けている）は、技術・ノウハウを有し、高い成長性が見込まれるベンチャー企業に対して、無担保・無保証での融資を行う制度を取り扱っている。以下、実際に、よく利用されていると思われる日本政策金融公庫が取り扱うベンチャー企業向け融資制度の一部を説明する。

Ⅰ　日本政策金融公庫の新創業融資制度

この制度は、創業前または創業後間もない会社が、無担保・無保証で利用できる創業融資制度である。また、保証料が不要である一方、金利が高めに設定してあることが特徴である。

この融資制度の利用条件の概要は**図表６－２－１**のとおりである（同融資制度は、同公庫の他の融資制度と組み合わせて利用することが条件となる）。

図表６－２－１

要件（下記の要件をすべて充足する必要がある）	
創業の要件	新たに事業を始める会社、または事業開始後税務申告を２期終えていない会社
雇用創出等の要件	雇用の創出を伴う事業を始める会社、現在勤めている会社と同じ業種の事業を始める会社、産業競争力強化法に定める認定特定創業支援事業を受けて事業を始める会社または民間金融機関と公庫による協調融資を受けて事業を始める会社等の一定の要件に該当する会社（すでに事業を始めている場合は、事業開始時に一定の要件に該当した会社）
自己資本要件	新たに事業を始める会社、または事業開始後税務申告を１期終えていない会社は、創業時において創業資金総額の10分の１以上の自己資金（事業に使用される予定の資金をいう）を確認できる会社

融資限度額
3000万円（うち運転資金1500万円）
返済期間
併用する制度により異なる。
利率
個別事情により異なる。
担保・保証人
原則不要

Ⅱ　日本政策金融公庫の挑戦支援資本強化特例制度（資本性ローン）

資本性ローンとは、会計上は負債として扱われるが、金融機関の債務区分判定において自己資本とみなすことができることを特徴とする借入れをいう。他の金融機関が当該企業の決算書等を評価する場合、資本性ローンについては負債ではなく、自己資本として扱われるため、出資に近い形で資金調達を行うことができるにもかかわらず、創業者等の既存株主の持株比率を低下させないことにメリットがある。他方、業績に応じた金利設定が行われるため、業績が好調なときは、業績が低調なときに比べて、金利負担が大きくなることに留意する必要がある。

同制度には、主に創業時や新規事業を始める小規模な会社を対象とした「国民生活事業」と、新規事業や企業再建等に取り組む事業規模の大きい会社を対象とした「中小企業事業」の２つがあり、いずれも、無担保・無保証で利用ができる。

Ⅲ　日本政策金融公庫の新株予約権付融資

新株予約権付融資とは、ベンチャー企業が新たに日本政策金融公庫に対して新株予約権を発行し、新株予約権の発行と同時に、同公庫がベンチャー企業に対して無担保（ただし、以下のとおり、株式公開等の一定の条件を充足した場合は、代表者等に新株予約権の買取義務が発生する）で融資する方法である。

この融資制度の利用条件の概要は**図表６－２－２**のとおりである。

図表6－2－2

融資限度額
2億5000万円（本制度の融資および社債の合計の限度は6億円） ただし、取得する新株予約権は、原則として、新株予約権を行使したものとして算出される株式数が、発行済株式総数を超えないものとする。
新株予約権の行使価額
新株予約権の取得時の株式の時価
社債金額または貸付額と新株予約権の行使に際して払い込むべき金額の割合
原則として1：1
新株予約権の行使価額
無償
金利
上限3％
返済期間
7年以内
償還方法
原則として分割償還
新株予約権の行使等
・　日本政策金融公庫が新株予約権を行使して株式を取得することはない。 ・　原則として、IPO等の一定の条件を充足した場合は、代表者等に新株予約権を売却。
新株予約権の行使期間
新株予約権発行日から償還期限まで

上記のとおり、新株予約権を行使して株式を取得することはないことから、日本政策金融公庫が株主として経営に関与することはないが、IPO等の一定の条件を充足した場合は、代表者等に新株予約権を売却する、すなわち、代表者等に新株予約権の買取義務が発生することになる。そのため、融資額の返済原資のほかに、新株予約権の買戻しのための原資も用意しなければならないことに留意する必要がある。

3 ABLを用いた借入れ

Ⅰ ABLの概要

ABL（アセット・ベースト・レンディング）とは、会社の事業活動を形成する在庫、売掛金、機械設備等を担保（集合動産譲渡担保または債権譲渡担保）として資金調達を行う方法である。担保を設定された在庫、売掛金、機械設備等の資産は、通常の営業の範囲で使用・処分することができる。

上記1に記載したとおり、ベンチャー企業は、担保に乏しく、一般的に担保の対象とされることの多い不動産を有していることはまれであるため、不動産を担保とした借入れを行うことが難しい。その点、ABLは、在庫、売掛金等の流動資産を担保として借入れを行う方法であり、ベンチャー企業にとって比較的利用しやすい制度といえる。

図表6－3－1

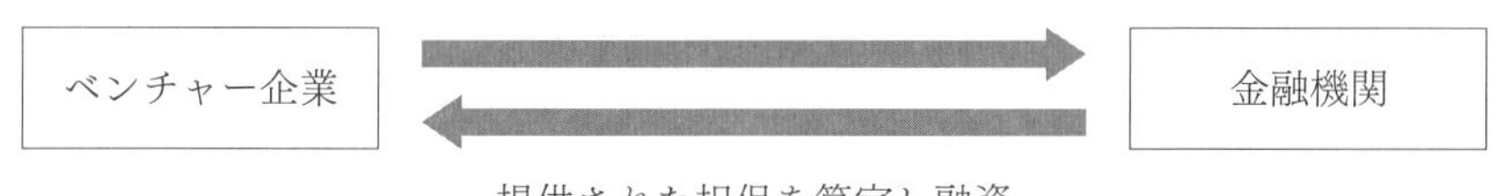

Ⅱ 他の担保制度との比較

1 不動産担保との比較

不動産担保の場合、通常、会社に不動産を使用させたまま、その担保価値を把握する（根）抵当権の設定が一般的であるが、法律上、登録自動車等の一部の動産を除き、動産への抵当権の設定は認められていない。そこで、ABLでは、在庫、売掛金、機械設備等の事業資産に譲渡担保権を設定することになる。

2 他の動産担保との比較

実務上、動産担保として質権が用いられることがある。質権の設定には、担保の対象となる動産を担保権者に引き渡す必要があるため、借主である会社において、当該動産を活用しながら事業活動を行うことができなくなる。他方、譲渡担保権は、担保の対象となる動産を担保権者に引き渡す必要がないため、借主である会社は、当該動産を手元に置き、活用しながら事業活動を行うことができる。

Ⅲ　譲渡担保権の設定

1　集合動産譲渡担保設定契約

上記Ⅰのとおり、ABLは企業の事業活動を形成する在庫、機械設備等の事業資産を担保として資金調達を行う方法であり、かかる集合動産はその構成部分が日々変動するため、譲渡担保の目的とするためには、以下の条項例のように、その種類、所在場所および量的範囲を特定するなどの方法によって集合動産を特定する必要がある（最判昭和54・2・15民集33巻1号51頁）。

衣料品メーカーが、その在庫に譲渡担保権を設定する場合の条項例

種　　類：衣料品、衣料雑貨、鞄、靴
数　　量：下記に記載する保管場所の商品の在庫商品すべて
保管場所：〒○○○-○○○○
　　　　　東京都○○区○○　○丁目○番○号
　　　　　○○本社工場

2　債権譲渡担保設定契約

集合動産に譲渡担保権を設定する場合と同様に、債権に譲渡担保権を設定する場合においても、当該債権を特定する必要がある。債権の特定に関して、判例（最判平成12・4・21民集54巻4号1562頁）は、「譲渡の目的となるべき債権を譲渡人が有する他の債権から識別することができる程度に特定されていれば足りる。」と判示しており、一般的には、下記の条項例のように、債務者、第三債務者、債権の発生原因、債権発生の始期と終期、金額、弁済期等により特定することとなる。

また、ABLを用いて借入れを行う場合、債権を譲渡担保権の目的とするときは、当該債権は将来債権を含むことが一般的である。ただし、将来発生する債権の譲渡について、その期間が著しく長期に及ぶ等、債権譲渡の契約内容が「譲渡人の営業活動等に対して社会通念に照らし相当とされる範囲を著しく逸脱する制限を加え、又は他の債権者に不当な不利益を与えるものであると見られるなどの特段の事情の認められる場合」には、公序良俗に反するものとして債権譲渡の効力が否定されることがあり得ることには留意する必要がある（最判平成11・1・29民集53巻1号151頁参照）。

衣料品メーカーが、取引先に対する売掛債権に譲渡担保権を設定する場合の条項例

○は被担保債権の履行を担保するため、下記に、担保権者のために譲渡担保権を設定する。 記 ○と○との間の衣料品、衣料雑貨、鞄、靴等の一切の在庫商品の売買契約に基づき○年○月○日から○年○月○日までに発生する売掛債権

3　譲渡担保権の第三者対抗要件の具備

民法上、動産の譲渡を第三者に対抗するためには、「動産の引渡し」（民178条）が要求されるため、動産を対象として譲渡担保権を設定する場合は、占有改定（民183条。借主がその動産を継続的に使用するために、借主が担保権者のために占有する意思を表示する方法）による「引渡し」により第三者対抗要件を具備する方法が考えられる。

また、債権の譲渡を第三者に対抗するためには、確定日付のある債務者への通知や債務者からの承諾が必要となる（民467条2項）ところ、債権を対象とした譲渡担保権を設定する場合においても、同様の方法により、第三者対抗要件を具備する方法が考えられる。

もっとも、動産を対象とした譲渡担保権の設定に関し、占有改定による「引渡し」により第三者対抗要件を具備する方法は、引き続き借主が対象動産の使用を継続するため公示性を欠き、事情を知らない第三者がその動産を譲受け、紛争が生じる可能性がある。また、債権を対象とした譲渡担保権の設定に関し、確定日付のある債務者への通知や債務者からの承諾により第三者対抗要件を具備する方法は、占有改定による「引渡し」と同様に公示性を欠くことに加えて、売掛債権の譲渡が取引先（債務者）に知られるため、信用上の懸念を抱かれるおそれがある。

そこで、ABLにおいては、公示性に優れている動産譲渡登記制度（在庫等の動産を対象とした制度）や債権譲渡登記制度（売掛金等の債権を対象とした制度）を用いて、第三者対抗要件を具備することが一般的である。

⑴　動産譲渡登記制度

動産譲渡登記の対象は原則としてすべての動産であり（ただし、別途登録制度のある自動車、船舶、航空機等は対象外）、個別の動産のみならず、在庫のように構成物が日々入れ替わる流動的な動産についても登記の対象とすることができる。登記の存続期間は原則として10年以内である（動産・債権譲渡特例7条3項）。

⑵　債権譲渡登記制度

債権譲渡登記の対象は指名債権であり、すでに発生している債権のほかに、将来発生する債権についても登記が可能である。また、債務者（第三債務者）が特定されている債権のほかに、債務者が不特定の債権についても登記により譲渡を第三債務者に対抗することが可能である。登記の存続期間は、債務者が特定されている場合は原則として50年、債務者が不特定の場合は原則として10年以内である（動産・債権譲渡特例8条3項）。

4　定例報告に基づくモニタリング

ABLは流動性のある資産等を譲渡担保権の目的とすることから、日々変動する担保価値がどのように変化しているかなどを把握し、ABLの実行時に付した条件等を充足しているか定期的に確認する必要がある。そのため、貸主としては、入金状況の確認、在庫等担保権の対象となった集合動産の現地調査等を行い、借主としては、貸主に対して、在庫等の担保権の対象となった集合財産や売掛債権の情報を提供することとなる。

Ⅳ　ABLが有効となるベンチャー企業

ABLは、基本的には、担保に適する資産を有する会社が対象となるが、ABLが有効な企業の一例は以下のとおりである（ABL普及・啓発コンテンツ（発展編）26、27頁）。

1　成長や季節変動に対応する運転資金

第1には、対象となる流動資産の規模が大きく、その運転資金の調達ニーズも大きい会社が考えられる。

また、売上の季節変動が大きい場合や、仕入れと販売との間でのタイムラグや支払条件（サイト）の乖離等の要因から、在庫や売掛金等を多く保有するなどの場合も想定される。

図表 6－3－2　企業の成長局面とABLの関係

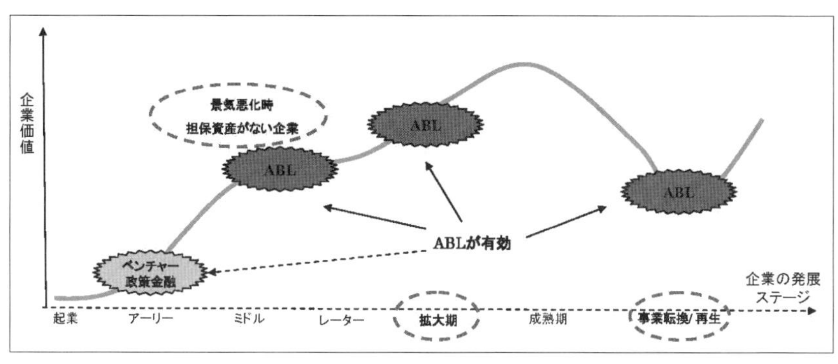

ABL普及・啓発コンテンツ（発展編）（最終閲覧日：2021年10月20日）26頁（http://www.meti.go.jp/policy/economy/keiei_innovation/sangyokinyu/ABL/07.pdf）より

2　機械設備を多く使う事業

第２には、生産設備やレンタル等の目的で使用する機械設備や器具が、汎用性が高く、また保有規模が大きい場合等が考えられる。この場合の例として、介護機器のレンタル事業や、精密加工等の事業で使用する工作機械等、高価でかつ耐用年数が長い機械設備を使用している場合等がある。

4　新株予約権付社債を用いた資金調達方法

初期段階のシードステージにおける資金調達では、ベンチャー企業がいまだ十分なキャッシュ・フローを生み出すには至っていない段階であることが多く、また、事業の不確実性も高いことから、１株あたりの払込金額を算定するバリュエーションが困難な場合が多い（太田ほか172頁）。このような場合、投資家側としては、初回のシードステージにおける資金調達から、当該ベンチャー企業の価値評価がより明らかになる次のステージの資金調達までバリュエーションを先送りしたいという要望もある。このような要望を叶える方法として、新株予約権付社債（いわゆる転換社債型）を用いる方法がある。また、企業価値が下がっている局面で資金調達を行う場合にダウンラウンド（前回の増資時よりも株価が下回った状態で資金調達をすること）を避けるため、新株予約権付社債を利用して、バリュエーションを先送りすることもある。

Ⅰ　新株予約権付社債の概要

新株予約権付社債は、「新株予約権を付した社債」（会2条22号）と定義されており、新株予約権と社債を分離して譲渡・質入れすることができないものである。いわゆる転換社債型の新株予約権付社債とは、新株予約権付社債のうち、会社法236条1項3号により、新株予約権の行使をする場合に必ずその社債が消滅するもの、すなわち、当該社債を新株予約権行使時の出資の目的とする内容を有するものと整理されている。

Ⅱ　会社法上の発行手続に関する規律

1　新株予約権付社債の発行についての概要

新株予約権付社債を引き受ける者を募集して新株予約権付社債を発行する場合については、社債を引き受ける者の募集の手続に関する規定が適用除外とされており（会248条）、会社法第2編第3章第2節の募集新株予約権の発行の規定によることとされている。したがって、募集社債の発行の際に定めるべきものとされている事項（会676条）が新株予約権の募集事項の決定と同時に定められる（会238条1項6号）。

2　非公開会社における新株予約権付社債の発行手続

会社法上、新株予約権付社債を発行する場合には、以下のような手続を経ることが必要となる。なお、本書で対象としているベンチャー企業は、非公開会社に該当することが想定されるため、以下では、非公開会社における発行手続であり、かつ、株主に割当てを受ける権利を与えないものに絞って紹介を行う。

まず、非公開会社において、第三者に対して新株予約権付社債を発行する際の原則的な手続の概要は以下の**図表6-4-1**のとおりである。

図表6-4-1

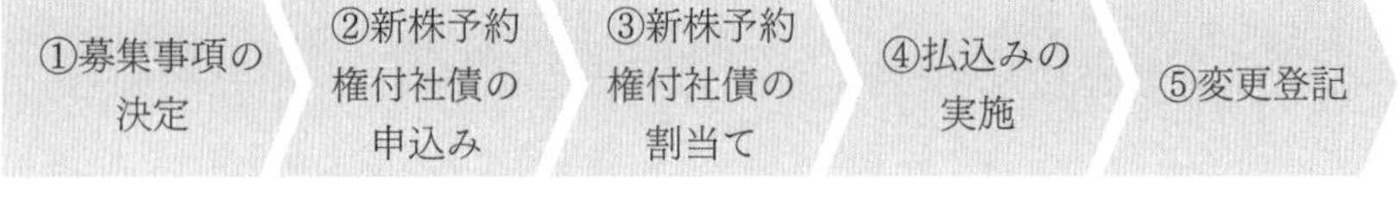

①募集事項の決定 → ②新株予約権付社債の申込み → ③新株予約権付社債の割当て → ④払込みの実施 → ⑤変更登記

(1) ①募集事項の決定

ア 決議機関

非公開会社の場合、募集事項の決定は、株主総会の特別決議によることが原則となる（会238条2項、309条2項6号）。さらに、種類株式発行会社においては、新株予約権付社債に付された募集新株予約権の目的である株式の種類が譲渡制限株式である場合には、当該種類株主総会の決議を要しないとする定款の定めがあるときを除き、当該種類株主総会の特別決議（会238条4項、324条2項3号）も要する。

イ 募集事項の決定

新株予約権の募集事項および社債の募集事項を定めなければならない（会238条、676条、会施162条）。なお、かかる募集事項は、募集ごとに均等に定めなければならない（会238条5項）。

(2) ②新株予約権付社債の申込み

新株予約権付社債の募集に応じて申込みを行おうとする者は、一定の事項を記載した書面を会社に対して交付しなければならない（会242条2項）。また、新株予約権付社債の募集において、当該募集に応じて申込みを行う者は、新株予約権付社債の新株予約権のみの申込みをしても、社債部分についても引受けの申込みをしたものとみなされることから（同条6項）、新株予約権付社債に付された新株予約権のみの引受けや割当てをすることはできない。

(3) ③新株予約権付社債の割当て

新株予約権付社債に付された募集新株予約権の目的である株式の全部もしくは一部が譲渡制限株式である場合、または新株予約権付社債に付された募集新株予約権が譲渡制限新株予約権である場合、会社は、株主総会（取締役会設置会社においては取締役会）の決議により、上記の割当ての決定をしなければならない（会243条2項、309条2項6号）。

この点、総数引受契約を締結する場合は、②新株予約権付社債の申込み、および、③新株予約権付社債の割当ての手続は不要となる（会244条1項・2項）。

(4) ④払込みの実施

新株予約権付社債については、社債の払込金額（会676条9号）の払込みをすることに加え、新株予約権部分を有償で発行する場合には、新株予約権付社債の割当てを受けた新株予約権者は、「金銭の払込みの期日」を定めた場合はその日、または当該期日を定めていない場合は新株予約権の行使期間の初日の前日までに、払込金額の全額を会社に支払わなければならない（会246条１項）。

⑸　⑤変更登記

新株予約権付社債を発行した場合、新株予約権付社債の新株予約権部分につき、会社法911条３項12号に記載する事項について、変更登記手続を行うことが必要となる。

Ⅲ　新株予約権付社債を用いることのメリットとデメリット

新株予約権付社債は、バリュエーションを先送りできるというメリットがある（4冒頭参照）。すなわち、新株予約権付社債の転換条件として、一定期間転換を制限したうえで、当該期間内に一定の要件を満たす適格資金調達（たとえば○億円以上の資金調達）が実現した場合には、当該適格資金調達における株価を基準として算出される価額を行使価額として、株式に転換される（または転換することができる）というような条件を定めることがしばしばみられるが、この場合、当該適格資金調達が行われるまで、いったんバリュエーションを先送りすることができることとなる。

また、投資家にとっては、さらなる資金調達が実現された場合には株式に転換して大きなリターンを望むことができるほか、設計次第では、想定されていたような事業拡大が進まなかった場合には株式に転換することなく社債として返済を受けることも、理論的には可能であるため、純粋な株式出資よりも安全性が高いと評価することもできる（ただ、ベンチャー企業への投資を行った場合において、想定されたリターンが得られなかったからといって社債の償還を求めることは、投資家としてのレピュテーションを傷つけるおそれもあるため、慎重に検討する必要があると思われる）。

他方、ベンチャー企業からみれば社債部分は貸借対照表においては負債として計上されることや、新株予約権の内容を定めて登記しなければならず手続が煩雑であるというデメリットがある。

Ⅳ　新株予約権付社債の発行要項例

新株予約権付社債を発行する際には、一般的に①社債の総額、②各社債の金額、③社債券の発行の有無、④社債の利率、⑤各社債の払込金額、⑥払込期日および新株予約権の割当日、⑦償還金額、⑧償還方法および期限、⑨物上担保・保証の有無、⑩利息支払いの方法および期限、⑪社債管理者の有無、

⑫新株予約権の内容、⑬新株予約権の譲渡制限、⑭新株予約権付社債の譲渡制限といった事項について定めることとなる（会238条、676条、会施162条）。

具体的な内容については、各ベンチャー企業の需要および投資家の要望に応じて個別の設計が必要となるが、以下では、シードステージにあるベンチャー企業として利用する場合の新株予約権付社債の要項に規定される主要な条件の概要について、**第1章**モデル事例２において、仮に、Ｄ社の企業価値の正確な把握がこの時点では困難であったため、エンジェル投資家のＥが普通株式ではなく、新株予約権付社債を利用して投資をした場合を想定して、注記を付しつつ、簡単に紹介する。

項目	規定例
1．社債の名称	第１回無担保転換社債型新株予約権付社債 （以下「本新株予約権付社債」といい、そのうち募集社債のみを「本社債」、募集新株予約権のみを「本新株予約権」という。）
2．社債の総額	金300万円
3．各社債の金額	金100万円の１種 【注：社債管理者の設置を不要とするために社債の総額の1/50超とすることが必要となる。】
4．償還期限	払込期日の24ヶ月後の応当日
5．利率	年５％　【注：無利息とすることも多い。】
6．各社債の払込金額	各社債の金額金100円につき金100円とする。 【注：社債の払込金額を、たとえば金100円につき金90円とすると、社債権者は10円分割り引かれた価格で社債を取得することが可能となり、利息を得るのと同様の機能も果たすことが可能となる。】
7．払込期日および新株予約権の割当日	2022年５月１日
8．償還金額	各社債の金額金100円につき金100円とする。
9．本新株予約権の目的である株式の種類および数またはその算定方法	(1)　本新株予約権の目的である株式の種類は[普通株式]とする。ただし、適格資金調達(第10項において定義する。)において発行する株式が[普通株式]以外の種類株式である場合には、当該種類株式とする。 【注：新株予約権の行使により発行される株式は、

	便宜上、新株予約権の発行時に既に存在する種類の株式を対象とするが、普通株式以外の株式でも良い。実際には、ただし書に記載のように、適格資金調達時に発行される種類の株式と同様の権利内容の株式に転換されることが想定されている。】 (2) 本新株予約権の目的である株式の数は以下の算式により算出するものとする。この場合に1株未満の端数を生じたときは、これを切り捨てるものとし、現金による調整は行わない。 株式数＝(行使する本新株予約権にかかる本社債の払込金額に発生済みの利息を加算した金額の総額)／行使価額 なお、「行使価額」とは第10項に定める金額(ただし、同項の定めにより調整された場合は調整後の金額)を意味するものとする。
10. 行使価額	(1) 行使価額は、以下のうちいずれか低い額（小数点以下切り上げ）とする。 (a) 適格資金調達（割当日から償還期日の[7]日前までの期間に当社が資金調達を目的として行う、1株当たりの払込金額が[4万]円以上である募集株式の発行であって、当該発行において発行される株式による総調達額が[1500万]円以上であるものをいう。)が実行された場合には、当該適格資金調達における1株当たり発行価額に[0.9]を乗じた額 【注：発行価額に乗じる倍数については、倍数は、0.9でなくとも0.7などその他の数字でも良く、この倍数が小さいほど、適格資金調達が行われた際の発行価額からより割り引かれた価格で株式を取得することができることとなる。】 (b) 金[10万]円 【注：(b)については、具体的な金額ではなく、発行会社の評価上限額を定め、それを適格資金調達時等の株式数で除するという方法で定めることもよく行われている。】
11. 本新株予約権の払込金額	本新株予約権は無償で発行する。

12．本新株予約権の行使に際して出資される財産の内容および価額	本新株予約権の行使に際し、当該本新株予約権にかかる本社債（ただし、払込みがなされたものに限る。）を出資するものとし、当該本社債の価額は、その払込金額に発生済みの利息を加算した金額とする。なお、本新株予約権の行使があった場合、当該本新株予約権にかかる本社債につき期限の利益が喪失されたものとみなす。
13．本新株予約権を行使することができる期間	本新株予約権の割当日からいつでも行使することができる。
14．本新株予約権の行使条件	(1) 本新株予約権は、第10項に定める適格資金調達が実行されることを条件として行使することができる。 (2) 本新株予約権の行使は各社債単位で行うものとし、各社債に付された本新株予約権の一部の行使は認められないものとする。

仮に、上記のような条件で、新株予約権付社債への投資が行われ、その後、（**第１章**モデル事例の場合とは異なるものを含むものの）、以下の事項が発生した場合には、新株予約権付社債は、以下のように取り扱われることとなる。

① 新株予約権付社債の払込期日から１年後に、1株あたり５万円でA種優先株式を400株発行し、2000万円を新規に調達する適格資金調達が行われる場合

この場合には、新株予約権の行使価額は、(a)50,000×0.9=45,000円と(b)10万円のうち低い金額である、45,000円になり、Ｅは、適格資金調達により発行される株式よりも5,000円低い価格で同様の株式を取得することが可能となる。

また、Ｅが保有する300万円分の新株予約権付社債（年利５％なので、１年間に発生する利息は15万円となる）が転換して発行される株式数は、3,150,000÷45,000=70株となる。

② 新株予約権付社債の払込期日から１年後に、１株あたり30万円でA種優先株式を110株発行し、3300万円を新規に調達する適格資金調達が行われる場合（第１章モデル事例３の資金調達が行われた場合）

この場合には、新株予約権の行使価額は、(a)300,000×0.9=270,000円と(b)10万円のうち低い金額である、10万円になり、Eは、適格資金調達により発行される株式よりも20万円低い価格で同様の株式を取得することが可能となる。

また、Eが保有する300万円分の新株予約権付社債が転換して発行される株式数は、3,150,000÷100,000=31株（上記の概要に従い小数点以下は切り捨て）となる。

③　社債の償還期限内に適格資金調達が行われない場合

この場合には、Eは、（実際の回収可能性はさておき）、新株予約権付社債の発行会社であるD社に対して、元本である300万円の償還および利息の支払いを請求することが可能となる。

ただし、このように、適格資金調達が定められた期限までに行われない場合にも、たとえば、上記の概要第10項(b)に記載の金額での株式への転換を可能としておき、実際には、新株予約権付社債の償還ではなく、株式への転換を予定する場合も多い。

第7章
クラウドファンディング

1　クラウドファンディングとは

Ⅰ　クラウドファンディングの定義

クラウドファンディング（「Crowdfunding」、以下「CF」という）は、「群衆」(crowd）および「資金調達」(funding）からなる造語である。CFは、さまざまな資金調達手段の個称または総称として用いられる場合があるが、一般的には「新規・成長企業等と資金提供者をインターネット経由で結びつけ、多数の資金提供者から少額ずつ資金を集める仕組み」を意味するものであるとされている（ワーキング・グループ報告２頁参照)。

より具体的には、CFとは、対価なしに、または、一定の製品、サービス、株式もしくは出資持分等を対価として、資金需要者の事業または製品開発のために行われる、一般公衆からの資金調達手段の１つである。

Ⅱ　従来の資金調達手段との違い

従来の資金調達手段としては、銀行からの融資やベンチャーキャピタルを通じた資金調達が一般的であった。しかしながら、近年では、インターネット上での膨大なデータのやりとりが可能となり、CFが注目を集めるようになっている。CFでの情報提供は、インターネット上のCFプラットフォーム(資金需要者が必要な情報を掲示して資金提供者からの資金提供を募るためのウェブサイト）で行われ、従来に比べて低コストかつ容易に情報の提供を行うとともに、資金提供者と資金需要者のマッチングを行うことが可能となった。

なお、従来の資金調達手段とCFによる資金調達についての概念の違いについては、**図表７-１-１**を参照されたい。

図表７-１-１

一般的な資金調達

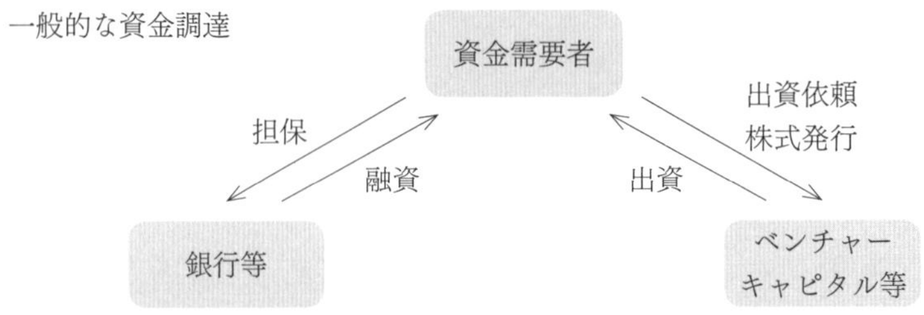

CFによる資金調達

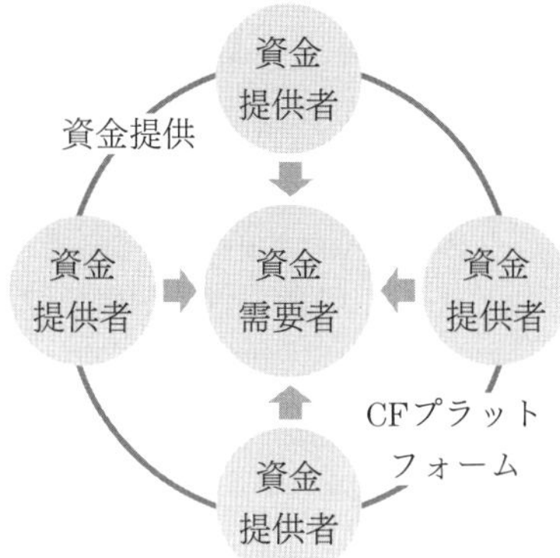

Ⅲ クラウドファンディングの方式

また、CFにおいては、一般的には、①一定のプロジェクトおよびそのプロジェクトの遂行に必要な調達目標金額をCFプラットフォーム上に掲示して、②一定の期間内に、同プロジェクトに賛同する不特定多数の第三者から資金提供を募ることとなる。もっとも、CFにおいては、不特定多数の第三者から資金提供を募る関係上、実際に申込みが行われた金額（調達金額）が目標金額に達しないことがある。

CFにおいて、調達金額が目標金額に達しない場合の取扱いについては、ⅰ調達金額が目標金額に到達したかどうかにかかわらず、調達金額からCFプラットフォームの手数料を差し引いた金額を、すべて、プロジェクト実施者が受領することができる、オールイン方式（All-In方式）と、ⅱ調達金額が目標金額に到達しない場合には、プロジェクトは不成立となり、プロジェクト実施者は１円も受領することができない、オール・オア・ナッシング方式（All-or-Nothing方式）の２つの方式がある。オール・オア・ナッシング方式の場合には、プロジェクト実施者は、目標金額に１円でも足りない場合には、CFにより１円も受領することができないため、目標金額を適切に設定する必要性が特に高い点に留意が必要である。

2 クラウドファンディングの種類

CFはさまざまな資金調達手段を包含した概念であり、その類型としてさまざまな分類方法が考えられるが、主に、資金提供者が資金提供の対価を取得するか、または取得するとしてもどのような対価を取得するかを基準とすることによって、以下のように分類することができる。

まず、CFにおいても、資金提供者が資金の拠出への対価を得られる種類のものと対価を得られない種類のものがあるが、CFのうち、資金提供者が対価を得られない種類のものを一般に「寄付型CF」と呼んでいる（**図表7-2-1**を参照）。

これに対して、資金提供者が対価を得られる種類のものは、その対価の内容によって、「購入（売買）型CF」、「貸付（融資）型CF」または「投資型CF」（株式投資型とファンド型）に大別される（**図表7-2-1**を参照）。また、上記のそれぞれの類型によって、資金調達のスキームの性質が異なり、法規制の適用関係や関係当事者の責任関係、課税関係等が異なることとなる。

図表7-2-1

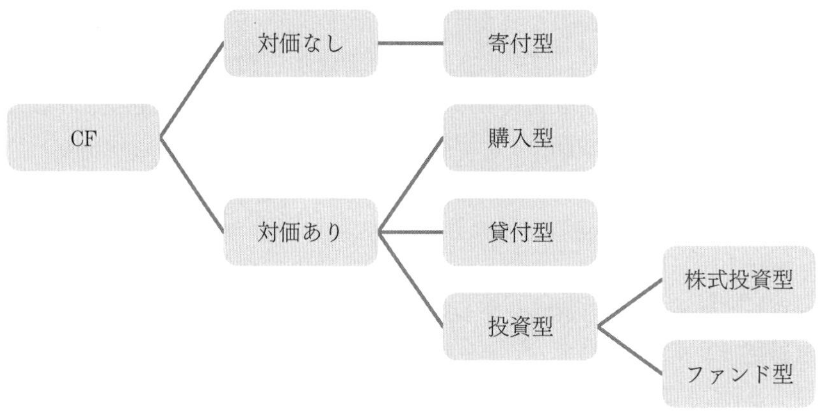

Ⅰ 寄付型CFについて

1 寄付型CFとは

寄付型CFとは、購入型CF、貸付型CFおよび投資型CFとは異なり、資金提供に対する対価が得られない類型のCFである。

寄付型CFでは、主に、寄付を募ろうとするプロジェクト実施者（資金需要者）が、地震等の災害からの復興支援や発展途上国への支援等の目的で、運営サービス業者を通じてインターネット上でプロジェクトを掲載し、出資者

(資金提供者) がこれに対して寄付により資金を提供するという形態が多い。寄付型CFは2011年の東日本大震災を契機に広まり、2016年４月の熊本地震で多くの人に利用されるようになったこともあり、インターネット上で容易に寄付を行うことができるCFとして需要が高まった。

また、寄付型CFは、ベンチャー企業との関係でも、たとえば、社会的問題を解決するために起業する、いわゆる社会的起業を行う際にも資金調達が必要となるが、社会的起業の場合には、その事業に営利性を伴わないことも多いため、社会的起業の際に寄付型CFを活用することも期待されている(速水智子「社会起業家の資金調達とクラウドファンディングとの関係性」中京企業研究37号 (2015年) 63頁以下)。

そして、資金提供者への対価がないものの、寄付型CFにおいても、資金提供に対して、感謝状や資金提供者の氏名の掲載等、何らかの非金銭的な返礼の提供が予定されている場合もある。

なお、寄付型CFにおいても、CFプラットフォームを利用する以上、CFプラットフォームの利用手数料 (15～20%程度) が発生する場合があり、実際に、プロジェクト実施者が受領することができる金額は寄付金額から上記の手数料を差し引いた金額となる点には留意が必要である。

寄付型CFの仕組みを図示すると**図表７-２-２**に記載のとおりとなる。

図表７-２-２

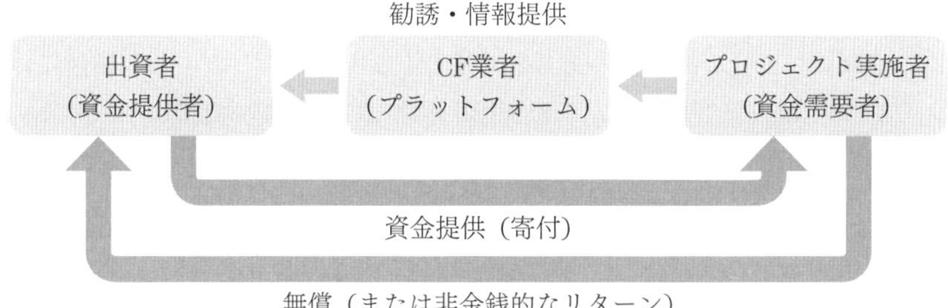

2 事例の紹介

上記のとおり、寄付型CFは、2016年４月に発生した熊本地震の際に多くの人に利用されるようになり、被災地の復興支援に貢献した。

また、震災の復興支援以外の事例としては、2020年の春頃から世界中で感染拡大が生じた新型コロナウイルス感染症に関し、公益財団法人東京コミュニティー財団が、CFプラットフォームである「READYFOR」（運営元：READYFOR株式会社）において、2020年４月から約３か月間、新型コロナウイルス感染症の拡大防止に取り組む、個人・団体・事業者・医療機関・自治体などの活動費用を助成するための基金の募集を行い、約２万人から約７億2000万円もの基金を集めることに成功した。なお、当該事案においては、資金提供者への対価はなかったものの、CFのサービス手数料は無料とされた（決済に係る手数料５％は発生）（最終閲覧日：2021年10月20日）（https://readyfor.jp/projects/covid19-relief-fund）。

一般的に、寄付型CFでは、寄付を行った後も、資金需要者であるプロジェクト実施者が活動報告をすることが多く、資金提供者はこの報告を通して、今後の活動や寄付金の使途等に関する情報を得ることができる点も特徴である。

Ⅱ　購入型CFについて

１　購入型CFとは

購入型CFとは、資金提供の対価として、商品やサービスが提供される類型のCFである。プロジェクト実施者（資金需要者）から出資者（資金提供者）にもたらされる対価は、通常、プロジェクトに関連した商品やサービスである。

たとえば、当該プロジェクトが、ある商品の開発・製造を目的とする場合は、調達した資金によって製品化された商品やその関連グッズ等を対価として提供することが多い。また、場合によっては、商品やグッズの提供のほかに、当該商品に資金提供者の氏名を掲載することもある。いずれの場合においても、CFは当該プロジェクトの宣伝手段としての役割も担うことになる。

購入型CFの仕組みを図示すると**図表７－２－３**に記載のとおりとなる。

図表７－２－３

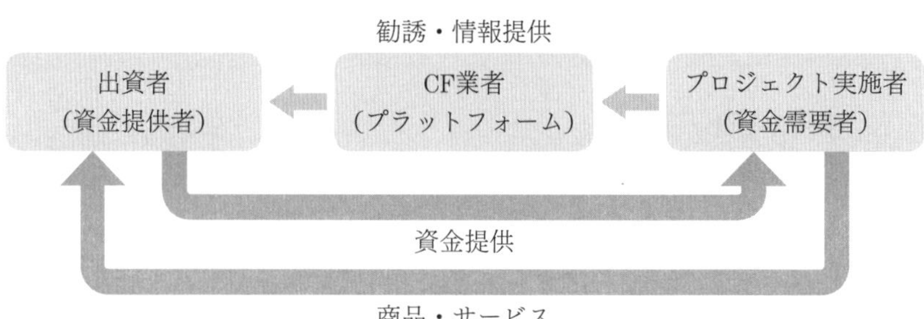

2 事例の紹介

購入型CFの例として、特定の商品を製作するための資金調達プロジェクトを行った事案を紹介する。完全栄養食品として「BASE PASTA」等の商品を提供するベースフード株式会社は、2016年10月に、CFプラットフォームの「Makuake」において、自社商品の「BASE PASTA」を販売するかたちで購入型CFを行い、目標金額を超える約100万円の調達に成功した（最終閲覧日：2021年10月20日）（https://www.makuake.com/project/base-pasta/)。また、Makuakeにおける購入型CFの実施後、同社は、2017年2月に、定期購買モデルによる販売を本格的に開始し、同年10月には、ベンチャーキャピタルを引受先とする第三者割当増資を行い、総額1億円を調達し、2019年5月にはさらに総額約4億円の第三者割当増資を行っている。

ベースフード株式会社による購入型CFでの資金調達は、資金提供者の提供する金額に応じ、その対価として自社製品を供給するという形態のCFであり、資金提供者が買主、資金需要者であるベースフード株式会社が売主として、MakuakeというCFプラットフォームを介して、その製品である「BASE PASTA」の売買が行われたのと同じようなかたちがとられている。

Ⅲ 貸付型CFについて

1 貸付型CFとは

貸付型CFは、P2P（peer to peer）レンディング（「peer」とは「同等のもの」、「仲間」等の意味である）またはソーシャルレンディングとも呼ばれる。

貸付型CFは、従来の銀行預金と比べると、資金提供者に対する元本保証はなく、提供した資金が返還されないリスクは大きいというデメリットがある。その一方で、銀行預金よりもはるかに大きな利回りが期待できるというメリットがある。

貸付型CFでは、資金提供者に対して金利という金銭的対価が支払われることから、下記Ⅳの投資型CFの一種と分類されることもある。また、下記3において詳述するが、日本では、貸付けを業として行うためには貸金業法上の貸金業者の登録を取得する必要があるものの、一般の個人が貸金業者の登録を取得することは現実的ではない。そこで、通常の場合、CF業者（CFプラットフォーム運営者）が貸金業登録を行い、貸付けのための資金を匿名組合出資のかたちで一般の個人から募るというスキームをとる（このスキームを一般的に「匿名組合スキーム」という)。これにより、一般個人は貸金債権に対する匿名組合出資者として、元本を回収できないリスクや想定していた利息を受領できないリスクを負担することになる。

なお、この場合、資金提供者との関係では、匿名組合スキームは、金商法におけるいわゆる集団投資スキームにあたるため、CF業者は貸金業者の登録に加えて、匿名組合出資持分の募集を行うものとして、金商法上の第二種金融商品取引業者の登録が求められる。

なお、貸付型CFの仕組みを図示すると**図表7－2－4**に記載のとおりとなる。

図表7－2－4

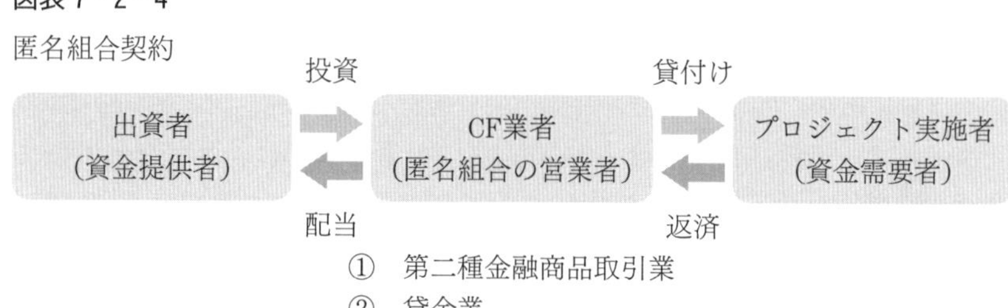

2　一般的なスキームの紹介

以上のように、貸付型CFでは、資金提供者が資金需要者に直接貸付けを行うという形式はとられていない。ここでは、貸付型CFの一般的なスキームについて、簡単に紹介する。

(1)　プロジェクト実施者からの融資申込みおよびCF業者による投資募集

複数のプロジェクト実施者から、融資案件の組成の要請がCF業者に対して行われ、CF業者による所定の審査が終了すると、CF業者はインターネット上で出資者からの投資を募集する（融資案件の組成の要請と投資の募集は先後することがある）。

この場合、資金提供者である出資者とCF業者との間で匿名組合契約（商535条）を締結して、CF業者が匿名組合（ファンド）の営業者となり、出資者は匿名組合員となる。

なお、匿名組合契約とは、貸付型CFに即していえば、当事者の一方（匿名組合員となる資金提供者）が相手方（プロジェクト実施者に対して貸付けをするCF業者）の組成するファンドに匿名組合出資をし、相手方が営業者としてその事業（資金需要者に対する貸付け）から生じる利益を分配することを約する契約である（商535条）。

(2) CF業者とプロジェクト実施者との契約および貸付け

CF業者が募集したローンファンドが満額またはオールイン方式により成立した場合、匿名組合の営業者であるCF業者は、プロジェクト実施者との間で金銭消費貸借契約を締結して貸付けを行う。

この金銭消費貸借契約においては、通常の金銭消費貸借契約と同様に、貸付金額、貸付期間（3か月～1年間程度の場合が多い)、利息（5～10%程度となる場合が多い)・遅延損害金の算定方法、返済方法および資金使途が規定される。また、金銭消費貸借基本契約において、貸付金の上限を極度額として定め、個別契約において、その範囲内で複数回に分けて貸付けを行う場合や貸付金の担保として不動産に対する抵当権設定等の担保権設定やプロジェクト実施者の代表者が連帯保証を行う場合もある。

なお、プロジェクト実施者に貸付けを行うのは、匿名組合の営業者であるCF業者であり、出資者がプロジェクト実施者に対して直接貸付けを行うことはない。

(3) プロジェクト実施者からの返済

プロジェクト実施者が、CF業者との上記(2)の金銭消費貸借契約に基づき、利息の支払や元本の返済を行う。

(4) 出資者への分配・償還

CF業者がプロジェクト実施者から返済された金額から、匿名組合契約の規定に基づき、各種手数料・源泉徴収税額を控除した額を、出資者に分配する。

現在、貸付型CFが用いられているプロジェクトとしては、①不動産の取得・販売のための仕入資金、建築資金、融資の借換えの資金および運転資金、②再生エネルギー事業のための仕入資金、建築資金、融資の借換えの資金および運転資金、③その他、銀行から満額の融資を受けるには信用力が乏しいが、事業性がある中小企業に対する特定使途または運転資金としての融資が多い。

Ⅳ 投資型CFについて

1 投資型CFとは

貸付型CFが一般的に貸付けに関する匿名組合出資の形態をとるのに対し、投資型CFは、資金需要者に対する直接投資の形態をとる。

また、投資型CFは、資金提供者が資金拠出の対価として取得するものが資金需要者の発行する株式の場合と匿名組合出資持分の場合に分けられる。分類上、前者を株式投資型CFといい、後者をファンド型CFという。CF業者としては、株式投資型CFの場合は、原則的には、株式を取り扱うため第一種金融商品取引業者の登録が、ファンド型CFの場合は、原則的には、匿名組合出資持分を取り扱うため第二種金融商品取引業者の登録が、それぞれ必要となる。

しかしながら、株式投資型CFおよびファンド型CFについては、発行規模が一定の規模にとどまる非上場株式もしくは新株予約権またはファンド持分を対象とする場合など、インターネットを通じた少額の資金提供を募るサービスを取り扱う者について、業者規制が緩和された少額電子募集制度を利用することができる（下記3参照）。

投資型CFの仕組みを図示すると**図表７－２－５**に記載のとおりとなる。

図表７－２－５

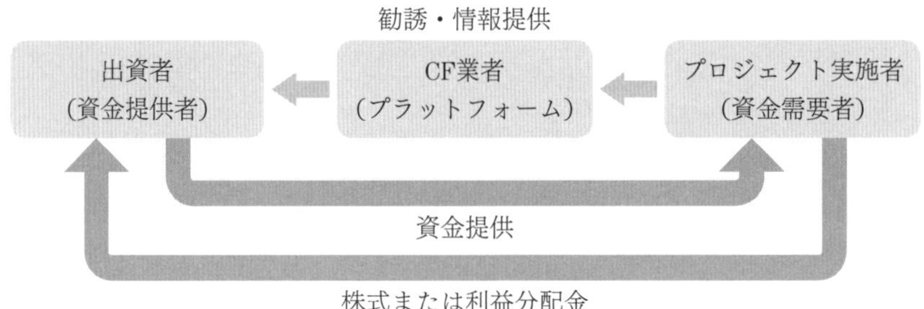

2　事例の紹介

(1)　株式投資型CF

株式投資型CFとして、発行規模が一定の規模にとどまる非上場株式をインターネットのプラットフォームを通じて引き受ける態様でのサービスが提供されている。

株式投資型CFが用いられた件数は、増加してきており、その中には、日本のプロ卓球リーグである「Tリーグ」に参戦するプロチームの運営等を行う琉球アスティーダスポーツクラブ株式会社（以下「琉球アスティーダ」という）が、CFプラットフォームの「FUNDINNO（ファンディーノ）」において、2019年12月に2250万円の資金調達を行い（最終閲覧日：2021年10月20日）（https://fundinno.com/projects/105）、その後、琉球アスティーダは2021年３月

30日付で株式会社東京証券取引所のTOKYO PRO Marketに株式が上場されている。これは、FUNDINNOにおける発行者が株式上場を行った初の事例であり、株式投資型CFにより資金調達を行った後の出来事として着目される。

なお、「FUNDINNO」を運営する株式会社日本クラウドキャピタルは、株式投資型CF業者として第一種少額電子募集取扱業の登録を受けているが、日本証券業協会によれば、2021年4月15日時点で、株式会社日本クラウドキャピタルを含む6社が株式投資型CF業者として第一種少額電子募集取扱業の登録を受けたうえで株式投資型CF業務を行っている（最終閲覧日：2021年10月20日）（https://market.jsda.or.jp/shijyo/kabucrowdfunding/toriatsukaigyousha/20200907114040.html）。

(2) ファンド型CF

ファンド型CFに関しては、たとえば、第二種金融商品取引業者であるミュージックセキュリティーズ株式会社が、その運営するCFプラットフォームの「セキュリテ」において、地方の特産品、古民家、日本酒、被災地支援等の多様なファンド型CFを実施している。

貸付型CFと比較した場合におけるファンド型CFの特徴としては、①CF業者は匿名組合出資持分の勧誘やファンドの管理のみを行い、資金需要者が匿名組合の営業者となって資金提供者が匿名組合員となるかたちで、資金需要者・資金提供者間で直接匿名組合契約が締結されるため、出資対象となるプロジェクト実施者（資金需要者）およびプロジェクトの内容が特定されている点、②匿名組合の存続期間が比較的長期間に設定されている（3～10年間にわたるものもある）点、および、③匿名組合出資に対するリターンの利率が固定化されていない点等があげられる。

なお、出資者に対しては利益分配金のほかにも、当該ファンドの商品やサービス等も資金提供の対価として得られることから、購入型CFと同様の側面もあるといえる。

3 クラウドファンディングの法規制等の概要

CFに対する法規制に関しては、金商法が貸付型CFおよび投資型CFに関する規制を定めており、寄付型CFおよび購入型CFには金商法の規制が適用されないものの、個別の法律上の問題が存在する。また、CFに関する法律規制を考えるにあたっては、①プロジェクト実施者（資金需要者)、②CF業者、③出資者（資金提供者）のそれぞれの視点から考える必要がある。

CFの類型およびCFに関与するそれぞれの視点からCFに関する法規制を整理すると、**図表7-3-1**のようになる。

図表7-3-1

	寄付型	購入型	貸付型	投資型	
				株式投資型	ファンド型
①　プロジェクト実施者（資金需要者）	特になし（贈与税・法人税等の課税）	①　特商法の表記 ②　契約不適合責任等	特になし	（場合により）金商法に基づく発行開示規制	（原則的には）なし
②　CF業者（プラットフォーム）	特になし	（場合により）資金移動業者の登録	①　貸金業者の登録 ②　第二種金融商品取引業者の登録	第一種金融商品取引業者の登録（第一種少額電子募集取扱業者の登録）	第二種金融商品取引業者の登録（第二種少額電子募集取扱業者の登録）
③　出資者（資金提供者）	特になし（税務上の寄付金控除・寄付金特別控除の適用）	特になし	特になし	特になし（場合により、エンジェル税制の適用）	特になし

I　寄付型CFについて

寄付型CFでは、配当や株式等の有価証券への投資勧誘が行われるわけではないため、金商法による規制は適用されない。もっとも、寄付型CFを行ううえでは、プロジェクト実施者および出資者（寄付者）にとって、税務上の取扱いや返礼品に関する点が問題となりうる。

具体的には、出資者から寄付を受けたプロジェクト実施者は、金銭の寄付を受けることにより、税金（個人の場合は所得税または贈与税、法人の場合は法人税）を納める義務が生じる。一方で、寄付を行った資金提供者である寄付者は、場合によっては税務上の優遇措置を受けることができる。

また、返礼品に関して、その価格が高額である場合や、最初から返礼品の提供が予定され、資金提供者がこれを期待して資金を提供した場合等は、返礼品に対する課税が生じる場合があるとともに、寄付額CFではなく購入型CFとして規制の適用関係を検討する必要が生じうる。

Ⅱ 購入型CFについて

1 プロジェクト実施者

購入型CFにおいて、資金需要者であるプロジェクト実施者の視点から見ると、以下のような点が問題となりうる。

(1) 特商法に基づく表記

購入型CFでは、プロジェクト実施者が、インターネット上でCFプラットフォームを通じて商品を販売し、またはサービスを提供していると考えられる。これは、たとえば、インターネット通販において通販会社が通販サイトを通じて商品を販売し、またはサービスを提供しているのと同じように、特商法上の「通信販売」（特商2条2項）にあたる。そして、特商法においては、通信販売を行うことに関して許認可等の参入規制は設けられていないものの、消費者保護という目的のもと、売主に対して「特商法に基づく表記」という広告の表示義務（事業者の情報、送料を含む販売価格、代金の支払時期、商品の引渡時期等の表示）を課している（特商11条）。

特商法に基づく表記に伴い、表示事項に対して「著しく事実に相違する表示」や「実際のものよりも著しく優良であり、もしくは有利であると人を誤認させるような表示」、すなわち、誇大広告の禁止等の規制も課されることになる（特商12条）。

(2) 契約不適合責任

購入型CFは売買という形式をとる場合、通常、売主は資金需要者自身と考えられるため、資金需要者であるプロジェクト実施者が実際に製品を販売したときと同様に契約不適合責任を負うことになる。契約不適合責任とは、売主が買主に売った商品が通常有すべき品質や性能を有しない場合に、売主が買主に対して負う責任であり、買主は売主に対して損害賠償を請求したり、契約を解除したりすることができる。具体的には、「引き渡された目的物が種類、品質又は数量に関して契約の内容に適合しないものである」場合は、買主は売主に対して損害賠償請求や契約解除に加えて（民564条）、契約不適合が買主の責めに帰すべき事由によらない限り、目的物の修補、代替物の引渡しまたは不足分の引渡しによる履行の追完、さらには代金の減額を請求することが認められるようになる（民562条1項・2項、563条1項）。

また、購入型CFのスキームの法的構成によっては、プラットフォームの提供者であるCF業者が売主となる可能性も考えられる。誰が売主であるのかによって、購入対象となる商品またはサービスに関する責任（たとえば、契約不適合責任等）の所在が異なることとなるため、責任の内容や所在については慎重な検討が必要となる。

⑶　寄付型CFとの関係

さらに、購入型CFの形式をとっていても、資金提供の金額に対して、対価となる商品またはサービスの価値が見合っていない場合（特に対価としてサービスの提供が行われるものの、その財産的価値が少額にとどまる場合）は、実際には売買契約や役務提供契約ではなく単なる贈与契約であると解される余地があり、その場合には寄付型CFの法規制で述べたのと同様の税務上の問題が生じる可能性がある点には留意が必要である。

⑷　プロジェクト実施者の留意点

購入型CFは売買または役務提供という形式をとる以上、買主・役務受領者である資金提供者が代金を支払うことに対して、資金需要者は商品またはサービスを提供しなければならない。そして、資金需要者であるプロジェクト実施者としては、リターンに魅力がない場合、資金提供者の関心を集めたり、共感を得たりすることができず、資金調達が困難となるため、自身の行うプロジェクトの内容および資金提供者の拠出額に応じて、適切かつ実現可能なリターンを設定する必要がある。

また、プロジェクト実施者としては、特商法の定める事項以外にも、資金提供者である購入者が資金提供を行うか否かを判断するために必要な情報を、適切かつ適時に購入者に提供することも重要である。

2　CF業者

プラットフォームの提供者であるCF業者は、資金提供者（購入者）と資金需要者（プロジェクト実施者）との間の取引の場を提供するにすぎない場合は、原則としてプロジェクト実施者と同様の法的義務を負うことはない。

もっとも、購入型CFの場合、「購入者→CFプラットフォーム→プロジェクト実施者」へと資金が流れることになることが多く、場合によりCF業者が購入者の委託を受けて、出資金をプロジェクト実施者に「送金」しているとも考えられる。このような送金システムは、銀行法の「為替取引」（銀行２条２項２号）に該当し、１回の取引が100万円以下の場合にも資金決済法上の「資金移動業」にあたり（資決２条２項、資決令２条）、資金移動業者の登録（資決37条）が必要となる可能性もある。

3 購入者

購入型CFの場合、資金提供者である購入者に対して法律上の規制は定められていない。

もっとも、購入型CFは売買契約または役務提供契約であることから、通常の契約における買主・役務受領者と同様、商品に契約不適合があるリスクやそもそも商品・サービス等のリターンが得られないリスクも否定できない。

Ⅲ 貸付型CFについて

1 プロジェクト実施者

借入れによる資金調達に関して、何らかの業規制が適用されるものではなく、貸付型CFの資金需要者に業規制は適用されないと解されている。また、借入れによる資金調達の募集をすることに関して、借主に情報開示を義務づける制度は現行法上設けられていない。

もっとも、貸付型CFにおいても、プロジェクト実施者と貸主（上記2Ⅲで紹介したスキームにおいてはCF業者）との間で締結される契約は金銭消費貸借契約である以上、借主であるプロジェクト実施者は、プロジェクトによる収益の多寡にかかわらず、貸付期間の経過後に、所定の利息と元本をCF業者に支払う義務を負う。

また、近時は、貸付型CFにおいて資金が目的外に流用されている事例や大規模な債務不履行を起こす事例も生じているため、実現可能な事業計画をもったうえで、貸付型CFを利用することが重要である。

2 CF業者

上記2Ⅲで述べたように、資金提供者が資金需要者に対して貸付けを行うというかたちをとる場合、貸金業法上の貸金業登録（貸金３条）が必要となるが、貸金業を生業としない、一般人である資金提供者が貸金業登録を取得することは現実的ではない。

そこで、上記2Ⅲで事例として紹介したように、貸付型CFの多くは、匿名組合（商535条）スキームを採用している。匿名組合スキームでは、CF業者は、匿名組合の営業者として、貸金業法上の貸金業登録を取得して、資金需要者であるプロジェクト実施者に対して貸付けを行う。また、匿名組合出資持分は、金商法上、「有価証券」とみなされるため（金商2条2項5号）、資金提供者に対して匿名組合持分を勧誘するCF業者は、第二種金融商品取引業者の登録を要する（金商28条2項2号、2条8項9号）。

さらに、匿名組合スキームで匿名組合出資持分を募集するにあたっては、資金提供者に対して正確な情報が開示されなければならないという点にも留意が必要である。

なお、従前は、匿名組合スキームを採用するのに、貸付先を複数かつ匿名化する必要があるとされていたが、現在は、一定の要件のもと、必ずしも、貸付先の企業を複数かつ匿名化する必要はないとされている（金融庁監督局総務課金融会社室長「金融庁における法令適用事前確認手続（回答書）」(2019年3月18日）参照)。

3　出資者

一般人が資金需要者であるプロジェクト実施者に対する貸付けを事業として行う場合は、貸金業法に基づく登録が必要となるが、現在の貸付型CFでは、上記2で紹介した匿名組合スキームが採用されていることから、資金提供者である出資者には貸金業法上の規制は適用されない。

Ⅳ　投資型CFについて

1　株式投資型CFについて

株式投資型CFにおいては、株式を発行するプロジェクト実施者（資金需要者）に対する法規制やリスク、そしてプラットフォームを提供するCF業者に対する規制の適用関係が問題となる。

なお、株式投資型CFの派生として、新株予約権を用いた方式もあり、実際に利用されているが、ここでは紙幅の関係上、株式を用いた方式のみ紹介する。

(1) プロジェクト実施者

ア 金商法上の発行開示規制

株式の発行により資金を調達しようとするプロジェクト実施者は、50名以上の投資家を対象に勧誘を行う場合が多いため、総額1億円以上の株式の取得の勧誘を行う場合には、「有価証券の募集」（金商2条3項1号、金商令1条の5）にあたり、有価証券届出書の提出（金商4条1項、5条1項）や目論見書の作成・交付（金商13条1項、15条2項）等の発行開示手続をとる必要がある。また、いったん株式の発行に関して有価証券届出書を提出すると、その後一定の要件を満たすまでの間、継続して有価証券報告書を提出しなければならない（金商24条1項）などの継続開示の手続も必要となる。

もっとも、実際には、株式投資型CFは、第一種少額電子募集取扱業務の特例を利用して行われているものが大半であり、その場合には調達金額を1億円未満とするため、発行開示規制は適用されていない。

イ プロジェクト実施者の留意点

プロジェクト実施者としては、株式投資型CFは株式発行を伴うため、企業価値の評価や発行価格の決定をどのように行うのかが重要な問題となる。また、出資者に対して投資判断に必要な財務状況や事業計画に関する情報を適切に提供することもきわめて重要である。

一方、株式投資型CFの場合、多数の一般投資家による少額の投資により、多数の株主が生じることになるため、事後、株主管理コスト、多数の株主による議決権行使による会社経営への影響等も想定される。加えて、事後に、ベンチャーキャピタルに対して株式を発行して資金調達を行うことを検討している場合には、ベンチャーキャピタルが多数の一般投資家に株式が分散している状態を好ましくないと考える場合も想定され、株式投資型CFで使用する株式を無議決権株式とするなどの手当ても事前に検討をしておく必要がある。

さらに、株式投資型CFは、第一種少額電子募集取扱業務の特例を利用して資金調達を行うことが通例であり、その場合1回の資金調達額は1億円未満にとどまるので、上記金額を超える資金を調達する手段としては必ずしもなじまない点にも留意が必要である。また、CF業者のプラットフォームの利用手数料や将来的な株主管理コストも要するため、プロジェクト実施者は十分に資金調達のコストを考慮して株式投資型CFを選択する必要がある。

(2)　CF業者

株式投資型CFを行おうとする場合、CF業者は、原則として、第一種金融商品取引業の登録を受ける必要がある。

もっとも、**図表7－3－2**のとおり、金商法上、電子的な募集であり、かつ、発行規模が一定の規模にとどまる非上場株式または新株予約権を対象とする場合における、最低資本金額の引き下げを含めた第一種少額電子募集取扱業務の特例が設けられており、近時の株式投資型CFは、主に第一種少額電子募集取扱業務の特例を利用して登録した事業者により担われている。

図表7－3－2

		取扱有価証券	
		株式／新株予約権	ファンド持分
調達金額／1人あたり出資額	総額1億円未満かつ1人あたり50万円以下	第一種少額電子募集取扱業務	第二種少額電子募集取扱業務
	総額1億円以上または1人あたり50万円超	第一種金融商品取引業	第二種金融商品取引業

(3)　出資者

株式投資型CFにおいて、資金提供者である出資者に対して直接適用される法規制は特になく、プロジェクト実施者やCF業者に対する規制の枠組みのなかで投資が可能な金額等に影響を受けるにとどまる（**図表7－3－2**のとおり、第一種少額電子募集取扱業務の場合、1人の出資者の同一の会社に対する年間の投資金額の上限は50万円以下となる）。

もっとも、株式投資型CFにおいては、出資者はプロジェクト実施者の株主となるため、プロジェクト実施者の事業が失敗して株式価値が毀損するリスクや、非上場株式に対する投資であるため株式の譲渡先がみつからず売却できないという非上場株式への投資に固有のリスクがあることに留意が必要である。その一方で、一部のプロジェクト実施者の株式の取得については、エンジェル税制（ベンチャー企業投資促進税制）が適用されることがあり、税制面では相対的に他の投資手段よりも出資者に有利に働く場合もある。

2　ファンド型CFについて

ファンド型CFにおいては、ファンド型CFの運営者となるプロジェクト実施者（資金需要者）に対する法規制やリスク、そしてプラットフォームを提供するCF業者に対する規制の適用関係が問題となる。

⑴　プロジェクト実施者

ア　金商法上の発行開示規制

ファンド型CFにおいては、プロジェクト実施者と出資者が直接匿名組合契約を締結することになる。匿名組合出資持分については、株式の場合と異なり、原則として金商法に基づく開示規制の適用対象外となるため、ファンド型CFにおけるプロジェクト実施者は原則的には金商法上の発行開示規制の適用を受けないと考えられている。

イ　プロジェクト実施者の留意点

ファンド型CFによって調達した資金をもとに行った事業は、経済的には、ファンド運営者であるプロジェクト実施者自身の事業ではなく、ファンドとしての事業であるため、両者の資産を分別管理することが重要であり、分別管理を実現するために、会計・税務上のコスト、出資者管理のコスト等が生じる可能性もある。

また、ファンドのために行う事業によって得た収益は、匿名組合契約にしたがって分配されるが、その内容によっては事業から生じた収益の多くが出資者に帰属し、プロジェクト成功時においても、プロジェクト実施者には少額の収益しか帰属しない場合もあるので、プロジェクトでの配分も踏まえた事業計画を立てることが重要である。

なお、株式投資型CFと同様、プロジェクト実施者はCFプラットフォームを利用して資金調達を行うため、CF業者に対して一定の手数料を支払うこともふまえて、資金調達のコストを考慮する必要もある。

⑵　CF業者

CF業者は、株式投資型CFでは、原則として第一種金融商品取引業の登録を受ける必要があるのに対して、ファンド型CFにおいては、勧誘をする対象が匿名出資組合持分であるため、第二種金融商品取引業の登録を受ける必要がある。

なお、**図表7－3－2**のとおり、株式投資型CFと同様に、金商法上、電子的な募集であり、かつ、発行規模が一定の規模にとどまる場合は、第二種少額電子募集取扱業務の特例が設けられており、登録に必要な最低資本金基準の引下げ等の規制緩和が図られている。

(3) 出資者

株式投資型CFと同様に、資金提供者である出資者に対して直接適用される法規制は特にないが、プロジェクトが失敗してしまうリスクや、プロジェクト進行状況に関する情報提供が不十分になるというリスクに留意が必要である。

第8章

エグジット

ベンチャー企業に投資する理由は投資家ごとにさまざまであるが、ベンチャーキャピタルやエンジェル投資家等の多くの投資家は、最終的に投資資金に対する利益（主にベンチャー企業の株式の売却による利益）を得ることを期待して投資を行っている。このように投資家がベンチャー企業に対する投資から最終的に利益を得るための手段・戦略を、投資の出口という意味で、ベンチャー企業に対する投資の「エグジット」と呼ぶことが多い。

本章では、ベンチャー企業に対する投資のエグジットの種類や各種エグジットの概要を説明したうえで、主にベンチャー企業側における各種エグジットの留意点等について解説する。

1　エグジットの種類

ベンチャー企業に対する投資のエグジットとしては、大きくIPOとM&Aの2つがあげられる。

IPOとは、Initial Public Offeringの略称であり、未上場会社が新規で株式を証券取引所に上場する、いわゆる新規株式上場を指す。

これに対して、M&Aとは、Merger & Acquisitionの略称である。直訳では「合併および買収」を意味するが、広義的には複数の会社が1つの目標に向けて協力することを意味し、上記直訳からは連想しにくい会社分割を含む、株式譲渡や合併、吸収、業務提携、資本提携、事業譲渡等のさまざまな手法もこれに含まれる。

IPOおよびM&Aのそれぞれについて、ベンチャー企業としての視点および株主としての視点の双方から、エグジット方法としての主なメリット、デメリットを比較すると、**図表8－1－1**のようになる。

図表8－1－1

	IPO	M&A
ベンチャー企業としての視点	（メリット） ①　資金調達の容易化・資金調達機会の拡充等により、経営株主が主導権を持ちつつ継続して事業拡大を進めることが	（メリット） ①　IPOに比べ、準備期間が短期間でも実施可能である。 ②　買収先企業とのシナジーがあれば、ベンチャー企業における

	できる。 ② 取引先や金融機関等に対する知名度・信用力が向上し、ビジネスチャンスが拡大する。 ③ M&Aよりは経営の自由度は維持される傾向にある。	利益額等の多寡にかかわらず実現可能である。 ③ 取引先・金融機関等からの信用力が向上し、ビジネスチャンスが拡大する。
	(デメリット) ① 上場準備・維持に相当の費用や時間を要する。 ② 上場の際に審査があるので、一般投資家にとって重大なリスクがあるとそもそも上場できない。 ③ 株主から、経営指標に関する短期的な数字を求められることが多く、中長期的な視点での経営はしづらくなる。 ④ 会社情報の開示義務等が強化され、開示コストが増大する。 ⑤ 株式価格の公開により客観的な企業価値の把握が容易となり、敵対的なM&Aの対象となるリスクが高まる。	(デメリット) ① 経営株主が経営の主導権を握ることができなくなる可能性がある(特に大企業の傘下に入った場合等)。 ② 経営権の移転に伴い、取引先の方針等が変化する可能性もある。 ③ デュー・ディリジェンス(DD)の受入れによる情報流出リスク(特に競合企業によるデュー・ディリジェンスが行われる場合)。
株主(投資家)としての視点	(メリット) ① 上場時の保有株式の売出しにより利益を獲得できる。 ② IPO後に株価が上昇すれば、その利益を享受することができる。	(メリット) ① 大量の保有株式を一括して売却しやすく、資産のキャッシュ化が容易となる。 ② (みなし清算条項がある場合)種類株主は優先配当を受けることができる。
	(デメリット) ① 株式を売却できる保証はない(特に経営株主やベンチャーキャピタル等の大株主にとっては、売却が困難となる場合もある)。 ② IPO後の株価が取得価格を	(デメリット) ① 株式売却はしやすいが、IPO後の評価時価総額に比べ、低い時価総額での売却になるケースも多い。 ② 通常、将来の利益を売却価格に取り込むことはできない(た

	下回る可能性もある。	だし、M&A後の業績に連動して売却代金等の調整を行う場合もある)。

ベンチャー企業に対する投資のエグジットとしてM&Aが用いられることの多い米国等と比較すると、従来の日本のベンチャー企業のエグジット方法としては、IPOが圧倒的に多く用いられてきた。その主な理由としては、日本においてはM&Aに対して敵対的買収や身売りという消極的なイメージが抱かれやすかったことがあげられよう。

もっとも、近年では、M&Aに対する上記のような消極的なイメージは徐々に改善されてきており、大企業等によるM&Aは増加傾向にある。これに加え、IPOには相応の高いハードルがあり、また相応の費用および時間を要するため実際にはベンチャー企業がIPOを実現するまでに挫折してしまうケースも少なくないこと、そのような状況においてあえてIPOをめざすのではなく、ベンチャー企業を起業してはM&Aをして得た資金を元手に新たに起業をするということを繰り返すシリアルアントレプレナー（連続起業家）が増えたこと等から、日本においても、ベンチャー企業同士のM&Aも含めて、M&Aによるエグジットの件数が増加傾向にある。

2　IPO（新規株式上場）

I　IPOの要件、スケジュール、必要費用等

1　IPOとは

IPOとは、会社の発行する株式を、不特定多数の投資者が投資対象として自由に売買できるよう、証券取引所等が開設する証券市場において流通させることを指す（みずほ証券1頁)。

ベンチャー企業の株式が上場された場合、ベンチャーキャピタルをはじめとした投資家や経営株主は、上場時や上場後に、保有する株式を売却することができるようになるため、ベンチャー企業の株式の価格が投資した際の株式の価格よりも高額になれば、株式売却により利益を得ることができる。

IPOはベンチャー企業にとって1つの大きな目標であることが多く、**第4章3**記載のとおり、投資契約等において、IPOに関する条項が含まれること

が多い。

2 IPOの要件

⑴ 市場区分について

従前の市場区分（市場第一部、市場第二部、マザーズ、JASDAQ（スタンダード・グロース））について、2022年4月4日から以下の「スタンダード市場」、「プライム市場」、「グロース市場」の3区分に再編することとなる。

なお、市場第一部は「プライム市場」、市場第二部およびJASDAQ（スタンダード）は「スタンダード市場」、マザーズおよびJASDAQ（グロース）は「グロース市場」にそれぞれ相当する。なお、「グロース市場」の新規上場基準（形式要件および実質審査基準）は、概ねマザーズの新規上場基準と同水準である。

プライム市場	スタンダード市場	グロース市場
多くの機関投資家の投資対象になりうる規模の時価総額（流動性）を持ち、より高いガバナンス水準を備え、投資家との建設的な対話を中心に据えて持続的な成長と中長期的な企業価値の向上にコミットする企業向けの市場	公開された市場における投資対象として一定の時価総額（流動性）を持ち、上場企業としての基本的なガバナンス水準を備えつつ、持続的な成長と中長期的な企業価値の向上にコミットする企業向けの市場	高い成長可能性を実現するための事業計画およびその進捗の適時・適切な開示が行われ一定の市場評価が得られる一方、事業実績の観点から相対的にリスクが高い企業

従前の市場区分と異なる点として、新たに上場維持基準が設けられ、この上場維持基準の内容は新規上場基準と同水準のものであるため、上場企業は上場後においても継続して新規上場基準と同等の水準を維持することが必要となる。また、各市場区分はそれぞれ独立したものとされ、上場会社が市場区分の変更を希望する場合には、変更先の市場区分における新規上場基準と同様の基準を改めて満たすことが必要となる。

⑵ 上場基準について

新規上場のための要件は取引所ごとに多少異なっている。たとえば**図表8**

－2－1は、日本取引所グループのホームページ上で公開されている「2022新規上場ガイドブック（グロース市場編）」に掲載されているグロース市場の上場審査基準（形式要件）である。

図表8－2－1

項目	有価証券上場規程（グロース市場形式要件）
(1)　株主数（上場時見込み）	150人以上
(2)　流通株式（上場時見込み）	a．流通株式数　1,000単位以上 b．流通株式時価総額　5億円以上 (原則として上場に係る公募等の見込み価格等に、上場時において見込まれる流通株式数を乗じて得た額) c．流通株式数（比率）　上場株券等の25％以上
(3)　公募の実施	500単位以上の新規上場申請に係る株券等の公募を行うこと
(4)　事業継続年数	1か年以前から取締役会を設置して継続的に事業活動をしていること
(5)　虚偽記載または不適正意見等	a．「新規上場申請のための有価証券報告書」に添付される監査報告書（最近1年間に終了する事業年度および連結会計年度の財務諸表等に添付されるものを除く）における記載が、「無限定適正意見」または「除外事項を付した限定付適正意見」 b．「新規上場申請のための有価証券報告書」に添付される監査報告書等（最近1年間に終了する事業年度および連結会計年度の財務諸表等に添付されるものに限る）および中間監査報告書または四半期レビュー報告書における記載が、「無限定適正意見」、「中間財務諸表等が有用な情報を表示している旨の意見」または「無限定の結論」 c．上記aおよびbに規定する監査報告書、中間監査報告書または四半期レビュー報告書に係る財務諸表等、中間財務諸表等または四半期財務諸表等が記載または参照される有価証券報告書等に「虚偽記載」なし d．申請会社にかかる株券等が国内の他の金融商品取引所に上場されている場合にあっては、次の(a)および(b)に該当するものでないこと (a)　最近1年間に終了する事業年度に係る内部統制報告書に「評価結果を表明できない」旨の記載

	(b) 最近1年間に終了する事業年度に係る内部統制監査報告書に「意見の表明をしない」旨の記載
(6) 上場会社監査事務所による監査	「新規上場申請のための有価証券報告書」に記載および添付される財務諸表等、中間財務諸表等および四半期財務諸表等について、上場会社監査事務所（日本公認会計士協会の上場会社監査事務所登録制度に基づき準登録事務所名簿に登録されている監査事務所（日本公認会計士協会の品質管理レビューを受けた者に限る）を含む）（東京証券取引所が適当でないと認める者を除く）の金融商品取引法第193条の2の規定に準ずる監査、中間監査または四半期レビューを受けていること
(7) 株式事務代行機関の設置	東京証券取引所の承認する株式事務代行機関に委託しているか、または当該株式事務代行機関から株式事務を受託する旨の内諾を得ていること
(8) 単元株式数	単元株式数が100株となる見込みのあること
(9) 株券の種類	新規上場申請に係る株券等が、次のaからcのいずれかであること a．議決権付株式を1種類のみ発行している会社における当該議決権付株式 b．複数の種類の議決権付株式を発行している会社において、経済的利益を受ける権利の価額等が他のいずれかの種類の議決権付株式よりも高い種類の議決権付株式 c．無議決権株式
(10) 株式の譲渡制限	新規上場申請に係る株式の譲渡につき制限を行っていないこと、または上場の時までに制限を行わないこととなる見込みのあること
(11) 指定振替機関における取扱い	指定振替機関の振替業における取扱いの対象であること、または取扱いの対象となる見込みのあること

上記のような、取引所ごとに異なる形式要件を満たすことを前提に、上場審査においては、当該会社が上場会社としてふさわしいかが実質的にも審査される（実質審査基準）。

この実質基準についても取引所ごとに異なるが、たとえばグロース市場においては、①企業内容、リスク情報等の開示の適切性、②企業運営の健全性、③企業のコーポレート・ガバナンスおよび内部管理体制の有効性、④事業計画の合理性、⑤その他公益または投資者保護の観点から取引所が必要と認める事項が、審査項目として列挙されている(実質審査基準についての詳細は、日本取引所グループのホームページ上で公開されている「2022新規上場ガイドブック（グロース市場編)」を参照されたい)。

3　スケジュール

IPOまでのおおまかなスケジュールは**図表8－2－2**のようなものとなる。

図表8－2－2

<table>
<tr><th></th><th>会計監査</th><th>主幹事証券</th><th>経営管理体制の整備</th><th>資本政策</th></tr>
<tr><td>直前々期以前</td><td>会計監査人の選定</td><td rowspan="3">主幹事証券の選定(遅くとも直前期まで)</td><td rowspan="3">・　関連当事者、関係会社等の整理
・　内部監査体制の整備
・　内部管理体制の整備
・　コンプライアンス体制の整備
・　ディスクロージャー体制の整備</td><td rowspan="4">資本政策の策定、実施</td></tr>
<tr><td>直前々期</td><td rowspan="3">会計監査の実施</td></tr>
<tr><td>直前期</td></tr>
<tr><td>申請期</td><td>主幹事証券による引受審査</td><td></td></tr>
</table>

IPOの準備にあたっては、株式上場を申請する会計年度（申請期と呼ばれる）の直前2会計年度（それぞれ、直前々期および直前期と呼ばれる）につき、金商法193条の2の規定に準じた公認会計士監査が上場時に必要となることもあり、IPOの準備は、上場予定時期の2年以上前から計画的に行われることが多い。

IPOのおおよその流れとしては、主幹事証券会社および監査法人を選定し、資本政策の立案実行、関連当事者・関係会社等の整理、内部監査体制、内部管理体制、コンプライアンス体制、ディスクロージャー体制等の株式上場の際に整備することが求められる体制の整備を行うこととなる。監査法人は直前々期および直前期の監査を行い、また主幹事証券会社は引受審査を行い、最終的に上場申請を行う。

4　IPOに必要な費用

IPOの準備および実際の上場にあたっては、上場審査料、新規上場料、年間上場料、登録免許税、払込取扱手数料等に加え、監査費用、株式事務代行手数料、主幹事証券会社の上場準備指導料および成功報酬、IRコンサルティング料等、多額の費用を要する。

具体的に必要となる費用の額は、上場申請を行う会社の規模、業務内容等によって大きく異なるため、一般的な目安を記載することは困難であるが、数千万円から1億円単位の金額を要することが多いのではないかと思われる。

Ⅱ 資本政策の立案

IPOをめざす会社としては、上場を見据えた安定株主の確保についても併せて検討したうえで資金調達を図る必要がある。また、経営株主の立場からは、自らの経済的利益および上場後の経営権の確保、また上場に至るまでの資金負担等についても検討する必要がある。

1 安定株主の確保

上場を準備しているベンチャー企業においては、資金が潤沢にあるわけではないことが多いため、事業拡大に必要な資金についてはベンチャーキャピタル等の第三者から調達することが一般的である。もっとも、上場準備の初期の段階で、ベンチャーキャピタル等の株式売却等によって株主構成が大幅に変動するケースもあるため、上場後の安定株主の確保という観点からは、どの程度の資金を外部からの資金調達に頼るかについては、検討が必要である。

上場後の株主としての安定性は、各株主との関係もあるため一概にはいえないが、一般的には、経営株主や金融機関は安定性が高く、ベンチャーキャピタル等は安定性が低いということができよう。

2 経営株主の経営権の確保

経営権の確保は、会社法のもとでの株主総会の決議要件との関係が重要となる。

一般的に、新規上場直後の段階では、議決権の3分の2以上を経営株主(およびその一族) が保有することが理想的であると考えられるが、実際には資金調達等の関係で、3分の2以上の確保は難しい。

このような場合に、経営株主による一定の議決権の維持のための方策として、1単元あたりの株式数が異なる複数の種類株式を発行することで実質的に1株あたりの議決権数に差を設けるいわゆる議決権種類株式を利用することも考えられる。

なお、2018年度の、JASDAQおよびマザーズにおける新規上場会社の平均持株比率は**図表8-2-3**のとおりである。

図表8-2-3

	JASDAQ	マザーズ
経営株主	35.8%（38.5%）	28.7%（43.1%）
財産保全会社	27.3%（38.3%）	14.7%（40.4%）
経営株主一族	70.0%（75.4%）	45.6%（68.3%）
非同族役員	7.4%（10.4%）	13.8%（17.4%）
金融機関	0.5%（7.4%）	2.8%（0.3%）
金融商品取引業者	−	0.4%（6.5%）

(注) かっこ書は、持株のない会社を除いた平均値。ディスクロージャー実務研究会『株式公開白書 (2021年版)』(プロネクサス、2021年) より

Ⅲ 上場後の対応

ここまではIPOについてのタイムスケジュールや費用、資本政策等について述べてきたが、以下ではIPOに関連してしばしば問題となる点や、上場後に問題となる点について、若干の解説を加える。

1 ロックアップ

株式上場後においても、ベンチャーキャピタル等、会社の大株主は上場後一定期間株式を売却せずに継続保有する必要が生じることがある。このような継続保有の仕組みはロックアップと呼ばれている。ロックアップには、主幹事証券会社とベンチャーキャピタル等の大株主や新規上場会社等との契約に基づくものと、証券取引所の規則に基づくものの2種類が存することから、前者を任意ロックアップ、後者を強制ロックアップと称する。ベンチャーキャピタル等は上場の際に売り出さなかった保有株式については、ロックアップ期間経過後まで保有株式売却によるキャピタルゲインを取得できないこととなる。

	根拠	継続保有期間
任意ロックアップ	主幹事証券会社とベンチャーキャピタル等との契約	上場から90日または180日間という場合が多い
強制ロックアップ	証券取引所の定める上場規程施行規則	原則として上場日後6か月間

⑴ 任意ロックアップ

任意ロックアップは、主幹事証券会社と会社の大株主や新規上場会社等との間で締結される契約であり、その内容は、株式上場後の一定期間、大株主等が保有する株式の売出しまたは新規上場会社による新株発行等を制限することに関して合意を行うものである。ロックアップの期間としては上場日から90日または180日とするものが多い。株式上場の直後は、株式の流通量は多くないことが通常であることから、株式上場直後において、株式上場前に多くのシェアを保有していたベンチャーキャピタルや経営株主等が大量の株式を売却する場合には、株式の需給バランスが崩れ、株式の価格が大幅に下落する可能性があるため、そのような事態を防ぐことが目的である。任意ロックアップは、株式上場前に開示される「新株式発行並びに株式売出届出目論見書」（しばしば目論見書と呼ばれる）において開示される。

また、任意ロックアップには、たとえば対象となる株式の株価が公募価格の1.5倍となった場合には、任意ロックアップが解除されるなどの、投資家に一定程度配慮した条件が付されることも多い。

任意ロックアップについての目論見書の記載例としては、たとえば以下のようなものが考えられる。

> 引受人の買取引受けによる売出しに関連して、売出人であるA、Bならびに当社株主であるC、Dは、主幹事会社に対し、元引受契約締結日から上場（売買開始）日（当日を含む）後180日目の○年○月○日までの期間（以下「ロックアップ期間」という）中、主幹事会社の事前の書面による同意なしには、当社株式、当社株式に転換もしくは交換されうる証券または当社株式を取得もしくは受領する権利を表彰する証券の売却等（ただし、引受人の買取引受けによる売出し等を除く）は行わない旨合意しています。

なお、任意ロックアップに関する裁判例として、東京地判平成20・9・30判タ1292号271頁があげられる。この事案では、執行役員が新株予約権を行使しようとしたのに対して、会社側が、「ロックアップ合意が成立していない元従業員からの新株予約権行使請求への対応を優先しているため、合理的な理由を示さない限り、執行役員の行使への対応は後回しにしたい」と回答したところ、執行役員側が、かかる対応は新株予約権行使の妨害行為にあたると主張した。

当該事案では、新株予約権を行使しようとした執行役員がロックアップ合意をしていたところ、裁判所は、新株予約権者がロックアップ合意をしている場合、新株予約権を行使して株式を取得しても、ロックアップ合意期間中は当該株式を市場で売却することはできないのであるから、ロックアップ合意がない元従業員からの新株予約権行使請求への対応を優先することは首肯できるものである等として、そのような会社側の行為は、当該執行役員による新株予約権行使の妨害にはあたらないと判断した。

⑵　強制ロックアップ

上記⑴に記載した任意ロックアップは、株式の需給バランスの安定化のために、主幹事証券会社との契約によって主にベンチャーキャピタルをはじめとした大株主による株式の一定期間の継続保有を求めるものである。これとは別に、証券取引所は、上場制度を利用した短期利益の取得の排除を目的として、その規則において、上場に近接する第三者割当て等によって株式の割当てを受けた者および会社が、原則として6か月間割当てを受けた株式を継続保有すること等を約する旨記載した確約書を提出することを求めている(上場規程施行規則255条)。その内容は以下のとおりである。

対象株式	上場申請の直前事業年度の末日の1年前の日以降に割当て等が行われた株式
継続保有期間	原則：割当てを受けた日から上場日以後6か月間を経過する日まで 例外：当該日において対象株式に係る払込期日または払込期間の最終日以後1年間を経過していない場合には、対象株式に係る払込期日または払込期間の最終日以後1年間を経過する日まで

2 インサイダー取引規制

⑴ 概要

上場後の株式の売買等に関連して留意すべき事項のうち、代表的なものとして、インサイダー取引規制があげられる。

会社の役員等、投資家の投資判断に影響を及ぼすべき情報についてその発生に自ら関与し、または容易に接近しうる特別な立場にある者が、そのような情報で未公開のものを知りながら行う有価証券にかかわる取引は、一般にインサイダー取引と呼ばれる。

このような特別な立場にある者が有価証券に係る取引を行えば、公開されなければ当該情報を知りえない一般の投資家と比べて著しく有利となり、きわめて不公平である。それにもかかわらず、このような取引を放置すれば、証券市場の公正性と健全性が損なわれ、証券市場に対する投資家の信頼を失うこととなる。そのため、金商法は、役員等の会社関係者による一定の取引を、いわゆるインサイダー取引として禁止している。

ベンチャー企業の経営株主等は、IPO後に自らの保有する株式を売却等する際には、かかるインサイダー取引規制に服することに注意が必要である。

特に上場直後のベンチャー企業は、内部体制が未成熟なことが多く、意図せずにインサイダー取引が生じてしまう危険性もある。１度インサイダー取引が行われてしまうと、会社のイメージや信用を著しく毀損し、また捜査等への対応にも多大なコストが発生してしまう。そのような事態の発生を防ぐためにも、上場前から、このようなインサイダー取引を防止する有効な体制を構築していくことは重要である。

インサイダー取引規制の内容の詳細については紙幅の関係で割愛し、以下では概略のみ解説する。なお、公開買付者等関係者についても同様の規制（金商167条等）があるため、留意する必要がある。

インサイダー取引は、法令上、具体的には、下記の①から⑤に該当する取引をいうが（金商166条）、以下ではインサイダー取引規制の対象者、重要事実の意義、公表の意義、およびその他の規制や制度について概要を説明する。

① 上場会社等の会社関係者（会社関係者でなくなった後１年以内の者を含む）が、
② 当該上場会社等の業務等に関する重要事実を、
③ その職務等に関し知ったうえで、

④ その重要事実の公表前に、
⑤ 当該上場会社の株式等を売買すること

⑵ インサイダー取引規制の対象者

インサイダー取引規制の対象となる会社関係者の範囲（上記①）、および、それらの会社関係者が重要事実を職務等に関して知ったときとはどの時点を指すのか（上記③）については、主に以下のとおりである（金商166条1項各号）。

i 当該上場会社等（当該上場会社等の親会社および子会社等を含む。以下も同様）の役員、代理人、使用人その他の従業者（以下「役員等」という）
　⇒ その者の職務に関し知ったとき（金商166条1項1号）
ii 当該上場会社等の会計帳簿閲覧権（会433条1項）を有する株主（株主が法人であるときはその役員等を、法人以外の者であるときはその代理人または使用人を含む）
　⇒ 当該権利の行使に関し知ったとき（金商166条1項2号）
iii 上場投資法人等の投資主および会計帳簿閲覧権を有する親法人の投資主（投資主が法人であるときはその役員等を、法人以外の者であるときはその代理人または使用人を含む）
　⇒ 帳簿閲覧請求権の行使に関し知ったとき（金商166条1項2号の2）
iv 当該上場会社等に対する法令に基づく権限を有する者
　⇒ 当該権限の行使に関し知ったとき（金商166条1項3号）
v 当該上場会社等と契約を締結している者または締結の交渉をしている者（その者が法人であるときはその役員等を、法人以外の者であるときはその代理人または使用人を含む）であって、当該上場会社等の役員等以外の者
　⇒ 当該契約の締結もしくはその交渉または履行に関し知ったとき（金商166条1項4号）
vi 上記ii、iiiまたは、vに掲げる者であって、法人であるものの役員等
　⇒ その者の職務に関し知ったとき（金商166条1項5号）

上記iないしvi記載の会社関係者に加え、当該会社関係者から重要事実の伝達を受けた者（たとえば会社関係者の家族や友人等）も、インサイダー取引の規制対象者となる（金商166条3項）点に留意が必要である。これらの者は「会社関係者」には該当しないものの、これらの者が会社関係者から重要事実を教えられ、その公表前に有価証券の取引を行った場合は、会社関係者による取引と同様の問題が生じることから、規制対象者とされている。

また、職務上で重要事実の伝達を直接受けた者が所属する法人の他の役員

等も、職務上当該重要事実を知ったときは、同様にインサイダー取引規制の対象となる（金商166条3項）。

(3) 重要事実

インサイダー取引規制の対象となる主な重要事実（上記②）としては、大要以下のような事項があげられる（金商166条2項）。

なお、以下に該当するものであっても、投資者の投資判断に及ぼす影響が軽微なものとして「有価証券の取引等の規制に関する内閣府令」で定められた一定の事由については、重要事実から除外されている。

i　上場会社等の業務執行を決定する機関が、株式や新株予約権の募集、増資や減資、組織再編、新製品や新技術の企業化、業務提携等を行うことについて決定、もしくは公表された決定事項を行わないことを決定したこと
ii　上場会社等に、災害に起因するまたは業務遂行の過程で生じた損害、主要株主の異動、主要取引先との取引停止等の事実が発生したこと
iii　上場会社等やその属する企業集団の売上高、経常利益もしくは純利益について、公表された直近の予想値（予想値がない場合は、公表された前事業年度の実績値）に比較して、新たに算出した予想値または当事業年度の決算において差異が生じたこと
iv　上記iないしiiiに掲げる事実を除き、当該上場会社等の運営、業務または財産に関する重要な事実であって投資者の投資判断に著しい影響を及ぼすもの
v　上場会社等の子会社に、上記iないしivと同様の事実が生じたこと

(4) 公表

上場会社等により、2以上の報道機関に対して重要事実が公開され、12時間経過した場合、または有価証券届出書等に重要事実が記載され、公衆の縦覧に供された場合には、当該重要事実は公表されたものとされ（上記④）、取引規制が解除されるとされている（金商166条4項、金商令30条1項等）。

したがって、単に自社サイトでのプレスリリース等で発表したというだけでは、ここでいう公表には該当しないことには留意が必要である。

(5) 制裁等

インサイダー取引を行った行為者に対しては、課徴金が課され、また、5年以下の懲役もしくは500万円以下の罰金、またはこれらの併科が科せられる（金商197条の2）。また、法人の代表者や従業員等がインサイダー取引を行った場合には、法人に対して5億円以下の罰金刑が科せられる（金商207条）。

(6)　情報伝達規制

上記(1)から(5)のインサイダー規制は重要事実等を公表前に知った会社関係者等が自ら取引をすることを念頭に置いた規制であるが、重要事実等を公表前に知った会社関係者等が、他人に対し、公表前に当該有価証券等に係る売買等をさせることで利益を得させ、または損失の発生を回避させる目的で、当該重要事実等を伝達することや売買等を勧めることも禁じられている（金商167条の２）。

この規制に違反し、当該他人が公表前に実際に当該有価証券等の取引を行った場合には、課徴金や罰金の対象となる（金商175条の２、197条の２）。

したがって、自らが当該有価証券等の取引をしなくても、こうした重要事実等を不用意に第三者に開示・漏えいすることで、情報伝達規制違反に該当しうることには注意が必要である。

3　短期売買利益の返還請求

インサイダー取引規制を補完するための類似制度として、上場会社等の役員や、総株主の議決権の10％以上を実質的に保有する主要株主を対象として、以下のような短期売買利益の返還請求制度が用意されている。

すなわち、金商法164条は、上場会社等の役員および主要株主が当該上場会社等の発行する特定有価証券等について、６か月以内の短期売買取引により利益を得た場合には、上場会社等は、その役員および主要株主に対して、当該取引によって得た利益を会社に提供するよう請求を行うことができる旨定める。これは、上場会社の役員や主要株主が、その職務または地位により取得した秘密を不当に利用して行うインサイダー取引を間接的に防止するために定められた制度である。

また、この短期売買利益返還請求の制度の実行性を確保するため、上場会社等の役員および主要株主が当該上場会社等の発行する株式や新株予約権等の売買等を行った場合、その取引に関する報告書を、当該売買等のあった日の属する月の翌月15日までに各財務（支）局長宛てに提出する必要があるとされている（金商163条１項・２項、金商令43条の10第１項・２項）。

4　取引禁止期間

上記3の短期売買利益の返還請求や、役員や主要株主の売買報告制度は、法律上定められた制度だが、それらに加え、社内規程等でインサイダー情報の管理や自社株式の売買管理について定める上場会社等が多くみられる。

売買管理の具体的内容としては、四半期を含む各決算期末の2週間程度前から決算発表日までの期間について、役職員による自社株式の売買を禁止していることがしばしばみられる。これは、決算期末の時期には、財務データの集計や事業戦略の見直し等の過程において、幅広い部署・役職員が重要な情報に触れる可能性が想定されるため、この時期の売買は類型的にインサイダー取引に該当する危険性が高いことにかんがみ、厳重な管理を行うこととしたものである。

以下は、そのような自社株式の取引禁止期間を設ける規定の例である。

1．会社関係者は、職務に関して当社の重要な内部情報を知ったときからその情報の公表が行われるまでの間は、当社の特定有価証券等の売買をしてはならない。

2．前項の規定にかかわらず、会社関係者は、以下の期間については、当社の重要な内部情報を知っているか否かにかかわらず、当社の特定有価証券等の売買等をしてはならない。

① 毎年3月15日から本決算発表日までの期間

② 毎年6月15日から第一四半期決算発表日までの期間

③ 毎年9月15日から第二四半期決算発表日までの期間

④ 毎年12月15日から第三四半期決算発表日までの期間

3．会社関係者による、当社の子会社の特定有価証券等の売買については前2項と同様とし、取引先の特定有価証券等の売買については、第1項と同様とする。

4．会社関係者は、退職・退任等により会社関係者ではなくなった後も、在職時に職務に関して知った内部情報が未公表の場合、当社の特定有価証券等の売買をしてはならない。

（内部者取引防止規程事例集96頁）

3 M&A

上記2では、ベンチャー企業のIPOに際しての留意点について解説したが、3では、ベンチャー企業がエグジットとしてM&Aを実行する際のM&Aの形態や、主にM&Aにおける売主側（ベンチャー企業自身やその株主）にとっての法務上の留意点について概説する。

I　M&Aの形態

1　一般的なM&Aの形態

M&Aにはさまざまな形態があるが、株式譲渡、株式交換、合併、会社分割、事業譲渡、株式移転、第三者割当増資等が代表的である。これらに加え、2021年3月1日に施行された会社法の改正により、M&Aの新たな形態として、株式交付（会2条32号の2）が導入された。

(1)　株式譲渡

株式譲渡とは、対象会社の株主が売主となって、買主との間の合意に基づき、買主に対して、対象会社の株式を譲渡する形態である。

通常、株式譲渡の対価は現金であるため、売主たる株主からみれば、流動性の高い（多額の）現金を取得することができるというメリットがある（もっとも、株式譲渡による譲渡所得に対する所得税等はかかる）。他方で、買主からみれば、株式取得の対価として現金が必要であるという点、また、各株主から個別に譲渡の合意を得なければならないため、当該株式譲渡に反対する株主がいる場合には、想定する数の株式を取得できない可能性があるという点にデメリットがある。

手続面からみれば、株式譲渡には、他のM&Aの形態と比較して以下のメリットがある。株式譲渡によって不利益を被る一定の債権者に対して、一定の法定事項を公告・個別の催告を行うことにより、株式譲渡に異議を申し立てる機会を設ける債権者保護手続や、株主に対して株式譲渡を行う旨の通知・公告を行い、株式譲渡に反対する株主に、自己の保有する株式を公正な価格で買い取ることを請求する機会を与えるなどの会社法上の手続を行う必要がなく、手続が簡便という点である。ただし、対象会社の株式が譲渡制限株式である場合には、対象会社の株主総会または取締役会の譲渡承認決議が必要となり（会139条1項本文）、また、対象会社が種類株式発行会社の場合には、種類株主総会決議も必要となりうる。

図表8－3－1

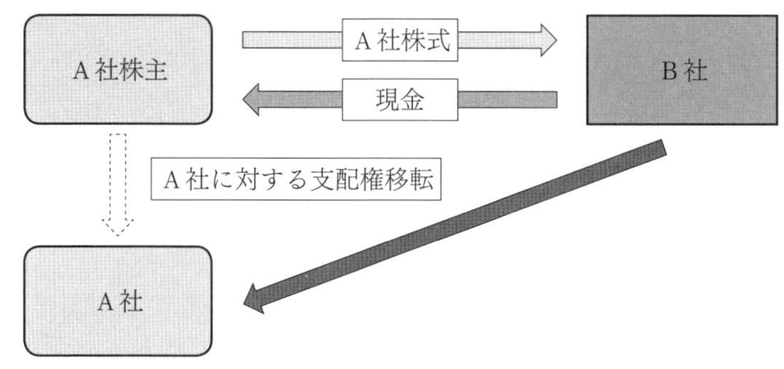

⑵ 株式交換

株式交換とは、既存の対象会社が、相手方となる他の会社との間の合意に基づき、その発行済株式の全部を相手方に取得させる形態である。通常、相手方が対象会社の発行済株式の全部を取得して完全親会社となり、対象会社を完全子会社化する場合に用いられる。

相手方は、対象会社の株主から対象会社の発行済株式の全部を取得する代わりに、その株主に対して、相手方の株式、社債、新株予約権、新株予約権付社債または金銭その他の財産のいずれかを交付する。したがって、相手方（買主側）からみれば、対象会社の株式を取得するための現金が手元にない場合であっても対象会社の株式を取得することができるというメリットがある。他方で、対象会社の株主（売主側）からみれば、当該株主が必ずしも対価として流動性が高い（多額の）現金を取得することができるわけではないという点は要検討である。

また、手続面では、いわゆる簡易株式交換（会796条2項）や略式株式交換（会784条1項、796条1項）の場合を除き、株主総会特別決議（株主総会に出席した株主の議決権の3分の2以上による賛成の決議）(会783条1項、795条1項、309条2項12号）が必要となるが、相手方（買主側）からみれば、対象会社の株主のなかに当該株式交換に反対する者がいる場合でも、当該株主総会特別決議を経ることによって、対象会社の発行済株式の全部を取得しうるという点でメリットがある（もっとも、特別決議が必要であるため大株主から当該株式交換についての合意が得られていることが前提である点や、ベンチャー企業で多くみられる種類株式発行会社においては、株式交換についての種類株主総会決議も必要（会322条1項11号・12号）であるため、その意味では、種類株主に実質的な拒否権がある点に注意が必要である）。

他方で、株式交換契約書等の備置・閲覧等（会782条、794条）、反対株主の株式買取請求（会785条、797条）、債権者保護手続（会789条1項3号、799条1項3号）等の会社法上の手続が必要となる点はデメリットといえる。

図表8-3-2

株式交換

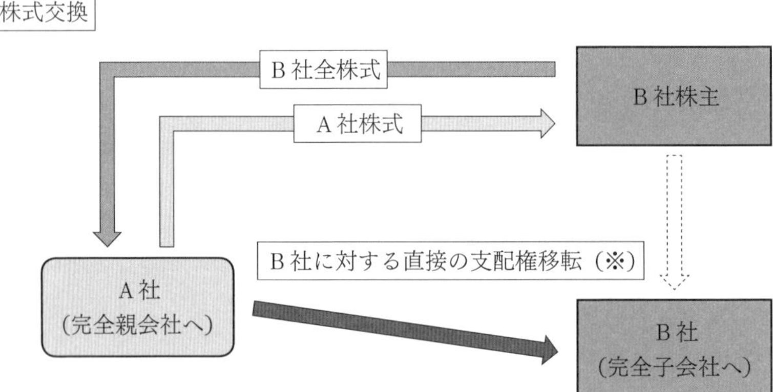

※B社株主は、B社全株式をA社に移転させる代わりに、
A社からA社株式を取得して、新たにA社株主となる。

(3) 合併

合併とは、複数の会社が1つの会社となり、一切の権利義務を承継する形態である。相手方が対象会社を吸収することによって対象会社が消滅する吸収合併（会2条27号）と、相手方と対象会社が合体することによって1つの新会社を設立して両社が消滅する新設合併（同条28号）とがある。

吸収合併の場合には、対象会社の株主に対して、相手方の株式、社債、新株予約権、新株予約権付社債または金銭その他の財産のいずれかが交付される一方、新設合併の場合には、新会社の株式、社債、新株予約権または新株予約権付社債のいずれかが、相手方と対象会社それぞれの株主に交付される。相手方からみれば、現金が手元になくてもよいというメリットがある一方、対象会社の株主からみれば、新設合併の場合には特に、当該株主が対価として現金を取得できないというデメリットがある。

手続面からみれば、合併を行う当事者間で個々の権利義務の移転に関する合意をすることなく、吸収合併の場合には対象会社の権利義務の全部が相手方に、新設合併の場合には相手方および対象会社の権利義務の全部または一部が新設会社に包括承継されるというメリットがある。

また、対象会社についていえば、いわゆる略式吸収合併（会784条１項）の場合を除き、株主総会特別決議（会783条１項、804条１項、309条２項12号）が必要となるが、相手方からみれば、対象会社の株主のなかに当該合併に反対する者がいる場合でも、当該株主総会特別決議を経ることによって、当該合併を実行することができるという手続的なメリットがある（もっとも、特別決議が必要となるため大株主から当該合併についての合意が得られていることが前提である点や、ベンチャー企業で多くみられる種類株式発行会社においては、合併について種類株主総会決議も必要（会322条１項７号）であるため、その意味

図表８－３－３

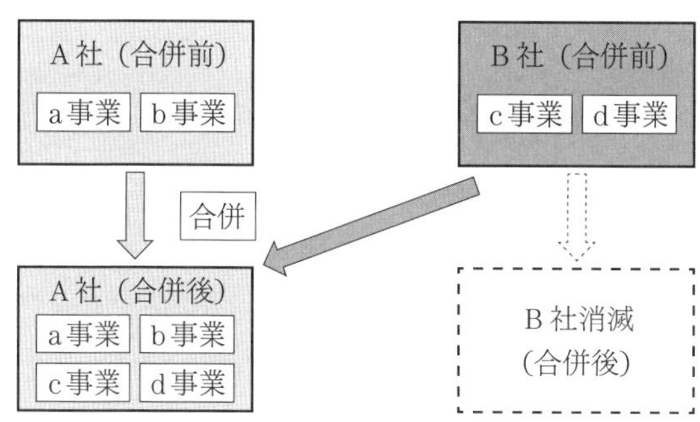

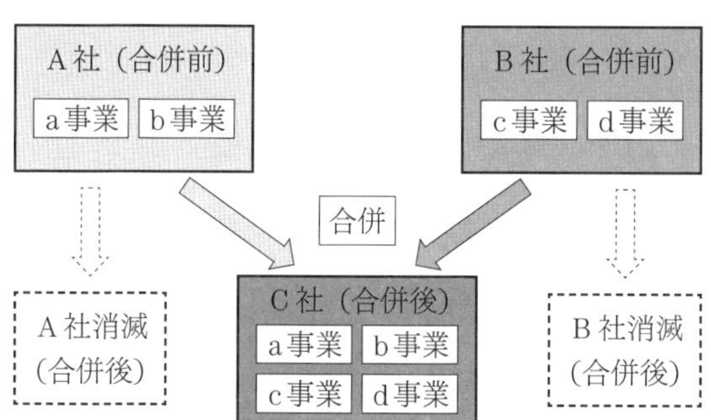

では、種類株主に実質的な拒否権がある点に注意が必要である)。

他方で、合併契約書・計画書等の備置・閲覧等(会782条、794条、803条、815条)、反対株主の株式買取請求(会785条、797条、806条)、債権者保護手続(会789条、799条、810条)等の会社法上の手続が必要となる点はデメリットといえる。

(4) 会社分割

会社分割とは、対象会社がその事業に関して有する権利義務の全部または一部を分割して、他の会社に承継させる形態である。相手方たる既存の会社が存在しており、対象会社がその会社に権利義務の全部または一部を承継させる吸収分割(会2条29号)と、会社分割によって新たな会社を設立し、その会社に対象会社の権利義務の全部または一部を承継させる新設分割(同条30号)とがある。

吸収分割の場合には、対象会社に対して、相手方の株式、社債、新株予約権、新株予約権付社債または金銭その他の財産のいずれかが対価として交付され、新設分割の場合には、対象会社に対して、新会社の株式、社債、新株予約権、または新株予約権付社債のいずれかが対価として交付される。それゆえ、対象会社の株主からみれば、基本的に、当該株主が当該会社分割の対価を何も取得することができない可能性があるというデメリットがある。もっとも、分割後に、対象会社が株主に対して、全部取得条項付株式の取得の対価の支払または剰余金配当を行うことが可能であるため、これらの場合には、最終的に対象会社の株主が、分割の対価を取得することが可能ではある。

対象会社についていえば、いわゆる簡易吸収分割(会784条2項)や略式吸収分割(会784条1項)、簡易新設分割(会805条)の場合を除き、株主総会特別決議(会783条1項、804条1項、309条2項12号)が必要となるが、相手方からみれば、対象会社の株主のなかに当該会社分割に反対する者がいる場合でも、当該株主総会特別決議を経ることによって、当該会社分割を実行することができるという手続的なメリットがある(もっとも、特別決議が必要となるため大株主から当該会社分割についての合意が得られていることが前提である点、かつ、ベンチャー企業で多くみられる種類株式発行会社においては、会社分割について種類株主総会決議も必要(会322条1項8号〜10号)であるため、その意味では、種類株主に実質的な拒否権がある点に注意が必要である)。

また、合併同様、当事者間で個々の権利義務の移転に関する合意をすることなく、権利義務の全部または一部が包括承継されるという手続的なメリットがある。

他方で、分割契約書・計画書等の備置・閲覧等（会782条、791条、803条、811条）、反対株主の株式買取請求（会785条、797条、806条）、債権者保護手続（会789条、799条、810条）等の会社法上の手続に加え、会社分割に伴う労働契約の承継等に関する法律および商法等の一部を改正する法律附則5条の労働者保護手続もとらなければならず、手続的負担が大きいというデメリットがある。

図表8-3-4

吸収分割

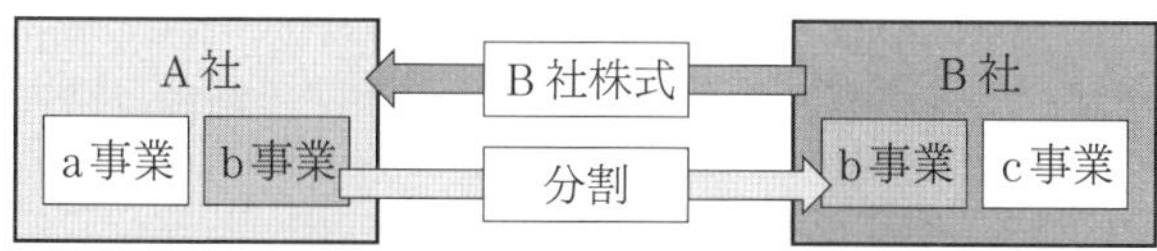

新設分割

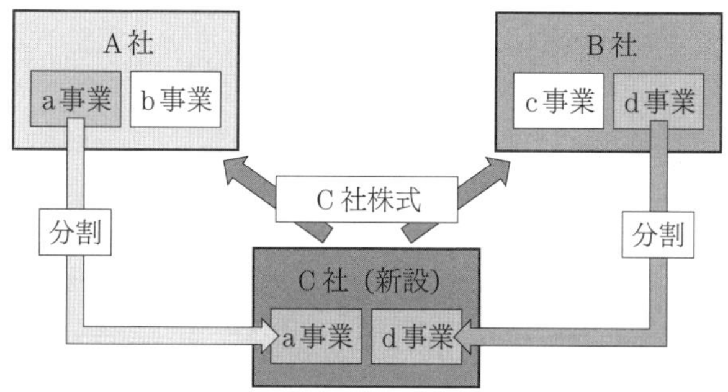

(5) 事業譲渡

事業譲渡とは、売主たる対象会社が、買主との合意に基づき、当該買主に対して、その事業の全部または一部を譲渡する形態である。

買主からみれば、債務や負債などのリスクを引き継がないよう、必要な事業だけを選択して引き継ぐことができる点や法人税の節約になる点などにメリットがある。他方、事業譲渡の対価は現金であるが、対象会社に対して支払われるため、対象会社の株主からみれば、事業譲渡が行われた場合に清算したものとみなして対価を剰余金配当等のかたちで配分する旨のみなし清算条項が対象会社の株主間契約等に規定されていない限り、当該株主が何も取得することができないというデメリットがある。

手続面からみれば、事業の全部の譲渡には、売主および買主のいずれにおいても原則として株主総会の特別決議が必要である（会467条1項1号・3号、309条2項11号）ことに加え、当該事業譲渡に反対する株主の株式買取請求手続（会469条1項・3項・4項）をとらなければならず、手続的負担が大きいというデメリットがある。

また、事業の一部の譲渡については、当該事業が売主にとって重要なものであり、かつ当該事業が一定の規模を超える場合には、売主において原則として株主総会の特別決議を経る必要があり（会467条1項2号、309条2項11号）、この場合にも売主は株主に対する通知・公告義務を負うという手続的なデメリットがある。他方、買主側では、株主総会決議は不要であるものの、譲り受けた事業が「重要な財産」に該当する場合、取締役会設置会社においては取締役会決議による承認を得る必要がある（会362条4項1号）。

さらに、合併や会社分割等の他の形態と比較して、権利義務が包括承継されないため、売主の権利義務を買主に対して承継させるためには、個別に権利義務の相手方の同意が必要となるという手続的なデメリットもある。

図表8－3－5

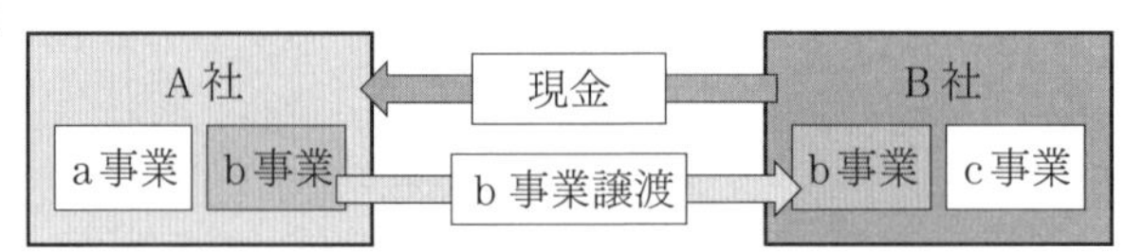

⑹　株式移転

株式移転とは、既存の対象会社がその発行済株式の全部を新たに設立する会社に取得させる形態である。

この場合、対象会社の株主が、新たに設立された会社の株主となる。複数の既存の株式会社が完全子会社として、完全親会社たる持株会社を創設する場合に用いられる形態である。

株式移転によって新たに設立された新会社は、既存の対象会社の株主から対象会社の発行済株式の全部を取得する代わりに、その株主に対して、対価として必ず新会社の株式を交付する。これに加えて、社債、新株予約権、新株予約権付社債のいずれかを交付することがある。したがって、新会社からみれば、対象会社の株式を取得するための現金が手元にない場合にも株式を取得することができるというメリットがある。他方で、対象会社の株主からみれば、当該株主が対価として流動性の高い（多額の）現金を取得することができないというデメリットがある。

また、手続面では、株式移転は、株主総会特別決議（会804条1項、309条2項12号）によって実行することが可能であるため、新会社からみれば、対象会社の株主のなかに当該株式移転に反対する者がいる場合でも、対象会社の発行済株式の全部を取得しうるというメリットがある（もっとも、特別決議が必要であるため大株主から当該株式移転についての合意が得られていることが前提である点、かつ、ベンチャー企業で多くみられる種類株式発行会社においては、株式移転について種類株主総会決議も必要（会322条1項13号）であるため、その意味では、種類株主に実質的な拒否権がある点に注意が必要である）。

他方で、株式移転計画書等の備置・閲覧等（会803条、815条）、反対株主の株式買取請求（会806条）、債権者保護手続（会810条1項3号：株式移転によっ

図表8-3-6

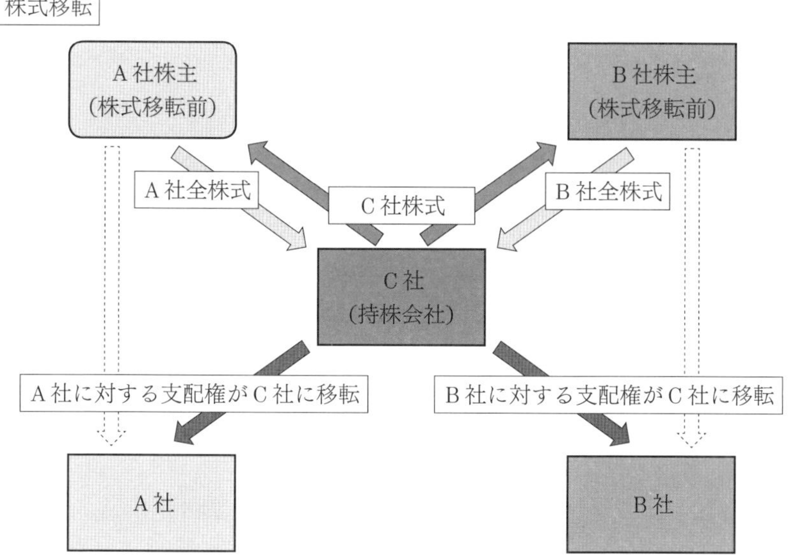

て完全子会社化する対象会社に、新株予約権付社債権者が存在する場合に限られる）等の会社法上の手続が必要となる点はデメリットといえる。

(7) 第三者割当増資

第三者割当増資とは、対象会社が相手方に対して、新株発行または自己株式の処分によって、対象会社の株式を取得させる形態である。

通常、株式取得の対価は、現金であるが、対象会社に対して交付されるため、対象会社の株主からみれば、当該株主が何も取得することができないという点はデメリットといえる。また、相手方からみれば、既存株主が少数株主として対象会社に残ってしまうため、100％の支配権を獲得することができないという点は要検討である。もっとも、対象会社を今後も別法人として存続させていくことを検討しており、その対象会社に資金需要がある場合には有力な形態ということができる。

手続面からみれば、定款上で株式の譲渡制限が付されていない対象会社の場合、第三者割当増資は、原則として取締役会の決議によって行うことができる（会199条2項、201条1項)。「払込金額が募集株式を引き受ける者に特に有利な金額である場合」（会199条3項）は、有利発行に該当し、株主総会の特別決議が必要となる（会309条2項5号）ものの、合併や会社分割のように煩雑な会社法上の手続や労働者保護手続は必要とならないことがメリットとしてあげられる。

図表8-3-7

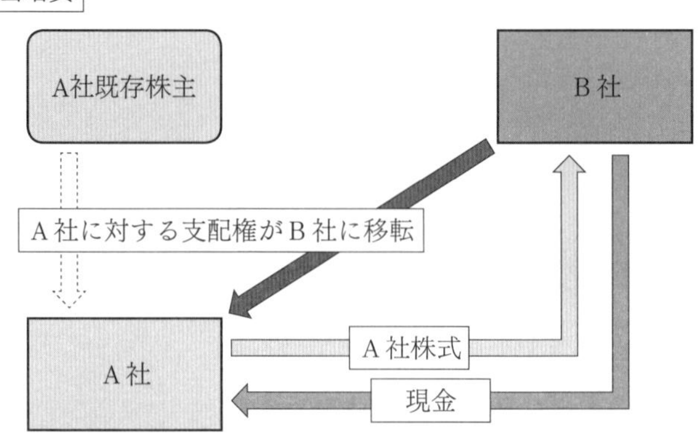

もっとも、第三者割当増資を行うにあたり、対象会社の定款に記載された発行可能株式総数の変更が必要になる場合があり、その場合には、株主総会特別決議（会466条、309条２項11号）が必要となる。また、仮に対象会社が種類株式発行会社である場合には、種類株主総会決議（会322条１項１号ハ）も必要であるため、手続的負担が増大してしまう点に注意が必要である。

⑻ 株式交付

株式交付とは、株式会社が対象会社たる他の株式会社を「子会社」（会２条32号の２、会施４条の２、３条３項１号）とするために、株式交付計画の内容に基づき、当該対象会社の株主から株式を譲り受ける代わりに、当該株主に対して当該株式会社の株式等を交付する形態である。2021年３月１日に施行された会社法の改正による株式交付制度の導入以前においても、会社法上の株式交換や現物出資の方法、または産業競争力強化法の下で、自社株式を対価とするM&Aは実行可能であったが、株式交換では、対象会社の株式の全部を取得しなければならない点、また、現物出資では、いわゆる現物出資規制をクリアしなければならない点、産業競争力強化法の下での自社株式の交付では、関係省庁による事業再編計画の認定が必要であった点に難点があった。株式交付制度は、これらの難点を解消し、現物出資規制をクリアすることも関係省庁による事業再編計画の認定も必要とせず、対象会社たる他の株式会社の株式の一部であっても取得することができるようになった点に意義がある。

株式交付を行おうとする株式会社は、対象会社の株主から対象会社の発行済株式（株式と併せて、新株予約権または新株予約権付社債の取得も可能である）の全部または一部を取得する対価として、その株主に対し、必ず当該株式会社の株式を交付し、また、その対価の一部として、社債、新株予約権、新株予約権付社債または金銭その他の財産のいずれかを交付することができる。したがって、株式交付を行おうとする株式会社からみれば、対象会社の株式を取得するための現金が手元にない場合であっても対象会社の株式を取得することができるというメリットがある。他方で、対象会社の株主からみれば、当該株主が必ずしも対価として流動性が高い（多額の）現金を取得することができるわけではないという点は要検討である。

手続面では、株式交付計画書等の備置・閲覧等（会816条の２）、いわゆる簡易株式交付（会816条の４第１項本文）の場合を除く株主総会特別決議（会

816条の3第1項、309条2項12号)、反対株主の株式買取請求(会816条の6第3項)、債権者保護手続(会816条の8)、株式交付効力発生後の事後開示書類の備置・閲覧(会816条の10)等の会社法上の手続が必要となる点はデメリットといえる。

加えて、株式交付を行おうとする株式会社による対象会社への株式の交付が、「有価証券の募集又は売出し」(金商法5条1項)に該当する場合には、金商法上の発行開示規制の対象となる点や、対象会社が上場会社等の有価証券報告書提出会社である場合には、当該株式会社による対象会社の株式の取得が、金商法上の公開買付規制(金商法27条の2以下)の対象となる点は要検討である。

図表8－3－8

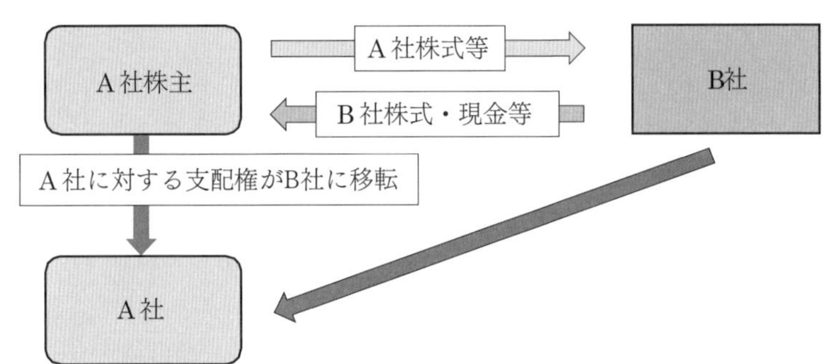

2　M&Aの形態を選択する際の考慮要素

上記**1**において、M&Aのさまざまな形態を紹介してきたが、M&Aの形態ごとに記載したメリット・デメリットをまとめると、M&Aのどの形態を選択するかにあたり、案件ごとに特有の事情をふまえつつ、**図表8－3－9**のような要素が考慮されているといえる。

図表8－3－9

考慮要素	内容
① 対価を受け取る主体	対象会社自身が対価を受け取るのか、それとも対象会社の株主が対価を受け取ることができるのか
② 対価の種類	対価が現金であるか、株式等（社債、新株予約権、新株予約権付社債を含む）やその他の財産であるのか
③ M&Aによって移転する対象（権利義務等）の内容・範囲	M&Aによって対象会社から買主・相手方に対して移転する対象たる権利義務の内容は多種多様か、範囲は広いのか
④ M&A実行の容易性・確実性	債権者や株主、従業員が反対すること等、M&Aの実行に支障となる事情はあるか
⑤ 手続的負担の大小	債権者保護手続等の会社法上必要とされる手続や労働者保護手続・許認可の取得等の特別法上必要とされる手続を経る必要があるかなど
⑥ 税負担の大小	所得税、法人税、消費税がかかるか、また税制適格要件に該当するかなど

3 ベンチャー企業のエグジットとしてのM&Aの形態

ベンチャー企業がエグジットとしてM&Aを実行する場合、ベンチャー企業自身またはその株主（経営株主や投資家株主等）が当該M&Aにおける売主となり、買主（主として大企業が想定されるが、最近ではベンチャー企業同士のM&Aも活発のようである）との間でベンチャー企業を対象会社とするM&Aに関する契約（以下「M&A契約」という）を締結する。M&A契約の種類は、契約当事者間で選択したM&Aの形態によってさまざまであり、たとえば、株式譲渡においては、ベンチャー企業の株主が売主となって、買主との間で株式譲渡契約を締結し、事業譲渡においては、ベンチャー企業自身が売主となって、買主との間で事業譲渡契約を締結する。

ベンチャー企業のエグジットとしてのM&Aの形態については、最近の公開情報で確認する限り、株式譲渡がほとんどであり、そのほかに、事業譲渡単独、株式交換単独、株式譲渡と第三者割当増資の組合せ、株式譲渡と株式交換の組合せ等の形態が若干みられる。

ベンチャー企業のエグジットとしてのM&Aにおいて、株式譲渡が主に用いられる理由としては事案ごとにさまざまな理由が考えられるが、たとえば、他の形態と比較して手続的負担が小さい点（債権者保護手続や労働者保護手続を経る必要がないなど）や譲渡額に対する課税率が低いために売主が株式売却によって得る利益を可能な限り最大化できる点等をあげることができる。もっとも、株式譲渡による場合（特にベンチャー企業の発行済株式の100％を取得しようとする場合）には、ベンチャー企業の各株主から株式を取得することが必要になるが、**第4章④Ⅱ**株主間契約4.6条でみたようなドラッグ・アロング権（p.164）が規定されていなかったり、各株主との株式取得交渉が難航することが想定されたりする場合には、M&A実行の容易性・確実性の観点からM&A契約の買主・売主両当事者からみてもデメリットがあるといえる。

そこで、どうしても少数株主の同意を得ることができず、ベンチャー企業の発行済株式の100％を取得することができそうにない場合には、株主ではなく、ベンチャー企業自身がM&Aの売主となって、株主総会の特別決議によって実行できる株式交換を選択し、ベンチャー企業を買主側企業の完全子会社として、継続して事業拡大を行っていくことも考えられる。

なお、2021年3月1日に施行された会社法の改正により導入された株式交付制度により、M&Aの買主としては、金銭だけをM&Aの対価とする場合と比較して、資金調達の負担が軽減されたことから、大企業だけでなく、資金力に余裕のないベンチャー企業が、他のベンチャー企業のエグジットとしてのM&Aの買主となりやすくなったといえ、今後、その活用が期待されるところである。

以下では、主に株式譲渡によるエグジットを想定して、M&A実行の際に売主側（ベンチャー企業やその株主）が留意すべき点を概説する。

Ⅱ　M&A実行の際の売主側の留意点

ベンチャー企業以外の一般的なM&Aにおいても問題となるものも含まれているが、以下ではベンチャー企業のM&Aにおいて売主側が特に留意すべきと考えられる点について詳説する。

1　表明保証条項

(1)　表明保証とは

表明保証とは、M&A契約の各当事者（特に売主側）が、ある時点（通常M&A契約締結時点やM&A実行時点）において、当該契約の対象となる事実関係または法律関係に関する事項（たとえば、M&Aの対象会社の法令違反の有無や財務状況等）について、真実かつ正確であることを相手方当事者に対して表明し、保証するものである。この表明保証の法的性質や民法改正との関係については、**第4章2Ⅳ**を参照されたい。

表明保証条項は、M&A契約において、典型的には、M&A契約締結時点および／またはM&A実行時点における表明保証の内容の正確性が、買主側のM&A実行の前提条件として定められたり、また、M&A契約の買主側が、表明保証違反を理由として、売主側に対して補償請求（損害賠償請求）をすることができる旨が定められたりすることが一般的である。したがって、表明保証の内容と異なる事項が判明した場合、M&A契約の売主側は、買主側からM&Aの実行の中止を求められたり、表明保証違反によって被った損害の補償請求を受けたりするおそれがある点に注意が必要である。

以下では、ベンチャー企業の売主側が表明保証条項に関して留意すべき事項を解説するにあたり、まず表明保証違反に関して争いとなった裁判例をいくつか簡単に紹介する。

⑵ 表明保証違反に関する裁判例

ア 売主による表明保証事項に係る情報開示に関連して表明保証事項の「程度」（重大性・重要性）が問題となった裁判例（東京地判平成23・4・19判時2129号82頁）

㈠ 事案の概要

機械製造業者である会社を対象会社とする売主（親会社）・買主間の株式譲渡契約において、売主が買主に対し、①当該対象会社が第三者と締結している契約について、当該対象会社の事業、経営、資産、義務もしくは債務またはその見通しに重大な悪影響を及ぼす可能性のある債務不履行が発生している旨の通知を受領していないこと、および、②対象会社の財務諸表が一般に公正妥当と認められる会計基準に依拠して作成されたものであり、重要な点において正確かつ公正に表示されていること等を表明保証するとともに、当該株式譲渡契約書において、これらの表明保証事項が「重要な点」において正確であることが定められていたところ、当該株式譲渡契約のクロージング後に、当該株式譲渡契約締結前に当該対象会社が販売した機械の性能不良が発覚したことを理由に、当該機械の購入者から売買契約を解除されたため、対象会社が受領した当該機械の売買代金の返還を求められたことから対象会社に1億6000万円以上の損害が発生したとして、株式譲渡契約の買主が売主に対して、上記①および②の表明保証違反を理由として、損害賠償を求めた事案である。

(イ)　裁判所の判断

裁判所は、確かに、売主が買主に対して、対象会社が当該機械の購入者から売買代金の８割の入金が見込まれる旨を説明したものの、同時に、当該機械の性能が購入者の要求仕様に大幅に達していないこと等の情報も買主に対して開示しており、その情報を受けた買主が現地調査も行った後、売主から、当該機械の一部については購入者からの解除が確実である旨の連絡を受けていたことから、売主は買主に対して、当該機械の売買契約に関する潜在的な危険が存在することを開示しており、その危険の一端が具体的に発現し、さらに拡大することも予想されたにもかかわらず当該株式譲渡契約を実行したなどとして、売主が表明保証した「重要な点」において不実の情報を開示しまたは開示しなかったという事実は認められないと判断した（すなわち、売主の表明保証違反はないと判断した）。

イ　表明保証事項に関する「売主の主観」が問題となった裁判例（大阪地判平成23・７・25判時2137号79頁）

(ア)　事案の概要

売主ら・買主間の株式譲渡契約において、売主らが買主に対し、対象会社について、M&Aの実行日（クロージング日）において、①対象会社と税務当局との間で何ら紛争または見解の相違が生じておらず、売主らの知りうる限り、そのおそれもないこと、および、②売主らの知りうる限り、売主らが買主に対して開示した対象会社に関する情報はいずれも真実かつ正確であること等を表明保証した（他方で、売主らがクロージング日前に、買主に対して、明示的に表明保証違反を構成する事実を開示したうえで株式譲渡をした場合には、売主らは買主に対して表明保証責任を負わないこと、また買主が売主らに事前相談なく処理した結果、買主に損害が発生した場合には、売主らは当該損害について責任を負わない旨の免責条項が規定された）ところ、クロージング日から２年後に、買主が、税務当局から、対象会社についてクロージング日前の事業年度に係る法人税の申告漏れがあるとの指摘を受けて、修正申告および約２億3500万円の法人税等の追加納付を余儀なくされたことから、買主が売主らに対して上記①および②の表明保証違反に基づいて、補償を求めた事案である。

(イ) 裁判所の判断

裁判所は、従前、売主らが法人税の申告漏れの原因となった信託契約に関して税務当局の担当者から課税の可能性について注意喚起を受けていたため、クロージング日において、対象会社と税務当局との間で見解の相違が生じるおそれがあることは知りえたなどとして上記①および②の表明保証違反を認めた（もっとも、この裁判例では、売主らが買主に対して、対象会社の決算報告書や税務申告書等の各種資料を交付し、デュー・ディリジェンスの担当弁護士に対しては、上記の信託契約書等のほか、上記税務当局の担当者の発言内容が記された議事録を手渡していた事実、およびクロージング日後の税務当局の指摘に対して、買主が売主らに十分な説明をせず、また協議等をしないまま修正申告をして法人税等を納付した事実を認定し、表明保証の免責条項に該当するとして、最終的には売主らが買主に対して表明保証責任を負わないと判断した)。なお、この裁判例のほかにも、表明保証事項に関する「売主の主観」が問題となった裁判例として、たとえば、東京地判平成25・11・19公刊物未登載（D1-Law 29030875）などがある。

ウ 表明保証違反に関する「買主の主観」が問題となった裁判例（東京地判平成18・1・17判時1920号136頁）

(ア) 事案の概要

消費者金融会社を対象会社とする売主ら・買主間の株式譲渡契約において、売主らが買主に対し、①対象会社の財務諸表が完全かつ正確であり、一般に承認された会計原則にしたがって作成されたものであること、および、②すべての貸出債権について、2003年10月31日時点における各貸出債権の融資残高は同日の貸出債権に関する記録に正確に反映されていること等を表明保証したところ、当該株式譲渡契約のクロージング後に、対象会社が元本の弁済に充当していた和解債権についての弁済金を利息に充当し、同額の元本についての貸倒引当金の計上をしていなかったことが判明したため、買主が、当該和解債権の処理は上記①および②の表明保証に違反しているとして、売主に対して、不当な利息充当額等の損害賠償を求めた事案である。これに対して、売主らは、買主が当該和解債権の処理について悪意であったか、または重大な過失によって知らずに当該株式譲渡契約を締結したのであるから表明保証責任を負わないと主張した。

(イ) 裁判所の判断

裁判所は、売主らの表明保証違反の事実を認定したうえで、買主が当該株式譲渡契約締結時において、当該表明保証事項に反する事実が存在したことについて悪意であったということはできず、また、買主が当該株式譲渡契約締結時において、わずかの注意を払いさえすれば、当該和解債権の処理を発見し、売主らが表明保証した事項に反する事実が存在することを知りえたにもかかわらず、漫然とこれに気づかないまま当該株式譲渡契約を締結したというような重大な過失も認められないとして、売主らの上記主張は認めず、売主らの表明保証違反に基づく責任を肯定した。

この裁判例は、買主が売主の表明保証違反について悪意・重過失の場合、売主が表明保証責任を免れる余地を認めたものといえる。同様の考え方を採用した裁判例として、東京地判平成27・9・2公刊物未登載（D1-Law29013960）や東京地判平成27・11・4公刊物未登載（D1-Law29015316）などがある。

⑶　M&A契約における表明保証条項について売主側が留意すべき事項

上記⑵において、表明保証に関する裁判例を概観したが、これらの裁判例からもわかるように、表明保証違反について、M&A契約の当事者間で争いになることが少なくないため、売主としては、対象会社たるベンチャー企業の株式をどうしても売却したいなどの理由があったとしても、買主から提示される表明保証条項について十分な検討・買主との交渉を行わずに、買主から提示されるまま受け入れたりしないように留意すべきである。具体的には、表明保証条項の規定にあたって、少なくとも下記アおよびイの２点に関する限定を付すよう検討すべきである。

ア　「程度」による限定

売主としては、表明保証事項を規定するにあたり、些細な違反について表明保証違反の責任を追及されることがないよう、下記条項例のように表明保証事項の重大性・重要性による限定を加えて、表明保証違反を構成する範囲を限定すべきである。特に、ベンチャー企業においては、ガバナンス体制を含め、一般的に表明保証の対象として規定される事項（たとえば、未払賃金等の潜在債務の不存在や法令等の遵守・許認可の取得等）について完全な状態にあることは難しく、些細な違反が発生しうると考えられるため、些細な事項について表明保証違反を構成しないよう、表明保証事項の「程度」による限定を加える必要性が高いと考えられる。

> 対象会社が対象事業に関して締結している契約等は、すべて適法かつ有効に締結されており、各契約当事者に対して法的拘束力を有し、かかる条項にしたがって執行可能である。当該契約等について、対象会社または相手方当事者による重大な債務不履行等は生じていない。

イ　M&A契約当事者の「主観」による限定

(ア)　「売主」の主観による限定

買主からは、売主が表明保証する事項について、売主の主観が表明保証の効果には影響を及ぼさないという規定を設けるよう求められるのが通常である。これに対し、売主としては、下記条項例のように、売主の「知る限り」または「知りうる限り」という売主の主観による限定を付すよう交渉すべきである。具体的には、個別の表明保証事項ごとに、その重要度に応じて、売主の主観による限定を付すかどうかを交渉して決定すべきである。

> 売主の知る限り／知りうる限り、対象会社は対象事業の運営に重大な影響を及ぼすおそれのあるようないかなる法令等の違反も行っていない。

売主の「知りうる限り」という限定を付した場合には、たとえ実際に売主が知っていなかったとしても、知っていた可能性がある、または知っておくべきであったといえる場合は、表明保証の範囲に含まれてしまうのに対し、売主の「知る限り」という限定を付した場合には、実際に売主が知っていた事項に限って表明保証の範囲に含まれることになる。したがって、売主にとっては、「知る限り」と規定した方が望ましいといえる。特にベンチャー企業は、規模は小さいとはいえ、社内管理体制がしっかりと整備されていないことが多く、売主が表明保証の対象となりうる事項について完全に把握していないケースも想定される。それゆえ、実際に知っているものに限って表明保証の対象とするよう、売主の「知る限り」という限定を付すことが望ましいと考えられる。

また、実務上は、①売主が「知る限り」または「知りうる限り」によって免責されるのは、売主が「どのようにして」知ったまたは知ることができた場合であるのかという点や、②対象会社に関する表明保証事項について、誰を基準（売主とするのか、それとも対象会社とするのか）として「知る限り」または「知りうる限り」を判断するのかという点についても限定を加えるかどうかも問題となる。

上記①の点については、何も限定を加えなければ、どのような方法であれ、売主が表明保証事項について知っていたまたは知ることができたという場合には、表明保証の範囲に含まれるため、できる限り限定を加えた方が売主にとっては有利となる。

上記②の点については、対象会社の表明保証事項についても、売主を基準として、「知る限り」または「知りうる限り」を判断することが多いと思われる（条項例も、売主を基準としている）。通常のM&Aでは、売主と対象会社が別法人であり、売主が対象会社に関する事情を「知る」または「知りうる」ことは難しいと考えられるため、その意味では表明保証の範囲が限定される。他方で、ベンチャー企業のM&Aにおいては、売主が、対象会社たるベンチャー企業の経営者（経営株主）となる場合が多いと思われるところ、通常のM&Aと比較すると、当該経営者は対象会社の表明保証事項についても「知る」または「知りうる」ことが容易な立場にあると考えられるため、その意味では、「知る」または「知りうる」という限定を付した場合であっても、通常のM&Aと比較すると、表明保証の範囲が限定されない可能性は存する。

(イ)　「買主」の主観による限定

買主から、買主の主観は売主の表明保証違反の効果に影響を与えないという規定を設けるよう求められることがある。これに対し、売主としては、通常M&A契約締結時点において買主の「知っていた」または「知りえた」事項については、売主の表明保証の対象外とする規定を設けるよう交渉すべきである。買主の主観に限定を加えることにより、買主が、売主の表明保証事項が実態と異なっていることを「知っていた」または「知りえた」場合には、当該表明保証事項について売主の表明保証違反を構成しないこととなるため、売主にとって有利となる。

なお、売主の表明保証事項から除外されるのは買主がどのような方法で「知っていた」または「知りえた」場合であるのかという点に関連して、買主の主観に限定を加える規定の仕方については、以下の条項例①から③のようにさまざまなタイプがある。

> ① 本契約第○条の売主の表明保証事項について、当該事項に反する事実または事由があることを本契約締結時までに買主が知りまたは知りえた場合には、当該事項について売主の表明保証違反を構成しないものとする。

> ② 本契約第○条の売主の表明保証事項について、売主、対象会社またはそれらのアドバイザーから買主またはそのアドバイザーに対して開示されることによって、当該事項に反する事実または事由があることを買主が知りまたは知りえた場合には、当該事項について売主の表明保証違反を構成しないものとする。

> ③ 本契約第○条の売主の表明保証事項について、売主、対象会社または売主のアドバイザーから買主またはそのアドバイザーに対して、デュー・ディリジェンスの過程において書面（電磁的記録を含む）をもって開示されることによって、当該事項に反する事実または事由があることを買主が知りまたは知りえた場合には、当該事項について売主の表明保証違反を構成しないものとする。

条項例①は、買主がどのような方法で「知っていた」または「知りえた」場合であるのか限定がまったく加えられていないのに対し、条項例③は、買主がデュー・ディリジェンスの過程において書面で開示されたことによって「知っていた」または「知りえた」場合に限定しているため、買主にとって、条項例①→③の順でより有利な内容となる（売主からみれば、条項例①が最も有利であり、条項例③が最も不利である）点に注意が必要である。

2 補償条項について

(1) 補償条項とは

M&A契約における補償条項とは、M&A契約の当事者（主に売主側）に表明保証条項その他の義務違反があった場合に、当該違反によって他方当事者（主に買主側）に生じた損害を填補または賠償等する旨の合意である。

また、売主が買主に対してその損害等を賠償額や期間の制限なく填補または賠償等する旨のいわゆる特別補償条項が規定される場合もある。M&A契約締結時点ではいまだ契約当事者間で認識されていなかったリスクが顕在化した場合の損害を塡補または賠償等する通常の補償条項と異なり、特別補償条項は、デュー・ディリジェンス等の結果、すでにM&A契約締結時点で契約当事者間に認識されている主に売主側のリスクが顕在化した場合に買主側が被った損害を塡補または賠償等する旨の条項である。

補償条項について、ベンチャー企業のM&Aにおいては、①買主側が、仮に売主側の表明保証等の違反に基づいて売主側に対して補償請求を行っても、売主側に十分な資力がないと考えられることや、②ベンチャー企業の場合、下記**6**において述べるキーマン条項によって、経営者・経営陣・重要な従業員がM&A後も一定期間当該ベンチャー企業の業務に従事することが重要である場合が多くみられるが、売主側に対する表明保証等の違反に基づく補償請求が、それら経営陣や従業員によるベンチャー企業運営のモチベーションに悪影響を与える可能性があること等の事情にかんがみれば、一般的なM&Aとは異なり、買主側が売主側に対して、表明保証等の違反に基づいて補償請求することを躊躇する可能性は存する（柴田261頁)。とはいえ、売主側が表明保証等の違反をした場合に、買主側が売主側に対して実際に補償請求するかどうかは別として、万が一のために補償条項を規定するように買主側が要求してくることが通常と思われる。そこで、買主との間で補償条項に関する交渉を行う場合には、売主側は以下のような点に注意するべきである。

⑵　補償請求の「相手方」に関する限定

特にベンチャー企業のM&Aの場合、ベンチャー企業自身が売主になるにせよベンチャー企業の株主（経営株主・投資家株主）が売主になるにせよ、表明保証等に違反した場合に買主側に発生した損害を塡補・補償等できる資力が売主側には限定されているのが通常であると思われる。そこで、買主としては、可能な限りリスクを分散させるべく、たとえばM&A契約の当事者が対象会社の経営株主であったとしても、当該契約当事者ではない投資家株主についても、補償請求の相手方として規定するよう求めてくる可能性がある（M&A契約の当事者が投資家株主であり、経営株主が契約当事者でない場合も同様である)。

もっとも、表明保証違反に基づく補償請求は相当程度に大きなものとなる可能性がある。この点、たとえば経営株主であれば、M&Aの対価として相当の金額を得ることができ、補償請求の引当てとできる可能性もある一方、資金調達の過程で投資家株主等との間の投資契約書や株主間契約書で規定したみなし清算条項の適用等によって対価がほとんど投資家株主等の他の株主に分配されてしまう場合等も考えられ、実際には補償に応じる資力を有していないことも十分に考えられる。そこで、売主としては、表明保証等の違反の場合にどの範囲の者を補償請求の相手方として規定するかについては、慎重な検討を要する。

⑶ 補償の「金額」に関する限定

売主としては、補償の「金額」を可能な限り低額に抑えるために、以下のような限定を加えることを検討すべきである。

ア 損害の個別額および累計額の下限（バスケットまたはフロア）設定

損害の個別額の下限（バスケットまたはフロア）とは、単一の表明保証違反事実に係る損害額に基準額を設定し、当該単一の表明保証違反事実によって生じた損害額が当該基準額以下の場合には免責されるものである。

また、累計額の下限（バスケットまたはフロア）とは、一連の表明保証違反事実によって生じた損害額の総額に係る基準額を設定し、実際の損害額が当該基準額以下の場合には免責されるものである。なお、補償する損害額について、当該基準額を超えた場合には、すべての損害額を補償するとするものと、当該基準額を超えた額の損害額のみ補償するとするものがある。

補償金額を可能な限り低額にしたい売主としては、単一の表明保証違反事実に係る個別額の下限に加えて累計額の下限も設定し、かつその累計額を超過した額についてのみ補償する責任を負う旨を規定すべきである。この点、買主からは、具体的な下限額の交渉が行われることに加えて、契約書上規定するのは個別額の下限または累計額の下限いずれかにすべきであるとの主張や、仮に個別額および累計額両方の下限を設定した場合でも累計額を超過した場合には、発生した損害額は全額補償すべき（累計額の下限基準から超過した額に限定すべきではない）旨を契約書に規定すべきであるとの主張がなされる可能性がある。

イ 補償額の上限（キャップ）設定

売主としては、損害の個別額の下限および累計額の下限を規定するとともに、仮に表明保証違反により損害が発生した場合でも違反当事者は一定額以上の補償義務を負わないとする旨の、いわゆるキャップ条項を規定することにより、補償金額をより低額に抑えることが可能となる。

この点、買主側からは、具体的な上限額の交渉のみならず、契約書上規定するのは、上記アで述べた損害の個別額および累計額の下限（フロア）、またはキャップ条項のいずれかにすべきであるという主張がなされる可能性がある。

⑷　補償の「期間」に関する限定

売主としては、長期間にわたって補償請求を受けるリスクにさらされることを避けるために、補償請求は、M&A後一定期間に限り行うことができる(当該期間内に請求しなければ、買主は補償を受ける権利を失う）旨の期間制限を設け、その具体的な期間についても可能な限り短期に設定するべきである。

3　M&Aの対価について

⑴　金銭の一括取得の是非

エグジットとしてM&Aを選択するベンチャー企業の経営者（経営株主）は、ベンチャー企業（の株式）を売却することによって資金を獲得し、それを元手に新たな事業を始めようと考えていることが多いと思われる。そのような経営者（経営株主）にとっては、M&Aの対価を金銭で一括に支払ってもらった方が多額の資金を1度に確保できるため、対価選択として最良であるとも思える。

しかしながら、下記6において述べるキーマン条項・競業避止条項がM&A契約において定められている場合等、一括で多額の資金を手に入れたからといっても、すぐに新たな事業を始めることができない可能性があるため、必ずしも一括で金銭を支払ってもらうことが最良の選択とは限らない場合がある点に注意が必要である。

また、対象会社たるベンチャー企業の事業計画の評価についてM&A契約の当事者間で争いが生じ、買主が売主の希望する価格では金銭を一括で支払うことに抵抗を示す可能性もある。

さらに、最近では、ベンチャー企業同士のM&Aも増えており、買主側に、一括でM&Aの対価を支払う金銭的余裕がない場合もある。

そこで、これらのような買主から、たとえば、M&A実行日に一定額の対価を支払っておくとともに、M&A実行日後の売上や利益等の一定の指標について目標を設定し、その目標を達成した場合には、その達成分の対価を買主が売主に追加で支払うという、いわゆるアーン・アウト条項を活用することを提案されることがある。この場合、確かに仮に対象会社たるベンチャー企業が設定した目標を達成できなかった場合には、売主が追加の金額を得ることができず、低額での売却をしてしまったことになるおそれはある。しかしながら、ベンチャー企業を売却すること自体にはおおむね合意しているものの対価で折り合いがつかない場合で、かつ売主が下記**6**で述べるようなキーマン条項等の適用がある経営株主等であるために売却後も一定期間はベンチャー企業の業務に継続して従事する場合には、アーン・アウト条項に基づいて追加の対価を支払ってもらえるようインセンティブが働くため、売主にとっても合理的な条項といえる。したがって、金銭の一括取得だけでなく、このようなアーン・アウト条項でM&Aの対価を分割取得することも検討に値する。

⑵ 分割支払、エスクロー条項の受入れの是非

上記**2**⑴で述べたとおり、ベンチャー企業の売主は経営株主等の個人であることが多いため、表明保証違反やM&A契約上の債務不履行が発生した場合、買主が売主に対して損害賠償請求や補償請求をしたとしても、売主たる個人の資力に問題があり、損害賠償請求や補償請求が意味をなさなくなる場合がある。この点を懸念する買主としては、売主に対して、M&Aの対価を一部後払とする、分割支払の方法を規定することを要求することがある。つまり、売主の表明保証違反やM&A契約上の債務不履行の金銭的担保をM&Aの対価の一部で図ろうということである。

他方、売主からみれば、分割支払の方法による場合、買主による対価の支払義務の履行確保という観点から、買主側の資力に係るリスクを売主側がヘッジすることになることや、買主側が売主側の表明保証違反を主張し、表明保証違反に基づく損害賠償・補償請求権を自働債権とする相殺によって対価の残額の支払を免れようとするのではないかなどの懸念もある。

そこで、売主としては、分割支払の方法によるのではなく、対価の一部の支払について、第三者であるエスクローエージェント（信託会社や信託銀行等）に一定期間対価の一部を預けることとし、表明保証違反が認定されるなど、売主の補償義務が生じた場合には、相当する金額が買主に払い出され、それ以外は一定期間経過後に対価として売主に払い出されるという、いわゆるエスクロー条項を用いることも検討に値する。ただし、エスクロー条項を用いる場合には、エスクローエージェントの利用に相当の費用が発生するため、売主と買主のどちらが負担するかという点もあわせて考慮する必要がある。

4　複数の株主との利害調整への協力（分散した株式のとりまとめ）

⑴　複数の株主との利害調整の必要性

ベンチャー企業のM&Aの買主としては、M&A後に、少数株主の反対によって株主総会決議が否決されることや会社法上の少数株主権（たとえば、会297条の株主総会招集請求権、会303条２項の議題提案権、会305条１項の株主提案権等）の行使を避けたいなどの理由から、ベンチャー企業の発行済株式の100％を取得することを意図していることが多いと思われる。しかしながら、ベンチャー企業がM&Aを実行するエグジット段階においては、経営株主のみならず、投資家株主やエンジェル投資家等の複数の株主が存在しているため、ベンチャー企業の発行済株式100％を株式譲渡で取得するためには、これらすべての株主から株式を買い取らなければならないが、これらの株主との交渉が難航する可能性がある。

ベンチャー企業のこれらの株主は、ベンチャー企業への出資から最終的にどの程度のキャピタルゲインを得ることができるのかという観点で投資を行っていることが多いが、各株主の想定しているM&Aによるキャピタルゲインはさまざまであると考えられるため、買主が各株主の想定に見合った対価をそれぞれ提示できなければ、各株主から株式を取得することができず、結果的にベンチャー企業の発行済株式の100％を取得できないおそれがある。また、これらの株主のなかには、単にキャピタルゲインの取得のみならず、投資を通じた資本・事業提携によって自社の既存事業に関するシナジーを獲得することや、新規事業開拓への足がかりにすることを目的として投資している会社も存在するため、そのような株主については単にM&Aの対価を増額するだけで必ずしも納得するわけではない。さらに、M&Aを実行するにあたり、種類株主総会決議も必要となる場合には、実質的に種類株主が拒否権を有していることになるため、そのような種類株主の理解を得られなければM&Aの実行がより困難となる可能性がある。このように、ベンチャー企業の発行済株式の100％を取得するためには、さまざまな目的をもってベンチャー企業に出資した複数の株主と利害調整をしなければならないのである。

⑵　分散した株式のとりまとめ方法

ベンチャー企業、経営（創業者）株主および投資家株主の間で締結される株主間契約において、**第４章④Ⅱ**株主間契約4.6条（p.164）でみたようなドラッグ・アロング権が規定されており、買主の企図しているM&Aがその行使条件を満たす場合には、買主が各株主との個別交渉を避けることができるため、分散した株式のとりまとめに苦労する可能性は低くなる。しかしながら、このような規定がない場合には、基本的に買主は各株主との個別交渉によって、ベンチャー企業の発行済株式の100％を取得することになる。そこで、ときに買主は経営株主に対して、他の株主が買主へ株式を売却するように働きかけることを求めたり、他の株主からすべての株式を買い取ってもらい、ベンチャー企業の発行済株式の100％を経営株主が取得したうえで買主が買い取る方法を提案することがある。

なお、買主としては、各株主との間で株式譲渡に関する合意ができない場合や経営株主から他の株主への働きかけによる方法ではベンチャー企業の発行済株式の100％を取得することが難しい場合には、株式併合等によるスクイーズアウトを検討する余地がある。

(3) 売主（経営株主）が分散した株式のとりまとめへの協力を買主から求められた場合の対応

売主（経営株主）が、買主から、他の株主に対して、買主へ株式を売却するように働きかけることを持ちかけられた場合には、他の株主の説得を試みれば足りるが、売主が他の株主から株式を取得したうえで買主に対して売却するように買主から求められた場合には、売主が、他の株主から株式を取得するにあたっての資金を買主から提供してもらうことを検討・要請すべきである。

また、売主が他の株主から株式を取得する場合、他の株主に支払うべき譲渡対価を売主に代わって買主に第三者弁済してもらうことも検討に値する。その場合、その買主が売主に対して、他の株主へ支払う譲渡対価相当分の求償権を取得するため、その売主に対する求償権と売主が買主に対して有する保有株式の譲渡対価請求権とを対当額で相殺し、その結果、売主が他の株主から取得した株式を買主に引渡すという方法が考えられる（柴田44頁〜45頁）。

5 潜在株式の処理

(1) 潜在株式とは

エグジットとしてM&Aを検討している段階のベンチャー企業には、株式のほかに、ストックオプションとしての新株予約権や転換型新株予約権付社債が発行されていることが多い。これらは、実際の株式ではないが、将来普通株式を取得することができる権利または普通株式への転換を請求することができる権利であって、それらの保有者が権利行使することによって将来普通株式が増加する原因となることから、「潜在株式」と呼ばれている。

ベンチャー企業に潜在株式が存在している場合、将来その潜在株式の保有者が権利行使すれば、当該ベンチャー企業はその潜在株式の権利内容に応じた数・内容の新株を発行することになるため、その分当該ベンチャー企業の発行済株式総数が増加し、その結果、当該ベンチャー企業の株式１株あたりの株式価値は希釈化することになる。特に買主がM&A実行後にベンチャー企業の株式の過半数または100％を保有し続けることによって当該ベンチャー企業を支配することを意図している場合、当該ベンチャー企業に第三者の保有する潜在株式が存在したままであると、M&A実行後に当該ベンチャー企業の新株が発行され、買主による当該ベンチャー企業の支配に影響が生じうることから、M&Aを行うことを躊躇する可能性がある。そこで、エグジットとしてM&Aを検討しているベンチャー企業（売主側）としては、買主にそのような躊躇をさせないように、M&Aの実行前に存在している潜在株式をすべて処理できるように協力する必要がある。もっとも、潜在株式の処理にあたっては、売主や潜在株式の保有者にとって不利な内容とならないように留意すべきである。

⑵　潜在株式の処理方法と潜在株式保有者にとっての留意点

ア　潜在株式の処理方法

ベンチャー企業が潜在株式を処理する方法は、潜在株式の種類によって若干異なる。

たとえば、潜在株式が新株予約権の場合には、①M&Aの買主が、新株予約権の保有者である経営陣や従業員が当該新株予約権を行使して取得した株式を購入する方法、②M&Aの買主が、当該新株予約権をそのまま購入するかまたは無償取得する方法、③新株予約権の保有者に新株予約権を放棄・消却してもらい、その対価としてベンチャー企業が当該保有者に対して金銭を交付したり、M&Aの買主が自社の新株予約権等を付与したりする方法、④新株予約権の取得条項に基づき、ベンチャー企業が新株予約権を強制的に取得する方法が考えられる。

もっとも、上記①の方法については、創業株主間契約や新株予約権割当契約において、**第５章④**でみたように、１度に全部の新株予約権を行使できず、数年ごとに行使できる新株予約権の割合が増加していく旨の定め（要項例⑺③後段（p.204））が規定されている場合には、M&A実行時に行使可能な新株予約権の割合が100％になっていない（なお、新株予約権割当契約には、M&A

等の事由が発生した場合には100%の新株予約権が行使可能になるという条項が規定されている場合もある）限り、新株予約権を行使しても結果的に潜在株式が残ることになってしまう（柴田240頁）ため、ベンチャー企業の株式の100%の取得を企図している買主にとっては、潜在株式の処理方法として適当でないと考えられる。

また、たとえば、潜在株式が転換社債型新株予約権付社債の場合には、⑤転換社債型新株予約権付社債をM&Aの買主に有償で購入してもらうか、⑥転換社債型新株予約権付社債権者が転換社債型新株予約権付社債を株式に転換したうえで、M&Aの買主に当該株式を有償で購入してもらうという処理方法が考えられる。

イ　潜在株式の処理における潜在株式保有者にとっての留意点

買主が潜在株式の処理をしようとする場合、潜在株式の保有者は、以下のような点に注意が必要である。

まず、新株予約権自体や、新株予約権を行使して取得した株式、転換社債型新株予約権付社債、転換社債型新株予約権付社債を転換して取得した株式を買主に購入してもらう場合には、その対価が合理的な額かどうかに注意が必要である。

次に、ストックオプションは、ベンチャー企業においても業績向上のインセンティブとして経営陣や従業員に対して交付されるが、特に人材獲得を目的としたベンチャー企業のM&Aの場合、それらのストックオプションの保有者たる経営陣や従業員は、買主によるM&A実行後も、当該ベンチャー企業の業務に一定期間従事し続けることが想定されていること（下記**6**のキーマン条項・競業避止条項を参照）が多いため、特にストックオプションを無償で買主に譲渡する場合やストックオプションを強制的に取得する場合、またストックオプションを放棄・消却する場合には、ストックオプションを失うことによって、M&A実行後にベンチャー企業の業績向上のために努めるインセンティブを失う可能性がある点に留意すべきである。そこで、ベンチャー企業は、ストックオプション保有者のインセンティブを失わないようなインセンティブプランの設定、たとえば当該買主の発行する新株予約権等の付与を買主に対して求めるべきである。

6　キーマン条項・競業避止条項について

⑴　キーマン条項・競業避止条項とは

ベンチャー企業をM&Aによって買収しようとする買主の目的はさまざまであり、そのベンチャー企業の事業そのものやその事業に関連する知的財産権・ノウハウを獲得したいという目的でベンチャー企業を買収する買主もいれば、事業にはそこまで関心がないが、その事業をリードしている経営者・経営陣・重要な従業員を獲得したいという目的で買収する買主もいる。

特に後者のような人材獲得目的でのベンチャー企業のM&Aの場合には、ベンチャー企業の買収後に、その会社の事業に関する経営者・経営陣・重要な従業員が退職してしまったり、その会社の事業に集中せずに競業する事業を始めてしまったりしてしまうと、買主はベンチャー企業を買収した目的を達成することができなくなってしまう。

そこで、買主は、M&A契約において、①対象会社たるベンチャー企業の経営者・経営陣・重要な従業員等がM&A後も一定期間は対象会社において継続して業務に従事することを義務づけたり、②（対象会社在籍中・退職後にかかわらず）それらの者が一定期間はその対象会社の事業と競業する事業を行ってはならないことを義務づけたりすることがある。上記①のような内容を定めた条項がいわゆるキーマン条項であり、上記②のような内容を定めた条項が競業避止条項と呼ばれるものである。

具体的な条項例は以下のようなものである。

> ①　売主（経営株主）は、自らならびに対象会社の経営陣および対象会社の従業員○○氏をして、クロージング後、クロージング日から起算して○年間、対象会社の業務に従事する／させるものとする。
> ②　売主（経営株主）、対象会社の経営陣および従業員は、対象会社に在籍中および対象会社を退職後○年間、対象会社の事業と競業する業務に従事してはならないものとする。

⑵　キーマン条項・競業避止条項への対応方針

M&A契約の売主（経営株主等）は、対象会社をM&Aによって売却して得た資金を元手に新たな事業を始めようとしていることが多いと考えられるが、とりわけ同種または類似の事業を始める場合に、キーマン条項や競業避止条項をそのまま受け入れてしまうとその新たな事業を始めるのに支障が出てしまう。

そこで、M&A契約の売主としては、そもそもキーマン条項・競業避止条項を受け入れることが今後の新たな事業展開との関係で問題ないかどうか、また実際にキーマン条項・競業避止条項を受け入れる場合でも売主にとって不合理な内容となっていないかどうかという点について、**図表8－3－9**のような考慮要素を加味して検討する必要がある。

なお、キーマン条項・競業避止条項は、M&A契約に規定されるパターンだけではなく、特に、M&A契約の売主（株主）が対象会社の経営陣である場合には、別途経営委任契約が締結され、その中で、報酬や任期とともに規定されるパターンも多い。また、買主から、M&A契約や経営委任契約においてキーマン条項や競業避止条項を明確に規定せず、また、対象会社からの退職も認める代わりに、退職後も対象会社たるベンチャー企業の顧問となるための顧問契約やコンサルティング契約を締結するように求められる場合がある。この場合、別途締結する顧問契約やコンサルティング契約において、同様の競業避止義務が規定されることもあるため、注意が必要である。

図表8－3－9

考慮要素	要確認事項
① M&A後も対象会社の業務に従事しなければならない期間・競業が禁止される期間の長さは合理的か	・ M&A後も対象会社の業務に従事しなければならない期間（M&A後も対象会社を退職できない期間）や対象会社との競業が禁止される期間が一般的に考えて不当に長くなっていないか、また対象会社を退職した後の事業展開に支障を与えるような長さになっていないかを確認する必要がある。
② M&A契約当事者が負う義務の内容・程度は合理的か	・ 対象会社の企業価値・株式価値の最大化について過大な義務が課されていないか（努力義務にとどまっているか） ・ M&A契約の当事者が、当該契約当事者ではない第三者が退職しないようにする義務まで負う規定となっていないかどうか注意しなければならない（たとえば、M&A契約の当事者が対象会社の経営株主である場合に、当該経営株主以外の経営陣・重要な従業員が退職しないようにする義務まで当該経営株主が負っていないかを確認すべきである）。

	・　たとえM&A契約の当事者ではない第三者（経営陣や重要な従業員）が退職・競業しないようにすることまで契約当事者の義務として受け入れざるをえない場合であっても、あくまで努力義務にとどめるべきである。 ・　特に競業避止条項との関係で、「競業」に該当する範囲を明確に規定することにより、どのような業務であれば競業避止条項に抵触しないか、また、「競業」の準備行為であれば競業避止条項に違反しないのかなどを明らかにしておくべきである。
③　対象会社で一定期間業務に従事し続けることのインセンティブの有無	・（キーマン条項・競業避止条項を受け入れる場合には特に）経営株主・経営陣・重要な従業員を獲得する（M&A後も対象会社で一定期間業務に従事させる）ことが買収対価に反映されているかどうかを確認すべきである。 ・　対象会社に在籍して一定期間業務に従事するにあたり、自らの業績が評価に反映されるような仕組み（M&A実行時のアーン・アウト条項、M&A実行後の新株予約権の付与や業績型連動報酬等）が用意されているかを確認すべきである。

事項索引

あ行

か行

さ行

た行

な行

は行

ま行

や行

ら行

アルファベット

執筆者略歴

【編】

桃尾・松尾・難波法律事務所

1989年４月に、現在のネームパートナーである３人の弁護士を中心に発足。渉外、企業法務及び訴訟を中心とするそれまでの経験を踏まえ、依頼者のニーズに的確に応え、依頼者から真に信頼される事務所になることを目指してスタート。その後、弁護士に対する企業の需要が拡大する中で、かつ、社会・経済情勢の変化に応じて変遷する依頼者のニーズに応じて、当事務所も、各種商取引、会社法、M&A、倒産法、独禁法、知的財産権、労働法、訴訟・仲裁等の幅広い分野において、高い専門性と豊富な経験に基づき、依頼者に対してきめの細かいリーガルサービスを提供。また、多くの弁護士が海外留学経験をもち、ボーダレスで活動する国内外の様々な企業の多様なリーガルサービスへの需要に対して、迅速かつ的確に対応している。国際的なローファームのネットワーク、INTERLAWの日本における唯一のメンバー。大規模化の進むわが国弁護士業界において、当事務所は、依頼者との強固な信頼関係をキーワードとして、幅広い業務範囲と専門性を兼ね備えた、真に依頼者から頼られる中規模法律事務所という独自性をもった事務所としてさらなる発展を目指している。

http://www.mmn-law.gr.jp/index.html

【編著代表】

鳥養　雅夫（とりかい・まさお）

1987年東京大学法学部卒業、1994年弁護士登録（第一東京弁護士会）、1994年桃尾・松尾・難波法律事務所入所、1998年ノースウェスタン大学ロースクール卒業、1998年～1999年JEFFER, MANGELS, BUTLER & MARMARO法律事務所（米国、カリフォルニア州）勤務、2000年ニューヨーク州弁護士登録、2002年桃尾・松尾・難波法律事務所パートナーに就任

【編著】

角元　洋利（かくもと・ひろとし）

2009年東京大学法学部卒業、2010年弁護士登録（第一東京弁護士会）、2010年桃尾・松尾・難波法律事務所入所、2016年コロンビア大学ロースクール卒業、2016年～2017年Weil, Gotshal & Manges 法律事務所（米国、ニューヨーク州）勤務、2017年ニューヨーク州弁護士登録、2017年桃尾・松尾・難波法律事務所勤務、2020年桃尾・松尾・難波法律事務所パートナーに就任

山口　敏寛（やまぐち・としひろ）
2012年中央大学法学部卒業、2012年東京大学法科大学院（司法試験合格により）中途退学、2013年弁護士登録（第一東京弁護士会）、2014年1月～2015年9月アンダーソン・毛利・友常法律事務所勤務、2015年10月桃尾・松尾・難波法律事務所勤務、2020年南カリフォルニア大学ロースクール卒業、2020年～2021年Shearman & Sterling法律事務所勤務、2021年ニューヨーク州弁護士登録、2021年10月桃尾・松尾・難波法律事務所勤務

乾　正幸（いぬい・まさゆき）
2010年京都大学法学部卒業、2012年京都大学法科大学院修了、2013年弁護士登録（第一東京弁護士会）、2014年1月桃尾・松尾・難波法律事務所入所、2019年コロンビア大学ロースクール卒業、2019年Pillsbury Winthrop Shaw Pittman法律事務所（米国、ニューヨーク州）勤務、2019年～2020年Mayer Brown法律事務所（米国、ニューヨーク州）勤務、2020年ニューヨーク州弁護士登録、2020年9月桃尾・松尾・難波法律事務所勤務

【著】

重松　英（しげまつ・すぐる）
2008年東京大学法学部卒業、2010年東京大学法科大学院修了、2011年弁護士登録（第二東京弁護士会）、2012年1月～9月アンダーソン・毛利・友常法律事務所勤務、2012年10月桃尾・松尾・難波法律事務所入所、2017年バージニア大学ロースクール卒業、2017年～2018年Winston & Strawn 法律事務所（米国、ニューヨーク州）勤務、2018年ニューヨーク州弁護士登録、2018年9月桃尾・松尾・難波法律事務所勤務、2019年7月株式会社ツクルバ勤務

東出　大輝（ひがしで・だいき）
2011年東京大学法学部卒業、2013年東京大学法科大学院修了、2014年弁護士登録（第一東京弁護士会）、2015年1月～2018年9月弁護士法人エル・アンド・ジェイ法律事務所勤務、2018年10月桃尾・松尾・難波法律事務所勤務、2021年コロンビア大学ロースクール卒業、2021年10月桃尾・松尾・難波法律事務所勤務

佐藤　航平（さとう・こうへい）
2012年東京大学法学部卒業、2014年東京大学法科大学院修了、2015年弁護士登録（第一東京弁護士会）、2015年12月～2019年3月長島・大野・常松法律事務所勤務、2019年4月桃尾・松尾・難波法律事務所勤務、2021年8月バージニア大学ロースクール在学

橘川　裕樹（きっかわ・ひろき）
2013年慶應義塾大学法学部卒業、2015年慶應義塾大学大学院法務研究科修了、2016年弁護士登録（第二東京弁護士会）、2017年1月～2018年5月外国法共同事業・ジョーンズ・デイ法律事務所勤務、2018年6月桃尾・松尾・難波法律事務所勤務

坂田　了祐（さかた・りょう）
2010年上智大学法学部卒業、2010年4月～2013年3月司法書士事務所勤務、2015年3月早稲田大学法科大学院修了、2016年弁護士登録（第一東京弁護士会）、2017年桃尾・松尾・難波法律事務所勤務、2021年8月南カリフォルニア大学ロースクール在学

ベンチャー企業による資金調達の法務〔第2版〕

2019年8月5日　初　版第1刷発行
2022年1月10日　第2版第1刷発行

編　　者　桃尾・松尾・難波法律事務所

編著者　角元洋利
　　　　山口敏寛
　　　　乾　正幸
　　　　鳥養雅夫

発行者　石川雅規

発行所　㍿商事法務

〒103-0025 東京都中央区日本橋茅場町3-9-10
TEL 03-5614-5643・FAX 03-3664-8844〔営業〕
TEL 03-5614-5649〔編集〕
https://www.shojihomu.co.jp/

落丁・乱丁本はお取り替えいたします。　印刷／そうめいコミュニケーションプリンティング

Shojihomu Co., Ltd.
ISBN978-4-7857-2920-2
＊定価はカバーに表示してあります。